Habitar Humano
em seis ensaios de biologia-cultural

Ximena Dávila Yáñez & Humberto Maturana Romesín
& Humberto Maturana Romesín & Ximena Dávila Yáñez

Habitar Humano
em seis ensaios de biologia-cultural

Tradução de Edson Araújo Cabral

Palas Athena

Título original: *Habitar Humano en seis ensayos de Biología-Cultural*
Copyright @2008 by Humberto Maturana Romesín e Ximena Dávila Yáñez

Grafia segundo o Acordo Ortográfico da Língua Portuguesa de 1990, em vigor no Brasil desde 2009.

Coordenação editorial: Lia Diskin
Execução: Estúdio San Floro
Layout capa e projeto gráfico: Vera Rosenthal
Diagramação: Tony Rodrigues
Revisão: Augusto Iriarte
Atualização ortografia: Neusa Maria Valério
Ilustração da capa: *O Presente*, de Inha Bastos, óleo sobre tela 90x130, 2008
Foto da quarta capa: Alejandro Muñoz Cristi

Dados Internacionais de Catalogação na Publicação (CIP)
(Câmara Brasileira do Livro, SP, Brasil)

Maturana Romesín, Humberto; Dávila Yáñez, Ximena
Habitar humano em seis ensaios de biologia-cultural / Ximena Dávila Yáñez, Humberto Maturana Romesín ; tradução de Edson Araújo Cabral. – São Paulo : Palas Athena, 2009.

Título original: Habitar humano en seis ensayos de Biología-Cultural.

ISBN 978-85-60804-09-2

1. Antropologia cultural e social 2. Evolução humana 3. Psicologia existencial
I. Maturana Romesín, Humberto. II. Título.

09-01326   CDD-306

Índices para catálogo sistemático:
1. Cultura : Antropologia cultural : Sociologia 306

2ª edição, outubro de 2021
Todos os direitos reservados e protegidos
pela Lei 9610 de 19 de fevereiro de 1998.
É proibida a reprodução total ou parcial, por quaisquer meios,
sem a autorização prévia, por escrito, da Editora.

Direitos adquiridos para a língua portuguesa por Palas Athena Editora
Alameda Lorena, 355 – Jardim Paulista
01424-001 – São Paulo, SP – Brasil
(11) 3050-6188
www.palasathena.org.br
editora@palasathena.org.br

Índice

Nota do tradutor 9
Apresentação Coleção Instituto Matríztico 11
Prefácio 13
Introdução 19

Enlace I 25

I
Eras psíquicas da humanidade
Ximena Dávila Yáñez e Humberto Maturana Romesín

Eras psíquicas da humanidade 29
Era psíquica arcaica 33
Era psíquica matrística 35
Era psíquica do apoderamento 39
Era psíquica moderna 41
Era psíquica pós-moderna 43
Era psíquica pós-pós-moderna 45
Apêndice 1 51
Apêndice 2 53

Enlace II 55

II
Biologia do Tao ou o caminho do amar
Humberto Maturana Romesín e Ximena Dávila Yáñez

Biologia do Tao ou o caminho do amar	59
Resumo	59
Introdução	61
Caminho do Tao	63
O desapego	67
O efêmero	71
A explicação	73
O entendimento	75
A transformação	79
O caminho do amar	83
Enlace iii	89

III
Leis sistêmicas e metassistêmicas
Humberto Maturana Romesín e Ximena Dávila Yáñez

Leis sistêmicas e metassistêmicas	93
Introdução	95
Nosso pensar	97
Sentir e raciocinar	101
Arquiteturas dinâmicas espontâneas	105
Leis sistêmicas e metassistêmicas	111
Leis sistêmicas básicas	113
Leis sistêmicas gerais	127
Recursão reflexiva	139
Leis sistêmicas no âmbito biológico	141
Leis metassistêmicas	147
Enlace IV	163

IV
Reflexões sobre terapia e minhas conversas com Ximena Dávila sobre a liberação da dor cultural
Humberto Maturana Romesín

História	167
Antecedentes	169
Meu presente	175
Terapia, ajuda ou liberação?	177
Reflexões desde nosso conversar	181
Por último	191
A poética do viver	193
A modo de epílogo	199
Enlace V	201

V
Matriz biológico-cultural da existência humana e conversar liberador
Ximena Dávila Yáñez

Reflexões sobre minha história	205
A dor e o sofrimento	209
Conversar e conversações	219
Conversar doloroso	223
Conversar liberador: um viver humano ético	233
Enlace VI	251

VI
Autopoiese e sistemas dinâmicos fechados
Humberto Maturana Romesín

Autopoiese e sistemas dinâmicos fechados	259
Fundamentos	259

Sistemas dinâmicos fechados 263
Coerências sistêmicas: correlações históricas 269
A dificuldade 281
Sistema nervoso 289
Sistema imunitário 295
O inesperável 297
Por último 301
Apêndice 311

Post scriptum 319

Nota do tradutor

A tarefa essencial do tradutor consiste em transferir ao leitor, no melhor estilo, na fidelidade ao pensamento do autor ou autores e no respeito às peculiaridades das línguas de origem e de destino, os conteúdos que pretendem divulgar. Aparentemente simples, essa tarefa exige, na verdade, muito cuidado com as partes envolvidas – os autores, a língua da qual se traduz, a língua para a qual se transferem os conteúdos, os leitores aos quais se destina a obra e o editor que avaliará a tradução e realizará os processos vinculados ao seu fazer editorial.

O livro *Habitar Humano*, de Ximena Dávila Yáñez e Humberto Maturana, realiza e amplia toda essa rede complexa de relações e foi objeto dos cuidados e atenções com todos os interessados envolvidos em sua editoração.

Os autores acompanharam passo a passo o andamento da tradução em vários encontros presenciais e em consultas via internet, tendo sido estabelecidos com eles os seguintes acordos: manter o caráter recursivo da linguagem; adaptar a vernaculidade (atributos de pureza, correção, casticidade das palavras e construções de uma língua) do português à novidade dos conceitos e do estilo dos autores; resolver todas as dúvidas de entendimento, propriedade das expressões, com o Instituto Matríztico. Esses acordos foram encorajados e ratificados pela Palas Athena Editora – parceira do Instituto Matríztico – tanto via internet como em contatos pessoais com a direção da empresa.

Quanto à língua da qual se traduziu – o espanhol –, houve o cuidado de conservar as palavras que são comuns às duas línguas na forma e no significado, mesmo que às vezes soem algo estranhas à maneira habitual do falar brasileiro. Quanto ao estilo, manteve-se o mais próximo possível do original e o mais aceitável possível ao ouvido luso-brasileiro, de modo a transmitir o que o editor chileno chama de "musicalidade poética" do texto dos autores. Convém lembrar que algumas palavras são trazidas do nada à linguagem por eles, as quais constituem o colorido estilístico que lhe dá o toque de singularidade, ao mesmo tempo que veicula os novos significados que indicam achados originais, e produzem giros de linguagem que, de tão novos, não têm similar na linguagem corrente e precisam ser inventados e assinados. Tudo isso implica inclusive na escrita – a preferência por verbos, em lugar de substantivos, porquanto enfatizam a ação (*sentires, sucederes*, entre outros); e a invenção de palavras, como *linguajear, emocionear*. Para ressaltar essas peculiaridades do livro, utilizou-se o mesmo recurso que o editor chileno: manter em *itálico* os termos específicos da Biologia--Cultural, que constituem os diferenciais linguísticos, epistemológicos e científicos da obra. Resta ainda uma observação a propósito da expressão "*traer a la mano*", que Humberto Maturana criou para representar a ideia do *fazer* do observador em suas mais variadas versões, como fazer surgir, fazer acontecer, criar, gerar, trazer à cena, trazer ao existir. A expressão é grafada no texto em *cursivo*, como todos os outros termos característicos do *linguajear* matrístico, acompanhada de nota de rodapé sugerindo como deve ser ouvida no linguajar luso-brasileiro.

É preciso reconhecer que não é trivial acompanhar o estilo recursivo ou circular, tendo em vista o deslocamento que pressupõe no modo de pensar. Como diz Ignacio Muñoz, diretor editorial do Instituto Matríztico, "*o difícil na escritura circular não é tanto a compreensão de novas palavras e conceitos, mas antes o deslocamento epistemológico implícito no assumir a mudança de pergunta – da pergunta pelo ser, pelo real em si, para a pergunta pelo operar do observador, pela experiência. Paradoxalmente, para conseguir uma leitura em que se compreenda plenamente a escritura circular, já é preciso poder pensar circularmente desde a compreensão do operar biológico-cultural do observador*".

Quanto à língua de destino, o português falado no Brasil, houve o cuidado de preservar na tradução a equivalência semântica das palavras nas duas línguas – temos muito mais em comum do que parece à primeira vista –, e de introduzir vírgulas sempre que viesse ajudar o leitor de língua portuguesa a entender de forma mais fácil alguns períodos mais extensos do original, com o cuidado de interferir o mínimo possível no fraseado dos autores.

Por último, cabe dirigir aos leitores uma palavra de estímulo a empreender esta fascinante viagem às origens do humano e à gestação do *Homo sapiens-amans ethicus* ao longo da deriva de nossa história enquanto espécie.

Edson Araújo Cabral

APRESENTAÇÃO
COLEÇÃO INSTITUTO MATRÍZTICO

O Instituto Matríztico, cofundado no ano 2000 por Humberto Maturana Romesín e Ximena Dávila Yáñez, é tanto um laboratório para o estudo *transdisciplinar* do humano como uma organização que gera processos de acompanhamento reflexivo para comunidades e organizações públicas e privadas, que redundam em benefício da qualidade do seu fazer e do seu viver. É também uma comunidade humana reflexiva orientada para a geração de espaços de *coexistência* na colaboração e *coinspiração* nos múltiplos âmbitos de nossa convivência social. E é daí que queremos contribuir para criar, como uma frente de onda coletiva, as condições para uma mudança cultural ética que nos resgate da convivência cultural atual, centrada em relações de desconfiança e controle, dominação e competição próprias da cultura *patriarcal-matriarcal* que realizamos em praticamente todo o planeta.

A confiança básica subjacente a todos os nossos fazeres estriba-se na compreensão e no entendimento de nossa natureza como seres vivos e seres humanos, ampliando desde esta compreensão a autonomia de ação e reflexão dos integrantes de qualquer classe de comunidades humanas, e por isso abre espaço para a recuperação e realização do *bem-estar* relacional e operacional nelas.

É assim que a inspiração fundacional da Coleção Instituto Matríztico é constituir-se tanto porta-voz de um dos epicentros desta frente de onda cultural como interlocutor dos espaços sociais, acadêmicos, artísticos e políticos, através da publicação de pesquisas e escritos realizados pelos integrantes do Instituto e seus colaboradores, que vão desde a divulgação científica e a reflexão filosófica até monografias sobre os mais diversos temas, como os que se relacionam com áreas tais qual família, educação, empresa, sociedade, mundo natural. Tudo isso a partir do substrato epistemológico unitário da Biologia-Cultural, que, enquanto dinâmica fundamental de nossa existência, considera a natureza humana em toda sua *multidimensionalidade*.

Oferecemos então, com nossa Coleção Instituto Matríztico, um convite a conhecer, entender e realizar as ações efetivas que decorrem de compreender a *Matriz Biológico-Cultural* de nossa Existência Humana.

Por último, não é trivial assinalar que semelhante patrimônio universal intangível tem sua origem conceitual no Sul do mundo.

Conselho Editorial
Instituto Matríztico
www.matriztica.org

Prefácio

Este livro fala do fim de uma era e do avistamento das fronteiras de uma nova. Uma nova era que não é uma invenção dos autores, muito pelo contrário, dado que os sinais da aproximação de sua chegada surgem com facilidade ao olhar o presente cultural que vivemos em praticamente todo o nosso planeta. De fato, existe hoje uma consciência generalizada que surge e se amplia de ver, sentir e ser parte da dor e do sofrimento *trazido à mão*[1] no mundo humano e natural que vivemos. Consciência que surge com mais força ainda ao ver que nós mesmos temos gerado e conservado o mal-estar que nos aprisiona.

Boa parte, então, da riqueza deste livro radica-se em nos mostrar como somos, como temos sido, como nos temos enredado no histórico--cultural e no pessoal e como podemos liberar-nos também a partir do pessoal e da deriva histórica que temos vivido enquanto humanidade. Faz isso num convite reflexivo profundo que ressoa em nosso viver cotidiano, fazendo, além do mais, sempre de um modo que na leitura possibilita constatar que tudo o que é distinguido sempre tem a ver com cada um de nós, devolvendo-nos, assim, a possibilidade da responsabilidade pelo próprio mundo que cada qual gera com seu viver e conviver, para daí, na conservação de um fazer ético, devolver-nos a possibilidade de ser livres.

Cabe também dizer que o livro que o leitor tem nas mãos alcança uma especial importância em dois âmbitos fundamentais. É relevante no espaço social, porque *traz à mão*[2] divulgação científica de primeira mão ao recolher os diversos ensaios que o compõem, distinções fundamentais sobre a natureza humana tanto no aspecto biológico como no cultural, de um modo que convida a ver e constatar nas diversas dimensões do viver e conviver cotidiano as consequências deste entendimento a respeito de como é que somos como somos enquanto seres humanos e seres vivos.

---

[1] Expressão que em espanhol tem várias acepções vinculadas ao *fazer*. Neste caso, podemos traduzi-la por *que surge*.
[2] Permite.

Por outro lado, também é importante no espaço do fazer do próprio Instituto Matríztico cofundado pelos autores, já que constitui, após oito anos de reflexão, investigação e práxis, o primeiro livro que a instituição publica e que relata uma história que entrelaça a arte e a ciência do viver e conviver humano, como um trabalho *reflexivo-operativo* que tem seu fundamento na explicação *biológico-cultural* da existência humana da qual se toma consciência no livro em diversas dimensões, de modo rigoroso e extenso.

No ensaio "As eras psíquicas da humanidade" se projeta com grande potência reflexiva o convite que nos é feito a lançar um olhar sobre nossa história de transformações culturais a partir do suceder de nossos espaços ou dinâmicas emocionais e de *sentires* relacionais íntimos que guiam tais transformações num sentido ou noutro. Uma evocação histórica que vivemos como válida a partir da experiência de nossas próprias histórias individuais, nas quais tais transformações podem ocorrer na conservação de nossos *sentires* relacionais, configurando os diferentes nichos psíquicos que de fato vivemos em nossa existência.

Neste ensaio nos reconhecemos como comunidade humana global a começar de nossa localidade pessoal e entendemos que é neste jogo sistêmico entre nossas condições individual e social que repousa a gênese das transformações culturais e sociais que temos vivido e vivemos em nosso presente. Não se trata, pois, de fazer uma mera inspeção histórica linear, e sim de entender a circularidade de nossa existência humana e cósmica através de um olhar que nos leva, em última instância, a nos perguntar o que desejamos conservar em nosso viver, conscientes de que tudo o mais pode mudar em torno disso.

O texto "Biologia do Tao: o caminho do amar" é uma obra excepcional na qual a ciência e a experiência mística despidas de todo dogma se dão as mãos num ato reflexivo cuja potência se radica em mostrar o indizível (o Tao) como algo básico em nossa experiência humana cotidiana, para mostrá-lo desde as coerências dessa mesma vida cotidiana nas experiências do viver que se entrelaçam para explicar o viver. E, ao fazer isso, *traz à mão*[3] tanto a origem cultural de toda dor e todo sofrimento como a saída deles, através do desapego reflexivo que constitui o Caminho do Amar na Biologia do Amar.

---

[3] Traz à luz.

É, além do mais, um texto em que ecoa o transitar cultural que estamos vivendo em nosso planeta ao convidar a ver as diferenças culturais como diferentes orientações de nosso viver guiadas por nosso sentir e pela maneira como vivemos nosso viver. Convida, assim, a soltar a certeza de querer passar por cima do viver na cegueira de não ver que não vemos, crendo que o que vemos é o que é, e a encontrar-nos, então, com o fato de que o sentido de nosso viver é um não ser de todo ser no fazer que acontece em cada momento.

O ensaio sobre "As leis sistêmicas e metassistêmicas" constitui, num corpo *multidimensionalmente* denso e sintético, uma impressionante abstração sistêmica recursiva das regularidades e coerências experienciais mais gerais do viver e conviver humano, cuja presença e pertinência é *constatável* em cada âmbito da corporalidade e do habitar humano.

Se a constituição de um país é formada pelas abstrações fundamentais que orientam os propósitos de convivência e o projeto-país que guia a deriva de uma comunidade nacional qualquer, as *Leis sistêmicas e metassistêmicas*, por seu lado, constituem-se de abstrações fundamentais do viver e conviver humano que podem ajudar a orientar o modo de vida implicado no convite à compreensão dos fundamentos *biológico-culturais* de nossa natureza humana. Por conseguinte, é um escrito *fundante* em relação à possibilidade de gerar uma plataforma epistemológica e operacional em nível planetário a partir de onde seria possível a práxis da unidade social em escala humana se assim o desejássemos.

A seguir deparamos com o ensaio "Reflexões sobre terapia e minhas conversas com Ximena Dávila sobre a liberação da dor cultural", que convida todas as pessoas honestamente interessadas na dor humana a considerar através da reflexão que o fazer das conversações liberadoras revela aos olhos de um observador as dinâmicas relacionais e operacionais que de fato estão em jogo nas diferentes conversações orientadas para a cura ou dissolução da dor e do sofrimento.

E este convite não é ingênuo, embora requeira candura para ser escutado: é na Biologia do Amar que devemos buscar a resposta; Biologia do Amar que durante milhões de anos nos acompanhou em nosso transitar humano, surgindo como a base fundamental de nossa arquitetura dinâmica humana e ecológica natural. Daí sua potência curativa e liberadora.

No ensaio sobre a "Matriz biológico-cultural da existência humana e o conversar liberador" se alcança, por outro lado, uma profundidade tal que dança entre a cotidianidade do viver e nossa configuração histórica enquanto a classe de seres que somos, convidando-nos com audácia a reconhecer que vivemos um presente cultural em que não são nada triviais as perguntas que nos fazemos e os caminhos que escolhemos para buscar respostas a elas. Convida-nos a tomar consciência de que toda dor para que se pede ajuda relacional sempre é de origem cultural. E nos propõe com rigor e desenvoltura uma reflexão a partir do suceder da dor que nos pode liberar das armadilhas culturais que vivemos, se nos apercebermos de que nosso viver se entrelaça com o cosmos que habitamos, ao nos encontrarmos respeitando a nós mesmos, o outro, a outra e tudo o mais, desde o aceitar a legitimidade do suceder espontâneo de nossa existência humana e do curso que segue, orientada por nossos desejos, ganas e preferências, como dinâmicas relacionais operacionais que abrem ou ampliam o *bem-estar* em nosso viver e conviver. Convida-nos, em última análise, a dar conta de que o que está em jogo é o habitar *biológico-cultural* de nossos filhos e filhas e dos filhos e filhas deles e delas, no surgimento de uma linhagem ética natural que nos guie para uma nova era psíquica de *coinspiração* e colaboração.

Por último, podemos apreciar no ensaio "Sistemas dinâmicos fechados" uma rigorosa reflexão sobre nossa arquitetura dinâmica como seres vivos e sobre como, desde nossa condição de observadores no observar, não é de modo algum trivial de onde olhamos e compreendemos os fenômenos biológicos e sua relação gerativa do sentir relacional que surge no viver e conviver.

Este ensaio contribui para entender de maneira completa as diferentes dimensionalidades envolvidas no reflexionar sobre nossos fundamentos *biológico-culturais* e para compreender a maravilhosa dança de vaivém entre o suceder do viver e o suceder do conviver que já tivera início aí por volta de quatro mil milhões de anos e da qual somos seu presente cambiante.

Sem dúvida, todos e cada um destes ensaios evocam diferentes dimensões de nosso habitar humano. E, embora sua leitura possa não ser simples, podemos reconhecer em cada um dos textos uma profunda reflexão que repercute em nosso viver cotidiano a partir das perguntas que nos fizemos alguma vez, seja desde a curiosidade, seja desde a dor de nosso viver.

É responsável dizer que existe uma dificuldade epistemológico-cultural ao se chegar próximo de um *pensar-escrever* e *ler-circular* como o que todos e cada um desses textos revelam. Além do mais, temos certeza de que cada um escuta a partir de si, e também lê a partir de si, razão pela qual os autores são responsáveis pelo que dizem ao escrever, não, porém, pelo que o leitor escuta em sua leitura. Não obstante, na medida em que estes textos correspondem a uma dinâmica reflexiva que como tal implica aceitar a legitimidade de toda circunstância objeto da observação reflexiva, é um convite a ser entendida por toda e qualquer pessoa que estiver disposta a ver e considerar a partir de sua própria autonomia reflexiva os critérios a partir dos quais se diz o que se diz neste livro.

Nesse sentido, este livro, o primeiro de uma coleção que o Instituto Matríztico oferece à comunidade, propõe-se a convidar a olhar desde nossas próprias experiências cotidianas, sem teorias explicativas, os mundos que geramos em nosso habitar os diversos *viveres* que vivemos. Vale a pena enfatizar que este convite é também um convite a não acreditar que estes ensaios possam ser lidos pensando que a *biologia-cultural* surge como um construto linear a partir de seus fundamentos na *biologia do conhecer* e na *biologia do amar*. A expressão *biologia-cultural* intenciona designar e evocar a dinâmica sistêmica recursiva do conviver que dá origem, realiza e conserva nosso viver humano, e só é compreensível a partir de um olhar que assume o entrelaçamento constitutivo da dinâmica biológica e da dinâmica cultural que faz a unidade do existir humano.

A partir da reviravolta epistemológica que realiza aquele que distingue a *biologia-cultural*, pode-se inclusive compreender como as principais reflexões que tais domínios trazem consigo podem ter sido mal entendidas ou distorcidas desde os *habitares* particulares daqueles que porventura acreditaram ver nelas o fundamento de suas próprias proposições ou compreensões como daqueles que acreditaram ver em suas palavras incoerências e contradições que são vistas e entendidas a partir de matrizes compreensivas alheias à geração dos critérios de validez dos quais surgem os convites fundamentais que contém.

Por isso, esperamos que este primeiro livro que o Instituto Matríztico oferece às pessoas que desejem reflexionar sobre os fundamentos *biológico--culturais* de seu operar como seres humanos constitua em sua consciência uma preparação da boa terra psíquica em que hão de cair as sementes reflexivas que aparecem ao se olhar a dinâmica de nosso viver *biológico--cultural*. Mais ainda, este livro que o leitor ou leitora tem entre as mãos oferece um olhar sistêmico-recursivo que convida quem tiver reflexionado sobre as distintas dimensões de seu viver *biológico-cultural* a *re-considerar* sua compreensão do viver humano, assumindo os aspectos éticos que a consciência de habitar numa cultura *patriarcal-matriarcal* como a que habitamos em nosso viver e conviver atual *traz à mão*.[4] Coisa que nos parece haverá de ocorrer com os que estiverem dispostos a mudar em seu viver a pergunta *pelo ser* pela pergunta *pelo fazer*.

Nesta era psíquica pós-moderna em que o apego à valorização da ciência, do conhecimento e da tecnologia nos levou a crer que podemos conseguir tudo o que desejamos se respeitarmos as coerências operacionais implicadas por esses desejos, vamos percebendo que as consequências de nosso modo de viver estão gerando mais dor e sofrimento do que desejamos ou podemos aceitar.

Uma tíbia consciência ética começou a despertar nos corações e mentes das pessoas ao redor do mundo. E é uma consciência que parece surgir sobre o caminho percorrido por outras tantas pessoas, em outras tantas comunidades, algumas atuais, algumas ancestrais, orientadas todas elas pelo *bem-estar* que surge de nossa condição de *Homo sapiens-amans amans*.

É assim que, neste presente cultural de transição para uma nova era psíquica da humanidade pós-pós-moderna, que parece surgir uma matriz cultural que como rede de conversações gera uma consciência ética natural que pode abrir as portas para um viver humano que possa recuperar ou alcançar o viver em um habitar que surgirá como uma nova arquitetura dinâmica humana e ecológica pelo conservar em nosso viver e conviver uma consciência reflexiva recursiva ou *sistêmica-sistêmica*.

Patrício García Ascenci e Ignacio Muñoz Cristi
Instituto Matríztico
Santiago do Chile
2008

---

[4] Traz à cena.

Introdução

O ruído das folhas movidas pelo vento no bosque, o som das ondas no mar, o zumbido dos insetos na pradaria, o silêncio de uma noite de lua no deserto e o bulício de uma cidade em seus *fazeres* produtivos e em suas conversações políticas, tudo isso e mais tem a ver conosco, seres humanos, em nosso viver como seres históricos geradores dos múltiplos mundos que habitamos. Tem mais: os mundos que habitamos surgem como nossos *habitares* na biosfera, constituindo uma *antroposfera*[5] que inclui tudo o que fazemos, da contemplação reflexiva à tecnologia e da alegria à angústia pelo divino como parte dela. Todos os seres vivos constituem e transformam a biosfera no habitá--la – nós humanos também – de modo que a *antroposfera* que geramos ao habitar a biosfera é não só parte da biosfera, mas ela própria.

Nós, os seres vivos e os seres humanos, como seres em contínua transformação e em contínua mudança, somos entes históricos, dizemos; e dizemos também que cada instante constitui o presente que vivemos implicando a história que lhe deu origem. Contudo, sendo entes históricos, existimos só no presente; todo ser vivo, todo o cosmos existe num presente cambiante contínuo, como uma frente de onda de *sucederes* que ocorrem num devir contínuo de entrelaçadas transformações. Nós, seres humanos, existimos assim num presente cambiante contínuo em que passado e futuro são modos de viver o contínuo presente cambiante que se vive. O passado é nosso modo de explicar, com as coerências do presente que vivemos, o contínuo surgir do presente que vivemos; e o futuro é nosso modo de viver o presente que vivemos, imaginando sua contínua transformação numa extrapolação das coerências dos *fazeres* e *sentires* que estamos vivendo. Desse

---

[5] Entendemos por *antroposfera* o âmbito de coerências ecológicas onde se realiza e conserva o humano, que surge com o viver humano como um modo humano de estar inserido na biosfera e ser parte dela. Tudo o que constitui nosso viver humano (desde nosso operar biológico natural até as maiores fantasias de nossos artifícios criativos) é parte da *antroposfera* e, como tal, é parte da biosfera, assim como o é o modo de viver de qualquer ser vivo.

modo, no presente que vivemos neste momento, nós, escritores e escritoras, leitores e leitoras, cada um e cada uma a partir de seu diferente atuar e olhar em atos que revelam seus *pensares* e *sentires* ao escrever e ler, cada um e cada uma desde o *espaço psíquico*[6] de seu próprio habitar, somos os atores e sujeitos de nossas reflexões vivendo as diferentes situações que consideramos nos diferentes ensaios que aqui apresentamos num convite reflexivo.

O devir evolutivo das diferentes classes de seres vivos segue um curso definido, a partir da conservação de uma geração a outra, seja desde o viver, seja desde um modo particular de habitar. A conservação do viver é o fundamento de todo o possível nos seres vivos, e a conservação de um modo particular de habitar do ser vivo como organismo no suceder das gerações constitui e realiza a identidade desse viver como uma classe particular de existência. O habitar de um organismo, humano ou não humano, ocorre num fluir de configurações de *sentires* íntimos relacionais e de coordenações de *fazeres* e *sentires* que definem, momento a momento, o curso que segue seu viver no contínuo deslizar-se no meio-nicho ou na "boa terra" que o faz possível. Se isto deixa de ocorrer, o ser vivo morre, e o modo de viver, o habitar como organismo que realizava e conservava em seu viver, desaparece.

Visto por um observador, um modo de viver aparece como um modo de escolher, como um modo de sentir, como um modo de reagir dos organismos desde si e que define em todo momento o fluir de seu viver relacional. Quer dizer, ante o observador que o distingue, o modo de viver de um organismo revela o habitar psíquico a partir do qual este gera, instante a instante, desde si, a forma de seu viver relacional no encontro cambiante contínuo com a dinâmica estrutural do meio-nicho que surge

---

[6] Ao falar do psíquico em geral, fazemos referência como observadores ao operar de um organismo em matrizes operacionais-relacionais que não podemos descrever como atos conscientes particulares, embora possamos, sim, conotar como orientações no viver. Quando dizemos, por exemplo, que num lugar há "boa onda", queremos conotar uma matriz operacional-relacional que não podemos descrever, dado que somente tem presença inconsciente no viver dos que a vivem, e que evocamos em nossos *sentires* ao dizer que estamos nela. Em sentido estrito, isto é precisamente o que acontece no *linguajear*, mas que não vemos quando ao viver nele nos submergimos no âmbito de coerências operacionais consensuais que vivemos como domínios de interobjetividade. Ao falar de *espaço psíquico, habitar psíquico* e *dimensões psíquicas*, nosso desejo é evocar esse tipo de matrizes operacionais-relacionais no viver relacional de um organismo. Exemplo: ao falar do *habitar psíquico* de nossos ancestrais, queremos evocar as matrizes operacionais-relacionais que guiavam suas escolhas, suas preferências, seus gostos e suas orientações em seu ocupar o âmbito de seu viver e conviver. Assim, ao falar de *espaço psíquico* queremos conotar orientações do habitar psíquico.

diante dele como um âmbito de processos independentes dele ou dela, e em que somente sobrevive se se deslizar na realização contínua de sua boa terra. Um observador não pode descrever o habitar psíquico ancestral de uma classe atual de organismo, mas pode, sim, tentar evocar como poderia ter sido esse habitar e, simultaneamente, pode propor um devir histórico a partir dele ou dela, que mostre como os descendentes dessa forma ancestral de habitar psíquico têm que ter vivido de modo que vivem agora o habitar psíquico que vivem. Nosso propósito aqui é fazer esse olhar conosco mesmos, mostrando as dimensões psíquicas de diferentes situações ou aspectos de nosso viver presente no processo de descrever seu ocorrer.

Nós, seres humanos, vivemos nosso viver como se nos tivéssemos separado progressivamente do mundo natural que nos contém e nos faz possíveis numa distância que as palavras não podem fazer desaparecer, porque essa distância foi gerada por nosso habitar nelas, num afã manipulativo e dominador que inevitavelmente destrói o que se quer compreender. É assim que no viver na linguagem geramos entes simultaneamente com os processos que os constituem e podemos viver com uns e com outros conforme quais configurações de *sentires* guiem nosso olhar e nosso fazer, e conforme nos movamos no prazer e na estética do conviver, ou no gozo irreflexivo do poder que a servidão dos seres vivos e a das coisas proporcionam. Em algum momento nossos ancestrais encontraram o divino na proximidade com o mundo natural, mas essa proximidade também se perdeu quando quiseram dominar os deuses. Não são as coisas que geramos no conviver no *linguajear* o que nos afasta daquilo que gostaríamos de evocar com elas, são sempre nossos *sentires*. E mais, se nos escutarmos atentamente, veremos que nós mesmos somos o mundo natural ou a natureza de que nos temos separado no querer ser diferentes dela para dominá-la num esforço que resulta para nós autodestrutivo e cada vez mais e mais doloroso.

O que aconteceu com o fluir dos *sentires* em nossa história? Não podemos dizer em detalhe, mas podemos, sim, olhar os diferentes âmbitos psíquicos que constituem nossos *habitares* presentes como resultado dessa história e reflexionar, a partir daí, sobre os fundamentos de nosso viver *biológico-cultural* e o curso que quereríamos dar ao nosso devir desde agora.

Assim, este livro se compõe de um conjunto de ensaios que pretendem evocar diferentes aspectos de nossos *sentires* reflexivos que ao serem vividos aparecem como lampejos independentes de nosso habitar *biológico--cultural*, embora em si mesmos sejam apenas momentos diferentes de nosso habitar, harmonioso ou dissonante, no transfundo de *sucederes* que nos contêm e nos fazem possíveis, e que chegamos a chamar de mundo natural ou natureza. Somos da natureza, dizemos agora, mas não queremos ser isto, porque o que queremos é dominá-la. Na verdade, temos sido da natureza até que deixamos de sê-lo, fragmentando-a numa análise que, ao destruir o fluir de sua unidade cambiante *sistêmica-sistêmica*, deixa-nos cegos diante dela até conseguirmos recuperar sua unidade na compreensão do seu existir em um devir *sistêmico-recursivo* que continuamente fecha sua totalidade sobre si mesma.

Em nosso habitar primário ancestral surgimos como seres para os quais, mesmo existindo no *linguajear*, tudo aparecia em seu viver como um aspecto de seu fluir em plena integração espontânea com a natureza, sem palavras ou nomes que a dividissem. E mais: mesmo agora, as dores e sofrimentos de desarmonia em nosso viver que surgem na fragmentação analítica da unidade *sistêmica-sistêmica* do suceder e ocorrer do existir podem desaparecer se quisermos que desapareçam. E podem desaparecer porque habitamos o habitar que habitamos no suceder de uma trama de *sentires* entrelaçados que configuram uma matriz inconsciente e consciente de *sentires relacionais-operacionais* tal que, se a virmos, e sem dúvida podemos vê-la desde o reflexionar no *emocionear* e no *linguajear*, ela nos mostra a trama da configuração de *sentires relacionais-recursivos* que pode liberar-nos deles.

Os ensaios que fazem a textura *sensorial-operacional* deste livro são a oportunidade de realizar, na evocação imaginativa e na reflexão, diferentes *habitares* em seu ocorrer como processos entrelaçados, e não como descrições que caem na *tentação* de apresentar a existência humana como se estivesse imersa num cosmos *des-composto* em entes conceituais independentes. Em todos estes ensaios temos procurado evocar os espaços psíquicos em que ocorrem os *sucederes* que descrevemos, pois os escrevemos desde o saber que nunca estamos tratando com uma realidade independente de nosso fazer que pode ser assinalada e descrita mediante conceitos de operar autônomo, mas antes os escrevemos sabendo que sempre estamos evocando processos que não são em si, e que existem somente quando aparecem numa dinâmica *operacional-relacional* que os individualiza no fluir de um ocorrer que dura enquanto dura.

Os seres vivos e os processos que os realizam como organismos em seu operar e interatuar como totalidades gerando processos recursivos que dão origem a domínios *operacionais-relacionais* disjuntos intrinsecamente novos, ocorrem todos como dinâmicas evanescentes que surgem num contínuo fluir *sistêmico-recursivo* de *sucederes* entrelaçados que não constituem um mosaico de entes, nem processos ou conceitos que se relacionam em seu operar como entidades discretas independentes.

Nesse contínuo suceder evanescente, cada entidade ou processo distinguido no observar de um observador ao ver sua individuação dinâmica operacional simultaneamente com sua continuidade num transfundo de processos não separados, surge gerando dimensões *relacionais-operacionais* como um aspecto local de uma matriz recursiva de processos evanescentes. Matriz recursiva de processos evanescentes que continuamente originam novos processos entrelaçados na frente de onda de um existir fechado sobre si mesmo numa contínua transformação, mas que flui numa dinâmica sem fim.

Nós, seres humanos, em nosso viver no *linguajear* e no reflexionar como observadores que procuram compreender as dimensões de seu existir, ocorremos também como aspectos evanescentes dessa mesma dinâmica. E tudo o que em nosso viver vivemos ou fazemos também pertence ao suceder desse contínuo fluir *sistêmico-recursivo*, num contínuo deixar de ser inconsciente. Mesmo assim, na dinâmica desse suceder evanescente existimos num presente cambiante contínuo, gerador de entes e processos singulares que configuram, instante a instante, um âmbito cambiante de *fazeres* e *sentires* conservados numa memória histórica continuamente vivida no presente que vivemos na conservação do espaço psíquico que guia nosso viver em cada instante. Esta é nossa tarefa, dizer o que queremos dizer sem fraturar a configuração entrelaçada de *sentires* que constitui a unidade de nosso dizer no existir evanescente de nosso viver, mostrando a *multidimensionalidade* de nossos *habitares* psíquicos.

Se, ao olhar um redemoinho que surge no fluir de um rio, tentamos ver suas bordas enquanto se move como uma unidade, arrastado pela correnteza, veremos que não as vemos e que, num sentido estrito, não as tem, pois o redemoinho tem presença tão somente na dinâmica que o constitui em seu ocorrer como um aspecto do rio, sendo o rio sem ser ele. Assim é o suceder de nosso viver, e é este suceder o que queremos evocar neste livro nas reflexões que percorrem estes seis ensaios como visões de alguns dos diferentes *habitares* que vivemos em nosso diário viver.

Enlace 1

Neste ensaio queremos falar do devir de nosso viver humano desde seus inícios até o presente, e queremos fazê-lo mostrando aquilo que pensamos deve ter sido o viver psíquico num mundo que muda no ser vivido enquanto se conserva num contínuo fluir estacionário no qual também muda o que se conserva. Nossos ancestrais, tanto remotos como próximos, deslizavam-se em seu viver seguindo uma tangente relacional em que se conservava seu viver enquanto tudo em torno a eles estava aberto a uma mudança guiada fundamentalmente pelo fluir de seu *emocionear* conforme surgia no entrelaçamento do que faziam, o que pensavam e o que sentiam na realização de seu viver. O que nos ocupa neste ensaio desde este olhar na *biologia-cultural* é a inspiração do fluir dos *sentires* no devir histórico de um viver que surge desde o início como um conversar que vai desde um viver no encanto de viver num espaço psíquico ainda sem a complexidade que surge de inventar respostas (explicações) a perguntas incontestáveis, até à surpresa dolorosa, mas no fundo salvadora, de se ver vivendo o espaço psíquico da esperança de poder recuperar o amar perdido nessa história nos múltiplos alheamentos que surgem ao aceitar algumas das respostas às perguntas irrespondíveis. Uma pergunta é irrespondível quando não é possível respondê-la operando desde as coerências experienciais do domínio do viver do observador em que se formula, e na urgência de respondê-la torna-se necessário inventar princípios explicativos *a priori* para fazê-lo (como o Ser e o Real). A invenção de princípios explicativos *a priori* abre caminho a um conviver que pode levar-nos à cegueira na *antroposfera*[7] que geramos em nosso conviver, ante a presença de outros seres humanos, de outros seres vivos, ou da própria biosfera, como de fato tem ocorrido, ao gerar ideologias conscientes ou inconscientes que nos levam a esquecer nossos fundamentos humanos de nosso habitar na Biologia do Amar.

---

[7] Ver nota de rodapé da p. 19.

Este ensaio, nós o escrevemos como um convite a nos darmos conta de que o fundamento para desejar e viver um conviver ético no mútuo respeito desvencilhando-nos das ideologias do poder e da apropriação está em nós mesmos, em nossa biologia, e que depende de nós adotá-lo ou não.

I
Eras psíquicas da humanidade

Eras psíquicas da humanidade[8]
Ximena Dávila Yáñez e Humberto Maturana Romesín

Um observador pode dizer que o que guia o curso que o devir evolutivo dos seres vivos segue são as preferências, os gostos, os desejos... que orientam e definem em cada instante o que fazem no seu fluir *relacional-operacional*. Pode dizer, além disso, que os seres vivos se deslizam em seu viver seguindo o curso de interações em que se conserva o *bem-estar* vivido como a coerência *psíquica-corporal* com o meio que conserva o viver e que, quando isto não acontece, o ser vivo morre.

Nesse sentido, o devir da história evolutiva que deu origem aos seres humanos não tem sido diferente do devir evolutivo de outros seres vivos e tem que haver seguido, como nestes, um curso definido instante a instante pelas preferências, pelos gostos, pelos desejos e pelas ganas, isto é, pelas configurações *sensoriais-relacionais* que um observador vê, no viver de um organismo, como suas emoções. Um ser humano flui normalmente em seu viver num espaço de coerências estruturais sensoriais e relacionais em que suas interações o orientam momento a momento ao *bem-estar psíquico-corporal*, embora possa viver também, transitoriamente, e às vezes por muito tempo, em espaços de *mal-estar* que eventualmente, se não desaparecem, terminam com o seu viver. Se este ser humano é fortemente movido pela curiosidade e se faz perguntas como: *"O que é o viver que morre?"*, *"Como surge a existência?"*, *"Qual é o ser de todas as coisas?"*; ou se pergunta e reflexiona desde uma dor fisiológica: *"Por que tenho esta doença tão longa e dolorosa?"*, *"Sinto que estou morrendo na alma"*, *"Com esta doença temo perder a vida e não quero morrer... ainda"*; ou faz reflexões a partir de uma dor relacional como: *"Sinto que não posso me comunicar com os meus filhos"*, *"Sinto que minha família e meus amigos não me entendem, e eu não os entendo"*, *"Tudo para mim é tão vazio..."*, *"Sinto-me sozinho ou sozinha"*, *"Parece*

---
[8] Este ensaio é o mais recente da antologia, de agosto-setembro de 2007, e foi expressamente escrito para este livro.

que não sirvo para nada"; ou perguntas reflexivas como: *"Gosto do viver que estou vivendo?", "Quero o querer que quero?", "Como fazer para recuperar o encanto de minha vida, a alegria, a paz, a harmonia que alguma vez senti que vivi?"*. Perguntas reflexivas que abrem, todas, o olhar e expandem a consciência das coerências sistêmicas do *nicho-psíquico-relacional* que vai surgindo com o viver.

É desde a reflexão em torno dessas perguntas que propomos olhar a evolução do humano, abstraindo, daquilo que sua história *biológico-cultural* nos mostra, as sensorialidades e emoções fundamentais que a guiaram.

Desse modo é que falaremos das *eras psíquicas* mostrando as configurações do *emocionear* do viver cotidiano que, segundo nosso parecer, caracterizaram distintos momentos da história humana, assim como distintos espaços psíquicos ou distintos modos de habitar em que aconteceram e a partir dos quais aconteceram todas as dimensões do conviver relacional.

O conviver relacional foi vivido em cada instante de cada *era psíquica* num presente em contínua mudança em que o fluir do *emocionear* surgia, momento a momento, do transfundo *histórico-operacional* e *filosófico-epistemológico* dominante. O que dizemos com essa afirmação é que, em cada momento da epigênese *histórica-operacional* que configura as diferentes *eras psíquicas* da humanidade, o ser humano conservou distintos desejos, reteve distintos gostos e preferências cujo fundamento tem sido determinado momento a momento pelo habitar do presente que se vive.

As diferentes *eras psíquicas* da humanidade correspondem, segundo nosso pensar, à dinâmica histórica de transformação integral da *psique* humana, desde sua concepção, passando pela infância, pela juventude, pela condição adulta e pela maturidade reflexiva, que configura em cada instante nelas o como se vive, para onde se orienta e como se entende a natureza e o sentido do humano em sua pertença à biosfera. Na visão mítica, esse transcorrer da vida humana desde a concepção até o seu termo na maturidade ocorre como uma *dinâmica recursiva* em que a sabedoria da maturidade leva ao início de uma nova história psíquica na geração seguinte que pode ser mais desejável, porque implica a possibilidade da repetição do ciclo, mas com um deslocamento ampliado da consciência numa maior coerência com o mundo natural. O suceder das *eras psíquicas da humanidade* de que falamos aqui realiza um ciclo mítico e possibilita um espaço reflexivo que no fundo é conhecido e re-conhecido desde o próprio viver no conviver. Tal suceder de *eras psíquicas da humanidade* vai desde a *Era arcaica* na origem do humano à *Era pós-pós-moderna* como a era em que se recupera a consciência e as ações efetivas perdidas no transcorrer histórico da pertença humana à biosfera, que é o transfundo de existência no qual é possível e ocorre o humano. O recuperar esta consciência em coerências sistêmicas faz possível abrir e ampliar o olhar *sistêmico-recursivo* que é constitutivo do humano como um ser vivo que pode reflexionar sobre seu próprio viver e os mundos que gera nesse viver.

O poder evocar a história psíquica do habitar humano como uma dinâmica cíclica no fluir mítico do nascimento, morte e renascimento faz com que ao falar do suceder das *eras psíquicas* do humano possamos falar de um processo recursivo, ou *sistêmico-sistêmico*, que volta ao início numa transformação consciente da consciência de pertença ao viver e conviver em coerências sistêmicas, abrindo assim o caminho de *fazeres* oportunos que se constituem como o ponto de partida para um novo ciclo. Essa dinâmica mítica cíclica é conhecida de todos nós em torno da preocupação com a morte e tem tido distintas expressões ao longo da história humana desde a consciência do caráter cíclico do suceder dos processos do viver e da biosfera em que se dá nosso viver. É por isso que, ao falar das *eras psíquicas* da humanidade, faremo-lo expandindo os diferentes momentos delas sem nos extraviarmos no processo, porque sabemos que fazem parte de um ciclo mítico de origem, mudança e volta à origem, que no fundo nos é conhecido e que na história se repetirá cada vez que houver uma mudança fundamental de consciência.

Era psíquica arcaica

Dinâmica emocional fundamental: o amar como um suceder espontâneo.

> O que é o humano? O viver e conviver *Homo sapiens-amans amans*. Como surge o humano? No conviver íntimo da família ancestral, faz uns três milhões de anos. Como se conserva e realiza? No viver no conversar espontâneo da colaboração e da coinspiração.

A origem do humano surge na origem espontânea da família como um modo próximo permanente de conviver na intimidade do prazer e do *bem-estar psíquico-corporal-relacional* que faz possível o surgimento do *linguajear* no fazer coisas juntos como um conviver em coordenações recursivas de coordenações de fazeres consensuais. Ao surgir o humano desse modo, torna-se evidente que é *o amar* a emoção que funda a família ancestral no sentir íntimo e relacional que gera, conserva e realiza o humano como um modo de viver e conviver.

Ao surgir o viver no *linguajear* no fazer juntos as coisas do viver cotidiano no prazer da proximidade do conviver com o surgir da família ancestral, surge ao mesmo tempo o conversar na intimidade relacional recursiva que entrelaça as coordenações de coordenações de *fazeres* deste com o fluir do *emocionear* do conviver que se vive.

Isto é, ao surgir a família ancestral com o surgir do viver no *linguajear* surge o conversar como o modo de conviver cuja conservação de uma geração a outra na aprendizagem dos filhos e filhas constitui a linhagem humana. Ao surgir assim, os seres humanos surgem num conviver em redes de conversações que em seu devir histórico se constituem nos distintos mundos que habitam como diferentes âmbitos de *sentires* e *fazeres sensoriais--emocionais* que se realizam de modo espontâneo no transfundo fundamental do conviver no amar. Por isso, a forma inicial de nossa linhagem que surge como um modo de viver centrado na conservação do conviver no conversar desde o amar podemos chamar de linhagem *Homo sapiens-amans amans*; *sapiens* por surgir no operar do *linguajear-conversar* fundante do saber e fazer reflexivo, e *amans* por ser o amar no *bem-estar* do prazer de fazer juntos os *fazeres* da intimidade do conviver a emoção fundante de sua possibilidade de surgir e se conservar espontaneamente como tal, a partir da linhagem de primatas bípedes que foram nossos ancestrais.

Ao surgir numa família de primatas bípedes a família ancestral humana quando começa nela o modo de conviver humano como o conviver *Homo sapiens-amans amans*, origina-se a *Era arcaica* como o viver humano na psique da espontaneidade do amar. Psique do conviver que não traz consigo, nem de maneira consciente nem inconsciente, como um aspecto constitutivo do modo de conviver que implica, a *sensorialidade--emocional* do *mal-estar* do *desamar*, embora este tenha tido presença ocasional. Esta expansão *recursiva-espontânea* do conviver gerador de mundos na unidade operacional não pensada do humano e do *meio-nicho* que o contém e faz possível, surge como o transfundo psíquico que por sua vez faz possível a operacionalidade *sensorial-emocional-relacional* desta era. As regularidades repetitivas das coerências do viver e do morrer, assim como a transformação e expansão delas no vivê-las, vivem-se na naturalidade de seu suceder como algo dado de fato.

Assim, nesta era se vive nas coerências do reino de Deus, sem saber que se vive nelas até inventá-lo quando se tenta explicar como surgem as incoerências que aparecem de todos os modos no fluir do viver com as coerências da unidade *saber-fazer* do próprio viver cotidiano. E quando esse explicar começa, começa a extinguir-se a *Era arcaica* no surgimento de uma nova *era psíquica*, ao mudarem as configurações de *sentires* internos que se conservam no *emocionear* das conversações, quando estas se deslocam da espontaneidade de seu suceder ao explicar como surgem no ocorrer. Esse novo viver psíquico gera um novo viver humano relacional na nova forma como se conserva o amar no viver na expansão recursiva dos *sentires* a dimensões intangíveis que guiam o viver e conviver a partir do explicar. Desse modo, pouco a pouco se desvanece o sentir espontâneo de que todos os seres vivos em geral e todos os seres humanos em particular são iguais, e aparece o sentir que atribui valor à diferença, e com isso se abre espaço à discriminação, a partir de um processo consciente e inconsciente que usa motivos como argumentos racionais.

Era psíquica matrística

Dinâmica emocional fundamental: o amar como um conviver desejado.

A que se refere a psique matrística? Ao conviver na intimidade cotidiana do amar. Como surge? Surge na espontaneidade do viver no amar. Como se conserva e realiza? No próprio prazer do conviver no amar sem precisar de justificação alguma. Como se perde? Perde-se com o surgimento da desconfiança no mundo natural e a invenção de teorias que procuram controlá-lo.

As culturas matrísticas estão centradas na visão materna do cosmos como aquele que acolhe, contém e nutre dando e tirando na renovação cíclica do existir. Conservação no modo de viver cotidiano da unidade da existência com o mundo natural e o *bem-estar* que esse modo de viver supõe, surgindo o amar como fundamento do conviver desejável. Como o fluir da água, que em seu fluir não é o resultado de um esforço por parte da água, mas, antes, sua condição natural. Conhecimento do divino nos mundos que se vivem.

O devir do humano no devir do conviver da família ancestral, no suceder inevitável da recursão do conversar e, mais além, do só perguntar, relatar e explicar os *ocorreres* do viver cotidiano, surge de maneira inevitável o perguntar recursivo que pergunta o "como?" e o "por quê?" das próprias coerências do viver, como qual é a natureza do suceder do próprio viver e quais são os fundamentos das coerências do viver. Como estas perguntas de fato não podiam ser respondidas a partir das coerências operacionais do conviver cotidiano no momento que surgiam entre nossos ancestrais, e a partir da urgência emocional de respondê-las, devem ter aparecido no fluir de seu conviver configurações de *sentires* íntimos que expandiam seu habitar para novas dimensões relacionais. Dimensões relacionais talvez imaginadas no sonhar-se vivendo-as, ou a partir de encontros sensoriais surpreendentes e inusitados que não eram plenamente alheios às configurações íntimas dos *sentires* relacionais próprios do diário viver, mas que geravam redes de conversações que serviam para explicar o que de outro modo era inexplicável. Quando isso começa a acontecer, abre-se o espaço para o surgir de sistemas explicativos geradores de dimensões relacionais cativadoras e alienantes conforme o espaço psíquico desde onde se viveram.

A forma fundamental do conviver de nossos ancestrais na *Era matrística*, como grupos pequenos que colaboram nos *fazeres* do compartilhar o viver cotidiano, unidos na sensualidade, na ternura e na sexualidade como um âmbito de *bem-estar*, tem que ter sido também o âmbito de proximidade gerador do conversar reflexivo recursivo que deu origem aos intentos explicativos que inventaram um viver num mundo divino. Sem dúvida, este *bem-estar psíquico-corporal* que surge de maneira espontânea não surge da reflexão, e sim de um modo de viver e conviver em coerências com o mundo natural. O Sol, a Lua e as estrelas surgem naturalmente brilhantes, o céu aparece distante e a terra nos regala seus frutos de maneira espontânea. Porventura o Sol, a Lua, as estrelas, o céu e a terra fazem algum esforço por cultivar estes atributos? Num viver assim, a atitude cotidiana é a de colaboração no conviver na busca dos alimentos, do cuidar das crianças, no uso de instrumentos, num modo de viver cultural que abre o espaço para a *coinspiração*, e que não dá vez à conservação da dominação e da sujeição, e no qual a agressão é um fato ocasional que não guia o conviver. Num viver assim, o mundo divino concebido para explicar a ordem e a desordem na harmonia da conservação do viver não pode deixar de surgir como um mundo de coerências humanas, com desejos, ações e *sentires* humanos, maternal no ser acolhedor e ao mesmo tempo exigente na conservação das formas que asseguram as coerências do conviver que têm sido aprendidas e/ou abstraídas do próprio fluir do viver.

Quando as configurações de *sentires* do conviver no amar que trazem *bem-estar* se fazem o centro do pensar e sentir explicativo gerador das redes fechadas de conversações que guiam, conservam e dão sentido relacional ao conviver, surge a psique da *Era matrística* como geradora de culturas em que a orientação reflexiva fundamental surge de um sentir que busca conservar o *bem-estar* no conviver segundo uma ordem divina imanente no mundo, que, se violentado, perde seu caráter acolhedor.

Quando as configurações de *sentires* do viver na confiança espontânea nas coerências do mundo *divino-natural* se debilitam, deixando progressivamente de ser o centro fundamental do pensar gerador das redes fechadas das conversações que guiam e dão sentido relacional à conservação do *bem-estar* do viver e conviver no amar, começa a desvanecer a psique da *Era matrística* e tem início um processo de deslocamento dos *sentires* da convivência no sentido de uma psique que gera conversações de desconfiança e controle na emergência da *Era do apoderamento*. A psique da *Era matrística* é geradora de culturas em que a orientação reflexiva fundamental surge de um sentir que busca conservar o *bem-estar* num conviver coerente com uma ordem divina imanente ao mundo natural que, se é violentado, perde seu caráter acolhedor, abrindo o caminho à psique da desconfiança e do controle. A *Era matrística* entra em seu desvanecimento quando as diferenças passam a ser motivos de discriminações que justificam a apropriação que instrumentaliza o viver de outros seres, como a discriminação sexual que subordina a mulher aos desígnios do homem.

ERA PSÍQUICA DO APODERAMENTO

Dinâmica emocional fundamental: apropriação da verdade e veneração da autoridade.

> A que se refere a psique do apoderamento? À atitude de acumular e possuir tudo, sem se importar com os outros. Como surge? Surge como uma adição a ter o que outros têm. Como se conserva e realiza? Como toda adição, no viver e conviver cotidianos.

A psique desta era ocorre no despertar da consciência da capacidade manipulativa no prazer da expansão das habilidades e capacidades nos *fazeres* manuais e explicativos no conviver, ao mesmo tempo que no surgimento da adição a ser obedecido e a ser servido como um modo de apoderar-se dele e dos mundos que são vividos desde a autoridade que se exerce a partir do medo à dor. Esta era surge na perda da confiança nas coerências espontâneas do mundo natural em que se vive e na expansão do desejo de controle no apoderamento de tudo. E, com o apoderamento, vão aparecendo modos de conviver que se nutrem e sustentam na apropriação da alma de outros e na justificação racional da discriminação desde as quais se mantém culturas centradas em relações de dominação, subjugação, hierarquia e na negação de si mesmo e do outro, próprias da relação de autoridade e obediência. No momento em que se perde a confiança nas coerências espontâneas do mundo natural, aparecem a insegurança e o medo, estreita-se a consciência de pertença a um mundo mais amplo que o da própria localidade, e a emoção que guia o conviver nesta era é o *desejo do poder* que busca o domínio sobre as coisas naturais, sobre os outros e sobre deus. Amplia-se a crença de que, mediante o poder de manipulação que a argumentação racional e a magia proporcionam, pode-se obter o controle do operar do mundo em que se vive na progressiva negação explícita ou implícita do amar.

A linhagem *Homo sapiens-amans amans* é a linhagem humana básica em que se conserva o amar como a emoção-guia das redes de conversações do conviver. É a linhagem *fundante* e fundamental de nossa história evolutiva desde o seu início, e é o que ainda predomina em nosso presente *biológico-cultural* conservando-se em redes de conversações definidas desde a psique do mútuo respeito, da colaboração e da *coinspiração* espontâneas.

Na história evolutiva da linhagem *Homo sapiens-amans amans* surgiram e surgem ramificações *biológico-culturais* que tiveram e têm diferente duração, segundo a configuração íntima de *sentires* que os constitui e se conserva em seu ocorrer. Podemos reconhecer e recordar duas formas básicas segundo o *emocionear* que dá o caráter particular a cada um desses tipos de linhagem:

* ***Homo sapiens-amans agressans***
Linhagem humana em que a emoção fundamental que guia o conviver é a agressão e que se conserva no devir cultural em redes de conversações definidas desde a psique da dominação, da subjugação, do servilismo, da apropriação e da discriminação. Este tipo de linhagem *biológico-cultural* surge e se conserva sob a forma de civilizações imperiais e escravistas que em seu operar negador do amar levam, cedo ou tarde, à sua própria destruição.

* ***Homo sapiens-amans arrogans***
Linhagem humana em que a emoção fundamental que guia o conviver é a arrogância que se conserva no devir cultural em redes de conversações definidas desde a psique da vaidade, na onipotência e na discriminação. Este tipo de linhagem *biológico-cultural* leva à sua própria extinção na destruição do entorno *biológico-relacional* que faz possível a existência do humano.

Pensamos que dessas distintas linhagens humanas, a única que como linhagem *biológico-cultural* não leva eventualmente à sua própria extinção, é a linhagem inicial *Homo sapiens-amans amans*, porque nela a emoção *fundante* é o amar. Pensamos também que, se o amar não se tivesse conservado de fato desde o início como a emoção básica do viver *biológico-cultural* da linhagem *Homo sapiens-amans amans*, este se teria extinguido e nosso viver humano nunca teria sido.

E ao mesmo tempo pensamos também que é somente desde a conservação do *bem-estar psíquico-corporal* que se conserva no amar que nós seres humanos conservamos e de fato poderemos conservar o viver.

Era psíquica moderna

Dinâmica emocional fundamental: domínio da autoridade e alienação no poder.

> Onde está o poder da autoridade? O poder da autoridade está na obediência de outros. Onde está a potência das teorias que passam a guiar o viver humano? Sua potência está no fato de que, ao serem aceitas, penetram todas as dimensões do viver e conviver.

Expansão do saber da ciência, da tecnologia e do sentir que se conhece "a realidade" e apropriação do mundo natural em que se vive porque se crê e se sente que é possível dominá-lo e o domina.

Confiança em que podemos conhecer direta e/ou indiretamente o *em si* dos mundos que vivemos, e confiança em que o conhecimento do mundo ou dos mundos que vivemos dará validade universal a nossos argumentos e afirmações cognitivas, afiançando nosso poder sobre eles. Confiança em que o conhecimento da realidade e, portanto, a ciência e, com ela, a tecnologia gerarão *bem-estar* na humanidade por meio da autoridade da razão. E é desde essa confiança que se inventam teorias filosóficas que justificam a conservação política de linhagens *biológico-culturais* do tipo *Homo sapiens--amans arrogans* e *Homo sapiens-amans agressans*, crendo, além do mais, que é possível saber desde a razão o que é bom para outro, o que, por sua vez, justifica a imposição desse saber.

O central na psique desta era é o sentir que a verdade única e o conhecimento da realidade devem guiar a conduta humana e que a possessão dessa única verdade e o conhecimento da realidade surgem como justificativas legítimas para não deixar o outro ou a outra na ignorância. O conviver humano passa a ser uma luta de verdades, a partir do conhecimento da realidade; já não é a compreensão o central na convivência, e sim o ter a razão. Neste viver psíquico o conhecimento dá poder e não leva à compreensão; o que se busca na convivência é principalmente obediência, em relações orientadas para obter a qualquer custo os resultados desejados, e não a colaboração. Na psique desta era é muito difícil que o amar surja como um suceder cotidiano espontâneo, pois nela se vive imerso num âmbito de argumentos que o negam desde a busca do sucesso, da eficiência e dos resultados práticos. E murchando o amar já antes de aparecer, vive-se gerando a dor do *desamar* no viver e conviver num progressivo esquecimento dele. No entanto, sob esta negação ainda nos causa dor sua ausência no íntimo de nossos *sentires*, e queremos conectar-nos ou amar com noções equívocas em sua origem racional, como bondade, solidariedade e compaixão, que ocultam o amar como a emoção que funda nossa condição humana desde nossa origem como *Homo sapiens-amans amans*, embora este ainda esteja presente em nosso viver numa configuração inconsciente de *sentires* relacionais íntimos que conservamos no fundamento de nossa humanidade biológica.

Era psíquica pós-moderna

Dinâmica emocional fundamental: domínio da confiança no saber que se sabe o que se crê que se sabe. Tentação da onipotência, cegueiras no saber que se sabe o que se diz que se sabe.

> Que é, então, saber? O sentir que se sente quando não se duvida do que se afirma. Que é, então, conhecer? O que outro diz que alguém tem quando ele ou ela pensa que esse alguém se comporta de maneira adequada segundo seu pensar. Que é, então, entender? O entender ocorre no saber e conhecer o entorno em que alguém diz que é válido o que alguém diz que é válido.

Dominação cultural da ciência e da tecnologia: momento em nosso devir histórico em que nós, seres humanos, sabemos que podemos fazer tudo o que imaginamos se operarmos com as coerências operacionais do domínio em que o imaginamos. Pedimos aos nossos cientistas, tecnólogos, empresários, políticos etc. que sejam como deuses onipotentes, em sua capacidade de fazer, numa atitude em que corremos o risco de que nós, os outros seres humanos, passemos a ser meros instrumentos para a realização de tais propósito.

Na complexidade tecnológica, política e ética da convivência num viver em que se quer fazer tudo o que é possível fazer, quaisquer que sejam suas consequências, surge a hegemonia da liderança na apropriação da verdade única, no fanatismo, nas alienações ideológicas que justificam a inovação em homenagem a qualquer coisa chamada progresso, na manipulação e na desonestidade na irresponsabilidade. Tudo isso numa cegueira intencional frente à geração da dor e do sofrimento no devir da *antroposfera* e da biosfera; cegueira intencional que não quer ver a unidade *sistêmica--recursiva* do viver humano, da *antroposfera* e da biosfera, porque o vê-la traz consigo a consciência de uma responsabilidade ética inegável que não se quer assumir, pelo menos por enquanto.

Nesta *era psíquica* se debilitam o respeito por si mesmo e o mútuo respeito como fundamentos da convivência e, com isso, aparece como substituto o contrato; perde-se a possibilidade de compreender o caráter inspirador da *coinspiração* e surge em seu lugar a ênfase na liderança. Numa liderança em que se entrega a autonomia e a responsabilidade do conviver e do fazer a um eleito superior que se orienta para um fanatismo moralista e sem amar, cego ante os liderados na urgência por ser seguido e obedecido, ou que se orienta para um viver num progressivo desencanto de si mesmo que leva à dor e ao ressentimento porque os liderados não se entregam como deveriam ao valor de seu guia superior. As tentações da onipotência e do saber-se possuidor da verdade desde o poder do conhecimento na capacidade de usá-lo como uma força demoníaca, isto é, como uma força que não tem orientação própria e que é, portanto, servil a qualquer propósito, geram as cegueiras da liderança que têm por resultado que nós, seres humanos, desapareçamos em nossa legitimidade humana e passemos a ser meros instrumentos para a satisfação dos desígnios e dos desejos de qualquer pessoa que viva na adição do poder. Por fim, a confiança em que o saber permite o controle e domínio de tudo leva inevitavelmente ao engano mais doloroso, que é a busca da eternidade na qual a pessoa fica presa na alienação de se crer dono da onipotência.

Contudo, a dor e o sofrimento que geram a contínua negação do humano não eliminam de todo o fundo amoroso de nossa condição *Homo sapiens-amans amans* que faz possível soltar as certezas como o primeiro passo rumo à reflexão sobre o próprio viver, caminho que leva à mudança de era que recupera o respeito por si mesmo.

ERA PSÍQUICA PÓS-PÓS-MODERNA

Dinâmica emocional fundamental: surgimento da reflexão e da ação ética consciente: a grande oportunidade.

> Desejamos soltar nossas certezas e nos orientar para a reflexão e ação ética consciente em nosso viver e conviver na *antroposfera*? Fazer isso é o central no advento da *Era pós-pós-moderna*.

O ver e sentir a dor e o sofrimento na *antroposfera* e na biosfera que a alienação na onipotência que a *Era pós-pós-moderna* gera abre o espaço reflexivo que nos leva às perguntas: "*Como estamos fazendo o que estamos fazendo?*", "*Como é que, embora alguma vez declaremos que o conhecimento, a ciência e a tecnologia nos levariam a ampliar o bem-estar no viver e conviver humano, geramos tanta dor e sofrimento?*". Se formos sérios ao buscar a resposta a essas perguntas, veremos que no processo de fazer isso abre-se o espaço para a mudança na *sensorialidade* íntima que leva à reflexão desde onde é possível que surja a ampliação de nossa consciência das cegueiras que nossas alienações cognitivas, como modos de viver e de gerar mundos, trazem a nosso habitar. Mais: se formos responsáveis em nosso reflexionar, veremos que todas as alienações cognitivas, sejam elas ideológicas, tecnológicas, religiosas, filosóficas, políticas ou perseguidoras do controle, da eficiência, da ambição e da aspiração ao poder, geram mal-estar, dor e sofrimento em todas as dimensões do conviver, porque nelas as pessoas, os seres vivos em geral, pouco a pouco desaparecem nas sombras tirânicas das cegueiras de seu raciocinar desde a onipotência.

O fim da *Era pós-moderna* ocorre ao se iniciar a *Era pós-pós-moderna* com nosso perceber e aceitar a responsabilidade de saber que somos nós mesmos que, com nossas cegueiras éticas e ecológicas, somos criadores tanto do *mal-estar* de nosso viver cotidiano como do dano que geramos na *antroposfera* e na biosfera com o que fazemos, destruindo ao mesmo tempo nossa própria possibilidade de existência. Contudo, a *Era pós-pós-moderna* não se iniciará ou desaparecerá logo, como um âmbito psíquico transitório, se não conseguirmos ser em verdade ousados, desde nossa consciência e compreensão do que sucede com nosso fazer, e não nos orientarmos em nosso viver e conviver para contribuir desde nosso entendimento e nossas ganas de ação ao ressurgimento da responsabilidade ética e social na *antroposfera* e na biosfera desde a ampliação de nossa consciência de que somos nós mesmos que geramos tanto as dores e os sofrimentos como as alegrias e os prazeres que vivemos na *antroposfera* e na biosfera.

É desde a ampliação da consciência da dor e do sofrimento que temos gerado e que geramos no viver e conviver desde os *sentires* e *fazeres* que surgem na alienação na confiança irreflexiva no crer que se sabe o que se diz que se sabe na liderança, sem se perguntar pelos fundamentos que validam esse saber, que se torna claro para nós que não desejamos esse viver e conviver. E é dessa ampliação de consciência que também se torna claro para nós que não queremos perder nem autonomia, nem liberdade reflexiva, nem seriedade, nem responsabilidade no que fazemos em nosso viver; e, além do mais, tudo isso é um ato reflexivo desde o qual se acaba a presença *obnubilante* da psique da liderança, desvanecendo-se a *Era pós-moderna* ao surgir a *Era pós-pós-moderna* no reencontrar-nos com o fato de que os fundamentos psíquicos de nosso existir humano estão no amar e na realização cotidiana de nosso conviver como seres primariamente amorosos desde o início de nossa linhagem na conservação de uma geração a outra de nosso viver e conviver *biológico-cultural Homo sapiens-amans amans*.

Assim, é o presente cultural em que nos encontramos agora na ampliação de consciência que nos leva a ver o caráter destrutivo, para nosso viver e conviver e para a conservação da biosfera que nos faz possíveis, de nossas alienações na onipotência e na apropriação, o que nos empurra ao nosso reencontro com os fundamentos psíquicos-biológicos de nosso existir humano amoroso como *Homo sapiens-amans amans* no término da *Era psíquica pós-moderna*, centrada num conviver humano ético. Enfim, ao dar esse passo, estaríamos nos encontrando, ou melhor, estaríamos nos reencontrando, a partir de um entender mais amplo que não podemos eludir sem nos mentirmos e sem mentir aos outros, com o fato de que somos seres vivos entre os seres vivos e que sabemos que o somos, num reencontro com nosso ser seres amorosos éticos desde nossa origem biológica na família ancestral como *Homo sapiens-amans amans*. Por fim, é desde esse reencontro com nosso ser biológico amoroso que a noção de liderança perde validade como o sentir relacional central que guiou o devir da *antroposfera* na psique da modernidade e da pós-modernidade. Mais: é desde esse reencontro que nos demos conta também de que a alienação no esquecimento de nosso ser biológico amoroso (e portanto ético) sucede porque a guia que a liderança gera está aberta à *tentação da onipotência* e, com isso, à negação da consciência de nossa responsabilidade pelas consequências negadoras do amar e da conduta ética na *antroposfera* e, portanto, na biosfera, que inevitavelmente trazem consigo a busca do sucesso e da eficiência como se fossem valores em si.

O operar da liderança em sua subordinação à busca da eficiência e do sucesso como valores em si é contraditório com o entendimento e a compreensão da *matriz biológico-cultural* que gera, realiza e conserva o humano em seu existir gerador do cosmos em que nós, seres humanos, vivemos e convivemos como o âmbito *operacional-relacional* em que se dá nosso presente em contínua mudança. E mais: a liderança como uma dinâmica relacional central na modernidade e na pós-modernidade se desvanece com o surgimento da *Era da psique* da *Era pós-pós-moderna* como um aspecto do conviver humano que pretendeu e pretende ser guia da convivência humana sem responsabilidade social. Por isso, o fim da liderança abre o caminho para o ressurgir do *bem-estar psíquico-corporal-operacional-relacional* da confiança na honestidade como fundamento ético do conviver na *psique da pós-pós--modernidade*. Assim, seu fim também abre espaço ao ressurgimento da responsabilidade desejável e desejada, à criatividade espontânea e geradora de mundos e ao surgimento de um viver autônomo no respeito por si mesmo e pelos outros, de onde se pode gerar o espaço de boa terra em que é possível que frutifique a *reflexão e ação-ética em todas as dimensões do viver e conviver.*

Por último, com o fim da liderança no surgimento da psique da pós--pós-modernidade, os *sentires* íntimos próprios de saber-se que se é um ser primariamente amoroso e ético em corpo e alma recuperam sua presença, e faz-se possível poder escolher desde si a autonomia da seriedade e da responsabilidade, num conviver na colaboração no mútuo respeito, seja qual for a tarefa que se empreender na família, nos estudos, no trabalho, como cidadão, ou simplesmente só. Sempre habitamos a psique da era que vivemos em todas as dimensões de nosso viver, mas não estamos aprisionados e podemos guiar esse habitar quando, desde a reflexão, como *Homo sapiens-amans amans*, escolhemos um caminho *operacional-relacional* segundo o viver que queremos viver conscientes de nossos *sentires* íntimos de seres primariamente amorosos. Se quiséssemos, poderíamos viver assim o início de uma nova linhagem humana, uma linhagem *Homo sapiens-amans ethicus*.

A psique da *Era pós-pós-moderna* começa a ser vivida com o abandono ao apego ao valor que se atribui ao sentir que se sabe o que se pensa que se sabe como verdade absoluta que nega a reflexão. Fazer isso permite que dimensões psíquicas novas, ou até este momento ocultas, comecem a guiar tudo o que se faz no conviver sob a forma de *sentires* íntimos, como:

* ... a consciência de que o que chamamos consciência não é um em si, mas ocorre como a dinâmica relacional que surge e se faz presente no viver cotidiano quando alguém se dá conta de que se encontra vivendo em coerências *sistêmicas-sistêmicas* com os diferentes mundos que traz ao existir com seu viver;

* ... a consciência de que o fundamento biológico amoroso de nosso ser seres humanos é em si o fundamento de nosso viver ético;

* ... a consciência de que o desejo de viver e conviver na reflexão-ação ética libera a criatividade;

* ... a consciência de que como seres humanos somos parte tanto da *antroposfera* como da biosfera e, ao mesmo tempo, criadores delas com nosso próprio viver nos abre o caminho à responsabilidade *ecológica-espiritual*;

* ... a consciência de que no presente que vivemos a preservação e o cuidado da biosfera são responsabilidade nossa nos dá liberdade para a criatividade ecológica;

* ... a consciência de que cada ser humano é em si mesmo o centro do *cosmos* que vive e de que este surge momento a momento como o presente cambiante contínuo do fluxo de seu viver; e...

*... a consciência de que como geradores contínuos do *cosmos* que vivemos somos sempre ao mesmo tempo participantes e responsáveis pelo que sucede nele.

Todos esses são *sentires* íntimos, que emergem como dimensões psíquicas que surgem da consciência, da compreensão e do entendimento de que nossa existência *biológico-cultural* é o fundamento de todo nosso sentir e fazer. Não sabemos qual será o curso de nosso devir humano, embora saibamos, sim, que inevitavelmente surgirá, momento a momento, das dimensões psíquicas dos *sentires* íntimos e dos *fazeres* que conservamos no viver que vivemos em nosso presente cambiante contínuo. O que, sim, sabemos é que a *Era pós-pós-moderna* que sentimos que se inicia no presente cultural que agora vivemos é nossa oportunidade de escolher um viver e conviver que não negue a autonomia reflexiva e de ação própria a nosso ser seres amorosos, e que é o fundamento biológico e psíquico de nosso ser seres humanos éticos.

Reflexão final

Como já dissemos no começo deste ensaio, na tentativa de explicar e compreender nosso viver humano em seu ocorrer *biológico-cultural* desde nosso operar humano com nosso operar humano, percebemos que o que guia o devir dos seres vivos em geral e dos seres humanos em particular são os *sentires* íntimos ou dimensões psíquicas que aparecem como emoções quando são observados em seu operar no espaço relacional onde existem como organismos. É pelo que foi dito que, ao nos referirmos às transformações de nosso viver no devir de nossa linhagem, orientando nossa atenção a como deve ter percorrido este no seu fluir relacional segundo o suceder dos *sentires* íntimos de nossos ancestrais que o devem ter guiado, quisemos falar de *eras psíquicas* da humanidade. As *eras psíquicas* que propomos, pois, correspondem ao que pensamos tem que ter sucedido no devir dos *sentires* íntimos e das configurações de *sentires* íntimos, dos *fazeres* e das configurações de *fazeres*, no curso do viver e conviver de nossos ancestrais no progressivo enriquecimento recursivo de seus mundos operacionais e reflexivos em seu inevitável entrelaçamento na conservação do viver num meio ao mesmo tempo constante e cambiante de maneiras suaves e abruptas. Mais: o que sucedeu no devir psíquico de nossos ancestrais é o que certamente ainda sucede em nosso devir psíquico presente e que continuará sucedendo no devir do conviver de nossos descendentes, seguindo um curso ou outro, conforme sejam os *sentires* íntimos e as configurações de *sentires* íntimos, os *fazeres* e as configurações de *fazeres*, que guiem seu viver dando forma à psique *biológica-cultural* de seu conviver.

O humano, pensamos, deve ter começado faz não menos de três milhões de anos numa linhagem de primatas bípedes, com o ocorrer da família ancestral como um grupo pequeno de convivência no prazer de compartilhar companhia, carícias e alimentos, no qual surgiram, como simples consequência da intimidade desse conviver, o *linguajear* e o conversar como o próprio conviver no fluir recursivo das coordenações de coordenações de *fazeres* e emoções no prazer do fazer juntos os *fazeres* cotidianos.

Assim, ao propor as cinco *eras psíquicas* que apresentamos aqui para o curso da história da humanidade desde sua origem há uns três milhões de anos ou mais, propusemos-nos a centrar nossa atenção no fluir dos *sentires* que pensamos devem ter guiado esse devir de transformações desde o início. E o fazemos com um imaginar que surge de nos darmos conta, a partir de nossos próprios *sentires* no presente que vivemos, de que o que guia o curso do viver dos seres vivos em geral e dos seres humanos em particular são as emoções, os desejos e as ganas, isto é, nossos *sentires* relacionais íntimos.

Ao propor estas cinco *eras psíquicas da humanidade* propomos também olhar, olhar-nos e perguntar-nos se em nosso viver individual e conviver familiar temos repetido na passagem da infância à vida adulta, quase como uma dinâmica de recapitulação evolutiva, as eras psíquicas de que falamos agora e se queremos escolher, num ato consciente a partir de nosso entendimento presente, o conviver psíquico que gostaríamos de oferecer com nosso viver e conviver ao viver dos meninos, das meninas e dos jovens com os quais convivemos. O futuro da humanidade não são os meninos, as meninas e os jovens, mas nós os adultos com os quais eles convivem, pois eles, por sua vez, serão como adultos, parecendo-se ou diferenciando-se de nós, conforme sejamos nós mesmos adultos em nosso conviver com eles.

Apêndice I

A seguir, algumas noções sistêmicas fundamentais que se tornam manifestas na ampliação da consciência de que como seres *biológico-culturais* somos geradores dos mundos que vivemos e que evocamos como leis gerais do cosmos[9] que surge com nosso conviver.

O saber
Lei # 1: tudo o que é dito é dito por um observador a outro observador que pode ser ele próprio ou ela própria.

O fazer
Lei # 2: tudo o que é feito é feito por um ser humano no âmbito da *antroposfera*[10] que surge com ele.

O suceder
Lei # 3: cada vez que num conjunto de elementos começam a se conservar certas relações, abre-se espaço para que tudo mude em torno das relações que se conservam.

O escolher
Lei # 4: a história dos seres vivos em geral e dos seres humanos em particular tem seguido e segue um curso definido em cada instante pelos desejos, pelas preferências, pelas ganas, pelas emoções em geral.

O operar
Lei # 5: todo sistema humano e não humano opera perfeito quando opera; não existe a disfuncionalidade no operar de um sistema.

---

[9] Algumas dessas *leis gerais do cosmos que surge com nosso viver* coincidem em sua formulação com algumas das *leis sistêmicas* que apresentamos no ensaio correspondente mais adiante neste livro. Contudo, aqui nós as tratamos de maneira especial para que o leitor as conecte com os conteúdos deste ensaio.

[10] Ver nota de rodapé na p. 19.

Apêndice II

As outras linhagens, se evoluíssem como linhagens *biológico-culturais*, ter-se-iam extinguido, embora ainda surjam com certa frequência como linhagens culturais transitórias.

A linhagem ***Homo sapiens-amans agressans*** ocorre num conviver que conserva as cegueiras da agressão.

A linhagem ***Homo sapiens-amans arrogans*** ocorre num conviver que conserva as cegueiras de arrogância.

A linhagem ***Homo sapiens-amans ethicus*** ocorre num conviver que conserva no viver a legitimidade dos outros, a partir do amar e da ternura, a configuração de *sentires* relacionais íntimos que levam primariamente a rejeitar o *emocionear* das teorias filosóficas ou religiosas que justificam a discriminação.

A linhagem ***Homo sapiens-amans amans*** ocorre num conviver que conserva a configuração de *sentires* relacionais íntimos que levam primariamente a se conduzir com relação a si mesmo, aos outros e às outras a partir do amar e da ternura.

Estas linhagens psíquicas evocam orientações *biológico-culturais* de *sentires* relacionais íntimos que dão forma ao conviver como um transfundo emocional que o guia como um modo espontâneo não reflexionado de se conduzir. Enquanto são linhagens *biológico-culturais* na raiz biológica *Homo sapiens-amans* são linhagens que se conservam primariamente na intimidade do conviver desde a infância num *emocionear* aprendido como um conviver cultural e, portanto, em princípio podem ser des-aprendidos.

A extinção das linhagens *agressans* e *arrogans* se produz pela restrição da consciência da unidade do existir que procede das cegueiras relacionais que geram os âmbitos emocionais de agressão e arrogância.

Comentário histórico: as linhagens que surgem na expansão da agressão e da onipotência como um viver cotidiano cultural correm rumo à sua própria extinção porque se destroem a si mesmas e o entorno biológico que as torna possíveis. Isso teria sucedido com as formas de viver *Homo sapiens-amans agressans* e *Homo sapiens-amans arrogans* como linhagens *biológico-culturais* autodestrutivas quando na agressão e na arrogância entraram na dinâmica (o desejo) da expansão hegemônica. Esses modos de viver apareceram muitas vezes em eras posteriores durante nossa história patriarcal (*Era do apoderamento*) sob a forma de fanatismos e impérios que geraram sua própria extinção com a dor humana e/ou com o dano ambiental que produziram no viver nas cegueiras que produzem a agressão e a arrogância.

Enlace II

A noção do Tao implica um convite a viver o que se vive num presente sem apegos e surge como uma resposta ativa na ação da não ação, que em nosso sentir pertence ao viver na Biologia do Amar. Frequentemente falamos do amar, em nossa opinião sem compreendê-lo, tornando-o obscuro numa poética literária que intenta evocá-lo num âmbito cultural que o nega, como ocorre na cultura *patriarcal-matriarcal* centrada em relações de autoridade e obediência na sujeição às normas que o emocionar dessas relações implica.

Nesse âmbito cultural, tudo o que se disser leva consigo a evocação de *sentires* que são tratados, de maneira consciente e inconsciente, como validadores do espaço psíquico no qual se aprende a contínua subordinação ao poder de outro no medo, na substituição da amizade pela aliança e na colaboração pela negação de si mesma ou si mesmo na obediência.

Nessas circunstâncias, perguntamo-nos sobre se encontraríamos na Biologia do Amar o fundamento dos *sentires* que buscam a liberação da dor e do sofrimento no viver que a cultura da dominação e da subjugação (cultura *patriarcal-matriarcal*) traz consigo. E, sem procurar muito, deparamos com ela como fundamento psíquico dos ensinamentos de Jesus, Buda e Lao Tsé, assim como, sob diferentes formas, nos ensinamentos de tradições culturais que não vivem na justificativa racional da discriminação e do poder. Desse modo, pensamos que o que dizemos ao falar da "Biologia do Tao", afirmando que o que fundamenta os ensinamentos do Tao é a Biologia do Amar, não é arbitrário, mas antes corresponde ao espaço psíquico que os sustenta e lhes confere presença em nosso habitar nosso próprio viver presente.

II
Biologia do Tao
ou o caminho do amar

Biologia do Tao ou
o caminho do amar[11]

Humberto Maturana Romesín e Ximena Dávila Yáñez

Resumo

A noção do Tao constitui um convite a um viver no *bem-estar* psíquico e corporal, a um viver sem esforço na unidade de toda a existência no fazer que surge do ver o presente quando não há preconceito ou expectativa. Como tal, a noção do Tao levou muitas pessoas à reflexão e à ação que busca encontrar ou revelar a natureza desse viver nos âmbitos da filosofia, da mística e da religião. Com que nos conecta esse viver? Com o divino ou com o biológico? Pensamos que o viver ao qual a noção do Tao nos convida é o viver fundamental do viver do ser vivo em sua natureza biológica que se dá na existência no existir num presente cambiante contínuo. Em nós, os seres humanos, esse viver ocorre como um viver no *linguajear* sem se alienar no explicar, viver que surge quando se vive na ampliação do ver no desapego que é a Biologia do Amar. Por isso, o Caminho do Tao é o Caminho do Amar e o Caminho do Amar é a Biologia do Tao.

---

[11] Este texto foi publicado anteriormente na revista do Instituto de Filosofia da P.U.C. de Valparaíso, *Philosophica*, n. 26, p. 125-144 e p. 125-144, 2003.

Introdução

Este ensaio é o produto de uma série de conversações que se realizaram entre Ximena Dávila e Humberto Maturana no verão do ano de 2002 e apresenta o entendimento do tema da "Biologia do Tao" a que ambos chegaram nesse processo.

Tem mais, porém. O que dizemos a seguir sobre a noção do Tao surge de um olhar reflexivo que escolhemos chamar de *filosofia natural*.[12] Nós pensamos que alguém faz filosofia cada vez que se pergunta pelos fundamentos de seu fazer, seja qual pergunta for e em qualquer que seja o âmbito do pensar e atuar, seja este o viver cotidiano, político, científico, filosófico ou tecnológico. O olhar reflexivo que chamamos de *filosofia natural* aparece no momento em que alguém se dá conta de que existem duas perguntas básicas na reflexão sobre os fundamentos de tudo o que ocorre em nosso viver como seres humanos, quais sejam, as perguntas *pelo ser* e *pelo fazer*. A história do pensar reflexivo ocidental tem estado centrada na pergunta pelo ser, pelo ser em si, pela busca da realidade e das verdades últimas. Nós agora nos perguntamos pelo fazer, pelo *"como fazemos o que fazemos?"*.

Desde o seu início, o pensar filosófico ocidental segue o caminho da pergunta pelo ser, pergunta esta que parece possível de responder a partir do pensar *místico-espiritual-religioso* que vê um fundamento transcendente para a transitoriedade do ocorrer do suceder em tudo o que existe. O pensar filosófico ocidental é congruente com o pensar oriental na aceitação implícita ou explícita de um fundamento transcendente para toda a existência. A nós nos parece que a pergunta pelo fazer como pergunta básica não estava acessível ao pensar pré-filosófico pela atitude cultural que aceitava o fundamento transcendente de toda existência, e que, por isso, não se desenvolveu desde então. Esta pergunta é possível agora, porque o pensar ocidental, desde o pensar científico, deu origem a uma liberdade reflexiva

---

[12] Em nosso presente (2007) nos referimos a este filosofar como *filosofia espontânea*.

que permite a pergunta pelo fazer num âmbito de entendimento e ação que permite respondê-la. Mais ainda, pensamos que esta pergunta sob a forma fundamental de *"como nós, seres humanos, fazemos o que fazemos?"* não é a pergunta que se possa fazer e tenha sido feita no pensar científico tradicional, porque este surge num transfundo conceitual que pergunta pelo ser, pela essência, pela realidade, pelo objetivo, desde um aceitar implícito um suporte transcendente para a existência.

É pelo que foi dito antes que, ao nos perguntarmos pelo fazer, por como nós seres humanos fazemos o que fazemos, nós o fazemos desde a mudança fundamental ontológica e filosófica que tem início com a Biologia do Conhecer, e que agora, a partir de nossas reflexões no desenvolvimento do entrelaçamento conceitual da Biologia do Conhecer e da Biologia do Amar na *Matriz Biológico-Cultural da Existência Humana*, chamamos de *filosofia natural*. O trabalho que apresentamos a seguir surge neste contexto conceitual e é de fato um trabalho no âmbito da filosofia natural no perguntar implícito pelo *que fazer de nosso viver dá origem em nosso viver à experiência do Tao.*

Caminho do Tao

O caminho do viver que a noção do Tao evoca constitui um convite a um viver no *bem-estar psíquico e corporal* de um viver sem esforço na unidade de toda a existência. Como tal, a noção do Tao levou muitas pessoas à reflexão e à ação nos âmbitos da filosofia, da mística e da religião.

Neste ensaio queremos reflexionar sobre os processos biológicos que como processos do viver e conviver dão origem à experiência básica cujo cultivo dá origem à expansão do *bem-estar* no viver cotidiano que na tradição oriental está conotada na noção do Tao, e que todos os seres humanos podemos viver se de fato a cultivamos.

Pensamos que todas as experiências que nós seres humanos vivemos, em toda circunstância e qualquer que seja o nome que lhes damos, ocorrem-nos como aspectos de nosso viver humano no fluir de nosso viver biológico; e pensamos também que é por isso que podem ser cultivadas e expandidas, dando origem a diferentes modos de viver e conviver em espaços culturais que chamamos de místicos, religiosos, filosóficos, científicos ou artísticos.

Parece-nos que a experiência básica cujo cultivo constitui o Caminho do Tao é uma experiência de *bem-estar* que se estende a todas as dimensões relacionais do humano como uma experiência de harmonia psíquica e corporal em todas as dimensões do viver e conviver, qualquer que seja a circunstância do viver que se viva. Segundo nós, a experiência do Tao não tem a ver com o que se vive, e sim com *como se vive o que se vive*.

É, portanto, para o que consideramos os fundamentos biológicos da experiência que faz possível o Caminho do Tao como experiência do viver no *bem-estar* fisiológico, psíquico e espiritual que dirigimos nossos olhares e reflexões. Mais ainda, fazemos isso entendendo que falamos de algo que não se pode descrever mas tão somente evocar naqueles que já o conhecem como experiência espontânea ou cultivada. Contudo, o fato de que não possamos descrever a experiência que desejamos evocar não é nem constitui uma dificuldade muito grande, porque todos já vivemos alguma vez em nossa vida a experiência básica de *bem-estar* cujo cultivo constitui o Caminho do Tao. *A descrição não substitui o descrito.*

O presente

O presente é o próprio suceder do viver. O presente é o ocorrer no ocorrer, o que sucede no fluir do suceder. Ao falar do presente, falamos em torno do que queremos evocar, e a descrição que fazemos ao falar do presente não o substitui como suceder do viver.

Como a descrição não substitui o descrito, tudo o que fazemos e podemos fazer ao falar do viver no presente que é o Tao é tentar evocar na *sensorialidade* de nosso viver agora a *sensorialidade* de algo vivido antes no fluir do viver do qual queremos falar. Além do mais, nessa tentativa a *sensorialidade* que queremos evocar permanece oculta ao se entrecruzar com a *sensorialidade* própria dos desejos e expectativas ou medos desde onde queremos evocar e recuperar o fluir do viver vivido.

Se olharmos os seres vivos que existem fora do *linguajear*, vemos que eles vivem no contínuo presente que se vive sem a evocação descritiva de um passado que complica o presente desde a saudade do ausente. Mais: vivem sem pensar nem desejar um futuro que surge da descrição do que se espera que ocorra e modifica o presente desde a frustração, porque não se satisfazem as expectativas que os desejos de um futuro implicam. Os animais que existem fora da linguagem simplesmente se deslizam num contínuo presente cambiante que surge espontaneamente sem reflexão, momento a momento, no fluir da conservação do *bem-estar* próprio da dinâmica sensorial de cada momento do viver que se vive. Ao falar do viver no presente desses seres, falamos de seu viver como um viver inocente no *bem-estar* sem saudades nem expectativas, em que se encontra e se vive a alegria ou a dor do que há na relação imediata, e não do imaginado; e falamos de um *bem-estar* que se perde quando o viver na consciência do passado e do futuro que a linguagem faz possível nos leva à frustração ante os desejos não realizados e o sofrimento que o apego aos desejos não realizados traz.

O caminho do *bem-estar* do presente vivido no viver inconsciente do viver fora da linguagem não é o caminho do *bem-estar* que se quer evocar quando se fala do Tao, e no qual se pode dizer: "o mestre não atua e tudo se faz". O humano ocorre no viver no *linguajear* e, tanto o viver consciente como o viver inconsciente do viver humano surgem do viver no *linguajear*, e portanto, o Caminho do Tao como caminho do viver humano no presente necessariamente ocorre como um viver no viver no *linguajear*.

A experiência

A experiência é o que dizemos que acontece conosco quando somos conscientes de que o que acontece conosco acontece como um suceder de nosso viver que distinguimos no viver no *linguajear*. Como a descrição da experiência não pode substituir o vivido, a descrição somente pode colocá-la no âmbito do olhar reflexivo e assim constituí-la como elemento do mundo humano que é o mundo que surge no *linguajear*.

O mundo humano como mundo que se vive no *linguajear* na geração de domínios de coordenações de coordenações de *fazeres* pode ser vivido como um contínuo presente que se vive em seu mero ocorrer sem reflexão que olhe o curso desse viver. Ou se pode viver no olhar que traz à consciência como aspecto do viver cotidiano o sofrimento pela frustração ante as expectativas e os desejos não satisfeitos ou a alegria quando os desejos são satisfeitos. No primeiro caso, o viver humano ocorre como o viver animal não reflexivo, e não surgem nele perguntas pelo presente, e o viver no *bem-estar* é um viver num presente sem apego antecipado ao que trará consigo a satisfação dos desejos ou das expectativas. No segundo caso, o viver humano ocorre no olhar reflexivo que abre o caminho à frustração que gera dor e sofrimento pelo apego ao valor que se vê no que se perdeu ou que não foi ao não se realizarem os desejos ou as expectativas pensadas, tanto como o caminho desde o qual se vê esse apego e é possível perguntar-se sobre a legitimidade da dor e do sofrimento que gera, assim como sobre o caminho de ação que nos poderia liberar dessa dor e sofrimento. A noção do Tao intenta evocar o viver do caminho experiencial que, se seguido, constituiria para nós essa liberação.

O viver humano é no viver no *linguajear*, e a liberação do sofrimento que traz consigo a frustração por não conseguir o desejado no apego ao valor do não conseguido ou perdido deve ocorrer como um viver humano no presente, isto é, como um simples ocorrer espontâneo no viver consciente que o viver humano é quando se vive sem apego ao que não é. A dificuldade está em que a reflexão muda o presente que se vive e o entrelaça com a mudança de emoção que surge no fluir de seu ocorrer quando este (o presente) começa a ser vivido desde as expectativas do que poderia ser, e não em seu mero ocorrer no que está ocorrendo. O dar-se conta de que é possível sair do sofrimento do apego à frustração ante os desejos não satisfeitos gera o desejo de sair desse apego, mas, se não sabemos como fazer isso, esse desejo abrirá em nós o caminho a novas frustrações, dado que o viveremos desde o que queremos que seja, e não desde o que está sendo. Contudo, há situações que surgem de maneira espontânea no curso do viver que se vivem como um *bem-estar* consciente no qual não há sofrimento nem dor, porque se vivem como experiências de mera consciência do fazer sem expectativas nem desejos, num lampejo de consciência de ser sem ser. É o desejo de repetir e cultivar essa experiência sem perder a consciência do viver humano consciente no *linguajear* porque é uma experiência de *bem-estar* no desapego, o que leva à busca de um caminho experiencial que, quando se consegue, tem a conotação da noção do Tao.

    O viver animal inconsciente do viver num presente sem passado nem futuro é um viver sem apego ao valor que pode ser atribuído ao que se perde na frustração dos desejos e das expectativas e é um viver no *bem-estar* de um caminho como o Caminho do Tao, mas não é esse caminho, porque não ocorre no viver consciente como o viver humano. A busca desse bem-estar no viver humano é difícil porque se trata de viver o ser consciente sem o atuar de ser consciente. Isto é, trata-se de viver fora da armadilha do desejo de viver o *bem-estar* do mero presente sem passado nem futuro sabendo que em nosso viver há passado e futuro. Por fim, este dar-se conta levou a perceber que a dor que surge na perda do efêmero não é por apego ao efêmero, e sim por apego ao valor transcendente ou permanente que alguém crê ou supõe que o perdido efêmero tinha. Esse apego que gera um sofrimento que adoece a alma e o corpo é um apego ao ser do que não é.

O DESAPEGO

Vivemos uma cultura na qual a dor que gera a perda do efêmero dá sentido ao desejado e constitui a medida de seu valor. E nesta nossa cultura é o apego à dor pela perda do valor e sentido do efêmero desejado o que gera o sofrimento, não o desejo como tal. Em outras palavras, na medida em que a dor da perda dá valor e sentido ao perdido, em nossa cultura, a associação entre dor e valor ou sentido gera o apego à dor, dando origem a um sofrimento que se faz tanto mais valioso quanto maior é, porque, quanto maior é a dor, maior é o valor ou sentido do perdido.

É por tudo o que foi dito antes que a liberação da dor e do sofrimento passa pelo desapego que reconhece implicitamente que nada tem valor ou sentido por si mesmo, e que o valor ou sentido que damos ao transitório que perdemos surge como um comentário que fazemos desde a realização de nosso viver sobre as relações sistêmicas a que pertencia o que foi perdido. Valor e sentido são noções que revelam o viver relacional cultural das pessoas que os vivem e cujas vidas afetam ou guiam desde os apegos com que os vivemos. Isto é, na medida em que valor e sentido não são em si e não têm um fundamento transcendente, crer que são isso nos aprisiona numa dor que conservamos como sofrimento numa dinâmica que se sustenta justamente em nosso crer que o transitório perdido tinha valor e sentido em si. A dor e o sofrimento existem no apego a um valor ou sentido transcendente que não é, ao não ver que somos nós mesmos que damos valor ou sentido ao que distinguimos de acordo com o que desejamos fazer com esse valor ou sentido que acreditamos transcendente e permanente. O sofrimento surge do apego ao valor que damos ao que é distinguido com a dor que sentimos por sua ausência e que se conserva, portanto, no apego a um ser que não é como se fosse um ser em si, na ignorância do ser em si de todo ser.

O caminho que nos libera do apego e, por isso, da dor e do sofrimento é o caminho que nos tira da ignorância que é o *não saber o não ser de todo ser* e, em particular, do não ser do ser do valor ou sentido que atribuímos ao perdido. Essa ignorância sobre o não ser em si do ser do distinguido nos aparece como o *mal-estar* de um fazer inadequado ao presente relacional que emerge do nosso entorno no fluir de nosso viver. E é um fazer inadequado que surge da distorção que as expectativas, os desejos, as exigências ou os medos sobre o valor ou sentido do distinguido impõem sobre nossa visão da matriz relacional em que se dá, a partir de nós, nosso fazer como o que constitui o fluir de nosso viver em interações com um meio que emerge como nosso presente com nosso próprio viver.

No viver de um organismo que existe fora do *linguajear*, o fazer inadequado ao presente relacional que ele vive aparece ante um observador como ignorância ou conduta incongruente com o curso de seu viver como resultado de um apego a um modo de fluir no viver que era adequado até esse momento, mas que é cego à mudança da circunstância em que o organismo começa a estar mergulhado. Quando isso acontece, a congruência com o presente que o organismo vivia até esse momento se altera, de modo que se reduzem as dimensões relacionais que faziam seu viver um viver no *bem-estar*. Se esta alteração é transitória e não total, o organismo continua seu viver num curso de *mal-estar* transitório em que eventualmente se recuperam as dimensões de *bem-estar* perdidas, de modo que o *mal-estar* que o observador via como ignorância do organismo em seu viver no presente desaparece. Se não é assim, o viver do organismo se altera de um modo que segue um curso que o leva à perda de sua identidade como um organismo de uma classe particular, ou à morte na perda completa do saber viver que é a morte.

No viver humano no *linguajear*, o próprio *linguajear* é fonte de ignorância frente a uma distinção ao abrir a possibilidade de apego ao valor ou sentido que se atribui, desde o raciocinar que o *linguajear* é, ao que se supõe que é o ser transcendente do efêmero distinguido. Por isso, o viver humano no presente sem dor nem sofrimento requer viver todas as dimensões dos mundos humanos que surgem no *linguajear* (incluindo o explicar, o compreender, os desejos, as expectativas e a consciência de si, de ser e de estar) como meros aspectos do fluxo do viver no desapego ao valor ou sentido que se poderia dar ao suposto ser transcendente do distinguido, o que quer que isto seja. É por tudo isso que o desapego no viver que se evoca com a expressão Tao implica um viver em que tudo se vive no saber que nada tem valor ou sentido em si, e em que tudo o que se vive se vive na congruência com esse saber. Esse modo de viver não pode ser descrito, porque não tem forma preestabelecida ao surgir espontaneamente no presente cambiante que vive quem vive assim, embora um observador que vê esse viver veja unidade com toda a existência e amor e ternura com todo existente, num viver sem controle, sem agressão, sem cobiça, sem vaidade e sem inveja.

O EFÊMERO

Nós, seres vivos, existimos no fluir do *impermanente*, na contínua transformação de nossa corporalidade em torno da conservação de uma identidade relacional que também pode estar num fluxo de contínua mudança.

Neste viver efêmero que é o viver dos seres vivos, nós, seres humanos, não somos diferentes, salvo no fato de que o que concebemos em nosso *linguajear* participa das dimensões relacionais que por sua vez mudam e se conservam como referências em torno às quais ocorre nosso contínuo mudar.

Não obstante, na cultura *patriarcal-matriarcal* em que transcorre nosso viver atual, vivemos como se a mudança não existisse e como se o próprio viver fosse eterno, sem princípio nem fim, mesmo na experiência cotidiana do término de tudo numa transitoriedade inevitável. É desde a consciência da experiência cotidiana de eternidade de um viver transitório em que se vive cada instante como se fosse eterno que surge em nós o desejo e a busca do permanente na tentativa de reter o valor ou sentido desse presente que, embora se viva como permanente, sabe-se que é transitório. É desde a vivência de eternidade que vivemos em cada instante de nosso viver que damos ao que imaginamos permanente em nosso ser um valor transcendente que desejamos reter como um aspecto fundamental de nossa identidade.

E não vemos que entramos num viver cego ante a beleza de nossa *transitoriedade* que nos permite viver a identidade não permanente que nos dá o *bem-estar* da conservação do desapego que nos libera do controle, da inveja, da vaidade, da cobiça e da agressão, ou, o que dá no mesmo, que nos faz possível viver o Caminho do Tao. O humano ocorre no efêmero, no trânsito entre um começo e um fim, e é nesse trânsito que se pode dar um viver no presente na conservação consciente do *bem-estar* que se vive quando se vive sem apego nem rejeição à consciência do efêmero que nos faz humanos, e humanos na Biologia do Amar. *É nessa transitoriedade do viver humano que se pode viver o Caminho do Tao.*

A EXPLICAÇÃO

Nós, seres humanos, existimos na contínua geração de mundos que surgem e vivemos, de um lado, no entrelaçamento recursivo de nossa dinâmica biológica, que é o espaço de existência desde onde somos seres vivos, e, de outro, no *linguajear*, que como fluir consensual de coordenações de coordenações de *fazeres* constitui o âmbito relacional em que existimos como seres humanos na realização biológica da materialidade de nosso viver. Neste viver biológico humano explicamos nosso viver descrevendo seu ocorrer sob distintos modos de evocar seu fluir no *linguajear*. Somente nós, seres humanos, como seres que existimos no *linguajear*, podemos fazer a nós mesmo perguntas que se respondem com explicações que, como fluxos de *linguajear*, ocorrem na realização de nosso viver humano e descrevem os processos que gerariam o que explicamos.

Fundamentalmente, o explicar consiste em responder a uma pergunta que procura revelar a origem de alguma coisa com uma história que mostra a forma dessa origem e que é apresentada tentando satisfazer por sua vez as expectativas de quem pergunta e ampliar seu entendimento. Portanto, explicar o Caminho do Tao é descrever os processos do viver que dariam como resultado viver o Caminho do Tao. Disso se segue que para quem quer aproximar-se do viver o Caminho do Tao explicando-o como um modo de viver o presente, seja porque imagina a partir das experiências já vividas o *bem-estar* que o viver no desapego promete ou porque imagina esse *bem-estar* a partir do entendimento racional do que ouviu dizer que é o Caminho do Tao, existem dois cursos de ação possíveis, conforme a emoção com que ele ou ela escuta a explicação do Tao. Num desses dois cursos de ação, ele ou ela que escuta se satisfaz vivendo uma evocação sistêmica da disposição relacional que ele ou ela deveria adotar de maneira inconsciente para viver no viver consciente o *bem-estar* que o viver o presente sem apegos traz, confiando no saber daquele que responde à sua pergunta pelo Tao. O outro curso de ação é aquele em que o que escuta quer ouvir a descrição de uma rede ou sequência de processos que, ao operar, daria como resultado a experiência do viver o Caminho do Tao, entendendo de maneira racional a natureza dessa experiência e tentando realizar essa sequência ou rede de processos no próprio viver. Qualquer que seja o caminho que se escolha, é o reconhecimento espontâneo ou guiado da experiência de desapego que se busca o que, de fato, faz possível encontrar o caminho do viver que leva e realiza o Caminho do Tao na consciência vivencial da unidade com toda a existência.

  Esses dois caminhos se entrecruzam na busca da experiência do viver no presente sem apegos. No entanto, não substituem nem fazem a vivência do presente que se tem que viver como resultado das mudanças internas que surgem ao viver seguindo a conservação dos lampejos de desapego que se tenha vivido de maneira espontânea, na confiança de que esse viver consciente é possível como uma forma natural de viver. A explicação do Tao não é o Tao, a descrição do Tao não é o Tao, e a ânsia de viver no Tao, que como apego a obter o desejado nega o viver no presente sem apegos, nega o viver no Caminho do Tao.

  Se buscamos viver no presente sem apegos na busca do Caminho do Tao, transformamo-nos nessa busca numa dinâmica que muda a forma dessa busca. E isso acontece porque somos seres humanos que se transformam no viver segundo o curso que segue a dinâmica relacional que conservam na conservação de um viver que busca o *bem-estar* mesmo na dor ou no sofrimento. Tudo depende de poder recordar a dinâmica *corporal-sensorial* do *bem-estar* do viver no presente sem apego, que se viveu num presente antes vivido espontaneamente.

O ENTENDIMENTO

Falamos de entendimento quando podemos dizer que o que dizemos que sabemos sabemos num contexto mais amplo de coerências sistêmicas do que o âmbito restrito de coerências operacionais da situação particular que dizemos saber. O entendimento é um ocorrer biológico possível graças ao operar do sistema nervoso, seja ele um sistema celular ou um sistema molecular, conforme os elementos operacionais que o compõem sejam mudanças de relações de atividade neuronal ou dinâmicas de mudanças de relações moleculares, mas ocorre como um viver relacional do organismo.

    O sistema nervoso opera como uma rede fechada de mudanças de relações de atividade entre seus componentes e, como tal, alguns de seus componentes existem em interseção estrutural com o organismo no nível das áreas sensoras e efetoras das superfícies relacionais internas e externas dele. Em seu operar, no entanto, o sistema nervoso não faz diferença entre o interno e o externo do organismo. Tal distinção pertence ao operar do observador. O sistema nervoso não interage com o meio; o organismo, sim. Isto é, o sistema nervoso existe como uma rede fechada de mudanças de relações de atividade entre seus componentes, cego ao que acontece com o organismo em suas interações com o meio. E tem mais: como resultado de sua interseção estrutural com o organismo, a atividade do sistema nervoso como rede fechada de mudanças de relações de atividade entre seus componentes dá origem continuamente às correlações *senso/efetoras* do organismo que constituem o fluir dos encontros recursivos deste com o meio na contínua geração de sua conduta. E isso ocorre como uma dinâmica de interações em que os encontros do organismo com o meio têm como resultado um disparo recíproco de mudanças estruturais que dão origem à contínua transformação estrutural congruente entre sistema nervoso, organismo e meio em torno da conservação do modo de viver do organismo. Essa transformação estrutural congruente do sistema nervoso com o organismo, e do organismo com o meio, que conserva uma *dinâmica condutual* congruente entre um organismo cambiante e um meio cambiante, resulta de tanto o organismo como o meio terem estruturas plásticas e existirem abertos a um contínuo fluxo de mudança estrutural em torno de qualquer configuração relacional que se conserve entre eles. O organismo tem a cada instante uma estrutura que define o espaço operacional em que opera e conserva seu viver nesse instante através das correlacões *senso/efetoras* que sua estrutura desse instante torna possíveis. Por isso, as mudanças estruturais que o sistema nervoso sofre no viver interacional do organismo no meio (*nicho*) que o faz possível e as mudanças correspondentes do meio surgem naturalmente subordinadas à conservação da realização do organismo, ou este se desintegra.

Em tais circunstâncias, o que um observador vê como a conduta de um organismo é a dinâmica de mudanças estruturais congruentes que ocorrem na relação *organismo/meio* no curso de suas interações, e não algo que o organismo faça a partir de si. A conduta é a configuração relacional dinâmica do fluir das interações do organismo com um meio que surge na própria interação e que, ainda que um observador veja como algo que se configura nesse *entrejogo* com a participação de ambos na realização do viver do organismo, o falar dela o faz descrevendo-a como se fosse algo que o organismo faz. No viver do organismo o meio não preexiste ao seu viver, surge com ele. E isto é assim, embora o observador na descrição do organismo e de suas relações com o meio comumente fale do meio como um âmbito de coerências operacionais preexistentes ao organismo que o faz possível e ao mesmo tempo compreensível. Naturalmente isso é válido também para o observador como organismo. Sem o meio não há conduta, mas sem o organismo tampouco há.

Os componentes de um sistema nervoso, sejam eles neuronais, moleculares ou de outra classe, operam detectando configurações de mudanças de relações de atividade em suas mudanças de relações de atividade com outros componentes da rede fechada de mudanças de relações de atividade que o sistema nervoso é, e que eles integram. Isto é, o sistema nervoso opera numa dinâmica de mudança interna que o observador vê como a distinção recursiva de configurações de relações de atividade entre seus próprios componentes num contínuo fluir fechado de mudanças de relações de atividade que no organismo dão origem às correlações *senso/efetoras* cambiantes que fazem a realização do viver deste em interações com um meio que surge com seu viver. Nessas circunstâncias o viver do organismo transcorre como um processo histórico em que a estrutura do organismo e de seu sistema nervoso e a estrutura do meio que surge com o organismo na conservação de seu viver existem num contínuo fluir de mudanças reciprocamente congruentes que dura, na medida em que essas mudanças congruentes têm como resultado a conservação do viver do organismo. A consequência de tudo isso é que, na medida em que a estrutura do sistema nervoso muda com o fluir das interações do organismo gerando correlações *senso/efetoras* neste as quais conservam seu viver, o sistema nervoso permanece espontaneamente gerando por meio de suas mudanças estruturais correlações *senso/efetoras* no organismo que se mostram adequadas à conservação de seu viver cambiante enquanto conserva sua congruência operacional com o meio também cambiante que surge com a conservação de seu viver, qualquer que seja a forma particular desse viver.

Tudo o que foi dito para os organismos com sistema nervoso neuronal se aplica a nós, os seres humanos. Por isso, tudo ocorre em nosso viver humano como parte da contínua ampliação e mudança da rede de correlações *senso/efetoras* de nosso operar como seres humanos num meio que surge como um aspecto da realização de nosso viver humano. Mais ainda, assim como em todos os animais, nosso viver relacional surge em cada instante como um fluir de correlações *senso/efetoras* determinado por nossa corporalidade nesse instante e pelo modo como nos movemos no mundo que surge em cada instante na realização de nosso viver em coordenações de coordenações conduutais consensuais. Esta relação de congruência operacional dinâmica entre organismo e meio chamamos de *acoplamento estrutural*.

A conservação do viver de um organismo é possível na medida em que o *entrejogo* de *sensorialidades* e *fazeres* nas interações entre organismo e meio passe pela realização das dinâmicas relacionais internas e externas da corporalidade que satisfazem todos os requerimentos orgânicos que constituem seu viver.

Na normalidade da conservação do viver de um organismo há equiparidade operacional entre o campo sensorial do organismo e o âmbito de ação que o meio emergente lhe oferece (*acoplamento estrutural*), de modo que o organismo flui em seu viver na conservação de um máximo *bem-estar*. Quando essa equiparidade se rompe, seja pelas mudanças do meio, seja pela transformação da *sensorialidade* do organismo no fluir das transformações deste no suceder do viver, ou pelas mudanças que traz consigo o fluir psíquico no mover-se emocional desde a serenidade às expectativas, às ambições, às exigências, às irritações ou aos apegos a valores ou significados imaginados, o âmbito do *bem-estar* do organismo se altera ou se perde. E, quando isso acontece, surge o que um observador vê como ansiedade ou medo ante o ameaçador, ou como frustração ante o insuficiente, numa perda parcial do *bem-estar* relacional, ou eventualmente como morte em algum domínio de existência humana ou do organismo como totalidade.

Nos animais que vivem fora do *linguajear* não aparecem emoções adicionais que deem passagem ao sofrimento pela conservação da dor ante a perda de um valor surgido do raciocinar, mas aparece o sofrimento ante uma perda de sentido do viver desde a conservação da emoção de abandono ou negação relacional. Neles, o viver o presente não se altera pela perda de um valor, e sim pela perda de sentido de *bem-estar* relacional, e eles podem entrar em depressão e sofrimento.

Em nós, os seres humanos, que vivemos no *linguajear*, ao contrário, surgem a dor, pela falta de um valor perdido que vemos como transcendente, e o sofrimento na conservação dessa dor, pelo apego ao valor transcendente que atribuímos ao perdido, desde nosso pensar racional. Fora da cultura do valor, não há apego a um suposto valor transcendente do perdido, porque não há valor como essência transcendente, mas se vivem dores transitórias ante as perdas como aspectos circunstanciais de um viver num presente cambiante.

A TRANSFORMAÇÃO

A liberação da dor e do sofrimento, que gera o apego ao valor ou sentido que atribuímos ao perdido, produz-se com a ampliação do entendimento que mostra que o valor ou sentido de todas as coisas que surgem no curso do viver humano é somente um modo cultural de olhar e atuar, e não uma propriedade intrínseca delas. Para que a ampliação do entendimento se produza na pessoa que sofre, deve ampliar-se em seu campo de reflexão a captação das coerências sistêmicas às quais pertence o perdido, de modo que seja aparente a ele ou ela que o perdido carece de valor ou sentido intrínseco. Mais ainda, isto deve ocorrer à pessoa que sofre mesmo quando ela não sabe quais são as coerências sistêmicas que deve captar.

A ampliação do entendimento é um fenômeno espontâneo que ocorre no fluir do viver de um organismo na conservação de sua congruência operacional com um meio emergente que surge coerente com seu viver num âmbito maior do que o que parece ser sua existência local, e que o observador reconhece quando vê que o organismo se acha operando a partir de si num âmbito de coerências maior que o que lhe é habitual. O operar do sistema nervoso com componentes neuronais que respondem a configurações de coerências relacionais no fluxo de atividade que ocorre nele como rede fechada de mudanças de relações de atividade não é fixo, mas muda no fluir do viver do organismo. O que acontece é que a estrutura do sistema nervoso no nível de seus componentes e das relações entre eles muda de maneira contingente ao fluir do viver do organismo na conservação de seu viver. Nessas circunstâncias, a mudança estrutural do sistema nervoso ocorre seguindo um caminho definido em cada instante pela conservação do viver do organismo em coerência operacional com um meio que emerge com ele, e no fato de que a equiparidade da *sensorialidade* do organismo com o espaço de ação do organismo também surge cambiante.

Acontece que as configurações relacionais diferentes do usual que os neurônios componentes de um sistema nervoso distinguem ao interagir entre si produzem efeitos incomuns na dinâmica relacional interna e externa do organismo por meio das correlações *senso/efetoras* que evocam na interseção sistema nervoso/organismo. Acontece também que esses efeitos vêm a ser transitórios ou evanescentes se outros aspectos do viver relacional do organismo, tais como prazer, curiosidade, dor ou medo, não associam as configurações de relações neuronais inusitadas que dão origem a alguma dinâmica relacional do organismo que muda o espaço do viver deste. Quando essa associação ocorre, produz-se espontaneamente a ampliação do âmbito operacional em que a configuração relacional que deu origem a esse processo faz sentido no viver do organismo sob a forma do que um observador chamaria de ampliação operacional por parte do organismo do entendimento das circunstâncias de seu viver. Numa evocação *isomórfica* da experiência de ampliação do entendimento, o que dizemos é o mesmo que ocorre quando num passeio se vai ampliando e modificando a paisagem relacional e de ação que uma pessoa vive enquanto segue um caminho cambiante que surge espontaneamente diante dele ou dela com a conservação de seu caminhar.

O peculiar do que ocorre a nós, seres humanos, surge do fato de que nós existimos no *linguajear*, e a ampliação do entendimento se produz na dinâmica de distinção por parte do sistema nervoso de configurações relacionais que fazem sentido operacional nos âmbitos do viver humano que surgem no viver nos mundos que surgem em nosso viver no *linguajear*. Os distintos mundos que surgem no viver humano se diferenciam nas redes de conversações que os definem e, através delas, nas configurações relacionais que tratam o valor ou sentido que se atribui ao que se deseja (riqueza, sucesso, fama, poder, justiça etc.) e que é declarado como fonte de *bem-estar* e justificação do apego ao mundo que se vive e conserva nesse viver. O valor ou sentido que se atribui ao desejado surge de um olhar fora do presente relacional que se vive, porque implica atribuir àquilo que se trata como se fosse permanente ou transcendente algo próprio do viver efêmero, numa dinâmica que faz desse valor fonte de alienação no apego a um ser que não é.

Sem dúvida, há muitos modos de viver que se vivem no *bem-estar*, porque se vivem em conformidade com o modo de viver que se deseja viver enquanto não se perde o que se deseja conservar e se fazem presentes a dor e o sofrimento que surgem do apego ao valor ou sentido atribuído ao perdido. Nem todo modo de viver que se vive e conserva porque conserva o viver, embora se sinta como um viver no *bem-estar*, é um viver no *bem-estar* que conserva o Caminho do Tao. E isto é assim porque, ao se tratar de um viver que busca a conservação do valor ou sentido transcendente que se atribui ao transitório, está sempre à beira da dor e do sofrimento.

Todo valor ou sentido declarado como fonte desejada de *bem-estar* transcendente constitui um viver alienado que cedo ou tarde se viverá em dor e sofrimento por um apego que nos afasta do *bem-estar* do desapego que o Caminho do Tao conserva. Mas, se o que se quer é o caminho do *bem-estar* que quando se vive a reflexão mostra sem o descrever que o que se vive somente pode viver-se no que as tradições orientais chamam o Caminho do Tao, cabem as perguntas: "Qual é o viver no *bem-estar* que faz do viver o viver no Caminho do Tao sem falar do Tao?", "Qual é o indício relacional que se for conservado no fluir cambiante do viver humano tem como resultado espontaneamente a ampliação do entendimento sem palavras que leva a viver o que um observador chamaria de viver no Caminho do Tao?". Nossa resposta é: *o Caminho do Amar*.

O CAMINHO DO AMAR

Nós, seres humanos, existimos no *linguajear*, e o *linguajear* ocorre no fluir do conviver que é a realização do próprio viver entrelaçado com o viver de outros em coordenações de coordenações de *fazeres*. Nós, seres humanos, também existimos no fluir de nossas emoções como distintas classes de domínios de condutas relacionais. Disso advém que vivemos o *linguajear* na vida cotidiana entrelaçado com o fluir de nossas emoções no que chamamos de conversar. Enfim, nós, seres humanos, existimos nos mundos que geramos em nossas coordenações de *fazeres* e emoções de modo que nossas emoções continuamente constituem o fundamento e o caráter relacional de nosso viver ou conviver conosco mesmos e com os outros. Entre todas as emoções que vivemos no fluir de nosso *emocionear*, o amar é o fundamento do viver no *bem-estar* na aceitação implícita na legitimidade de toda a existência que evocamos ao falar do Caminho do Tao.

O que distinguimos em nossa vida cotidiana como amar são as condutas relacionais através das quais alguém, o outro, ou tudo o mais, surge como legítimo outro na coexistência com esse alguém. Como tal, o amar é unidirecional, não espera retribuição e é negado pelas expectativas. O amar não é nem generoso, nem altruísta, nem solidário, simplesmente não admite adjetivos. Quando usamos adjetivos que qualificam a natureza do amar ao falar de amar, revelamos que não há amar. A intenção de amar no amar nega o amar, e a conduta que queremos seja amorosa aparece *manipulativa*. Sem dúvida podemos descrever o que devemos fazer e sentir no amar, mas, quando tentamos realizar a descrição das condutas relacionais que constituiriam o amar, saímos do amar e passamos ao espaço do manipular. A descrição não mostra o descrito, porque o descrito pertence a um domínio relacional que é distinto e disjunto do domínio em que ocorre a descrição. Por isso é possível dizer que o amar que pode ser descrito não é amar.

O amar ocorre no fluir do viver no presente na legitimidade de tudo, sem dualidade, sem fazer distinções de bom e mau, de belo e feio. Isto é, o amar ocorre no fluir do viver em que alguém vive no domínio das condutas relacionais através das quais esse mesmo alguém – a outra, o outro e tudo o mais – surge sem intenção ou propósito como legítimo outro na convivência com alguém. O amar é visionário, pois ocorre na ampliação do ver (do ouvir, do sentir, do cheirar, do tocar) próprio do espaço das condutas relacionais que ocorrem sem preconceitos, sem expectativas, sem generosidade, sem ambição. O amar não quer nem busca as consequências do amar. O amar não é bom nem mau, simplesmente é o viver no *bem-estar* trazido pelo viver sem o sofrimento que traz o apego ao valor ou sentido que se vê no perdido ou no que se pode perder. O que ocorre, sim, é que nós, seres humanos, somos o presente de uma linhagem de primatas bípedes cujo devir evolutivo se produziu em torno da conservação de um conviver no amar, na ternura e na sensualidade num espaço relacional que surgiu com a constituição da família como um âmbito pequeno de colaboração no *linguajear*. Por isso, quando surge o amar sem que logo seja negado pelo apego a algum valor ou sentido que se declara transcendente desde um viver cultural, como ocorre na cultura *patriarcal-matriarcal* que vivemos, vemos que as emoções que o acompanham são a ternura, a sensualidade e o prazer da proximidade do outro. Estas emoções, ao acompanharem a expansão do ver que é o amar, ampliam ainda mais o *bem-estar* do viver o presente que implica viver o efêmero em sua legítima transitoriedade.

Por tudo o que foi dito, o amar como fenômeno do viver biológico não só ocorre no viver no presente sem apego à busca do permanente, mas também é o viver o presente sem apego ao ser de um ser que não é. Nós seres humanos existimos no *linguajear*, em redes de conversações, e nada humano ocorre fora das redes de conversações em que existimos. Assim, todas as experiências que vivemos em nosso viver como seres humanos ocorrem no fluir de nosso viver humano como aspectos de nosso viver que distinguimos como o que nos acontece vivendo o viver no conversar que é o viver humano. *Portanto, o Tao, ou o Caminho do Tao, ocorre e só pode ocorrer no viver humano como um aspecto do viver humano.* Isto é, o Caminho do Tao não nega nem pode negar a consciência de si, pois ocorre no viver humano em consciência de si enquanto se vive o viver humano sem apego à consciência de si, e toda referência ao Tao ou ao Caminho do Tao que pareça negar o viver em consciência de si engana ou se mostra enganosa.

O Caminho do Amar como viver no presente sem apego é o Caminho do Tao vivido no ser social humano, e o ser social humano se vive desde e no viver individual no fluir da convivência no amar que é o conviver social. O conviver fora do amar não é conviver social. O central no amar do Tao não é o que acontece com o outro, e sim o que acontece a alguém consigo mesmo. Não obstante, sem o *bem-estar* do outro e de si mesmo na convivência não é possível viver o Caminho do Tao, porque se vive no apego ao valor que se atribui à justificação da negação do *bem-estar* do outro. De modo semelhante, sem o *bem-estar* do outro e de si mesmo na convivência, não é possível viver no Caminho do Amar, porque se vive no apego ao valor que se atribui à justificação da negação do *bem-estar* do outro.

A noção do Tao como caminho do viver é uma abstração do conviver social humano; uma abstração de um aspecto básico do viver biológico humano que é o fundamento do *bem-estar* corporal e psíquico; uma abstração da Biologia do Amar é o fundamento do *bem-estar* corporal e psíquico em todas as dimensões do viver humano.

A existência dos seres vivos é multidimensional. Nós, seres vivos, existimos em todo momento na realização mais ou menos independente de muitas identidades diferentes que se entrecruzam em nossa corporalidade e que se conservam como formas particulares de ser que se separam em maior ou menor grau em nosso operar como totalidades no fluir relacional em que somos organismos. As múltiplas identidades que de fato vivemos ou podemos viver como organismos singulares não se unificam em nossa singularidade orgânica na perda de seus limites operacionais, fisiológicos e *relacionais*. Não. O que acontece é que as múltiplas identidades que vivemos se entrelaçam como aspectos mais ou menos fluidos da identidade de nosso viver relacional na geração de uma existência psíquica unitária mais ou menos integral através de nosso operar como totalidades em nosso âmbito relacional.

Em outras palavras, a unidade psíquica que vivemos como seres vivos resulta da unidade operacional que surge da *unidirecionalidade* da realização do viver no fluir do viver na conservação do viver como organismos. Ao mesmo tempo, a unidade psíquica de nosso viver como pessoas resulta da unidade operacional relacional que surge de nosso viver emocional nos distintos mundos que geramos em nosso viver no conversar em nossa realização como pessoas. O fluir de nosso *emocionear* no fluir de nosso viver como seres humanos define em cada instante o espaço relacional em que nos movemos nesse instante, dando-lhe o caráter especial como um modo de viver num domínio de *bem-estar* particular. Nossas emoções definem o caráter de nosso viver abrindo ou fechando espaços relacionais nos quais podem surgir tanto o apego ao valor que atribuímos ao efêmero e com isso ao sofrimento, como a consciência do não ser de todo ser e com isso o desapego em todas as dimensões do viver no abandono das exigências e expectativas que é o viver no amar.

A emoção que se vive em cada instante do fluir de nosso *emocionear* penetra todas as dimensões de nosso viver com maior ou menor estabilidade segundo os apegos que surjam nela. Medo, cobiça, ambição, inveja, competitividade são emoções que restringem o olhar e abrem o espaço ao apego. O amar é a única emoção que expande o olhar em todas as dimensões relacionais e amplia o ver, o ouvir, o tocar. De fato, como o amar consiste precisamente no abandono das certezas, das expectativas, das exigências, dos juízos e dos preconceitos, é a emoção que consiste na realização do caminho do desapego em todas as dimensões do viver como um resultado espontâneo de seu mero ocorrer na aceitação unidirecional da legitimidade de tudo no viver, inclusive da rejeição do que não se quer que aconteça. O Caminho do Amar é o caminho do viver que evoca a noção oriental do Tao.

Vivemos uma cultura, a cultura *patriarcal-matriarcal*, que, ao estar centrada na desconfiança e no controle, na autoridade e na subjugação, na apropriação e na cegueira perante o outro, nega o amar. Desde esse viver, e na nostalgia do viver no *bem-estar* psíquico corporal próprio de nossa infância de mamíferos, buscamos o *bem-estar* do amar como acreditamos que é, como um *bem-estar* permanente, e o buscamos no ideológico fora do amar. Nessa busca aparecem emoções como a solidariedade e a compaixão, que são emoções que imitam o amar sem o conseguir, porque não implicam, no operar relacional que as constitui, a *unidirecionalidade* e abertura no ver o outro e a si mesmo em sua total legitimidade própria do amar. Viver na Biologia do Amar implica sair da cultura *patriarcal-matriarcal* que a nega.

O Caminho do Tao como Caminho do Amar não é possível sem sair da cultura *patriarcal-matriarcal* que vivemos, porque o amar ocorre somente fora dessa cultura. Quando se está fora da cultura *patriarcal-matriarcal* que nega o amar, vive-se o caminho da Biologia do Amar, vive-se o amar sem falar do amar e vive-se o Caminho do Tao sem falar do Tao. É pelo que foi dito antes que, ao tentar evocar o Caminho do Tao como um viver no desapego, a tradição oriental se vê obrigada a usar expressões como: "Quem desejar alcançar a unidade deve praticar a virtude sem fazer distinções ... deve dissolver todas as ideias de dualidade: bom e mau, belo e feio, alto e baixo ... amar, odiar, ter expectativas, todos esses são apegos". Viver esse viver é viver no Caminho do Amar: é viver espontaneamente na unidade de tudo.

A Biologia do Amar é o Caminho do Tao; a Biologia do Amar é o Caminho Integral; a Biologia do Amar é o Caminho do Tao na medida em que é o amar sem falar do amar. *O Caminho do Tao é o caminho da Biologia do Amar.*

Diz Lao Tsé: *"O Tao nada faz e, contudo, nada fica sem fazer"*; *"O sábio não atua e tudo se faz"*.

Enlace III

Nós, seres humanos, vivemos propondo teorias com que explicamos os *sucederes* de nosso viver pensando que o que explicamos são *sucederes* de uma realidade externa a nosso viver. Ao fazer isso, sentimos que o que fazemos é operar como observadores objetivos e que aquilo que propomos como leis da natureza mostra as regularidades do operar da realidade como um âmbito de *sucederes* independentes do que fazemos para distingui-las. Nós pensamos que não é assim, e que o que fazemos é explicar as coerências de nosso viver com as coerências de nosso viver, e que o que chamamos de leis da natureza tem esse caráter. É pelo que foi dito antes que ao falar, neste ensaio, de leis sistêmicas e leis metassistêmicas falamos delas como leis gerais do universo ou do cosmos que geramos ao explicar as coerências dos *sucederes* de nosso viver com as coerências dos *sucederes* de nosso viver. O dar-se conta de que o cosmos que vivemos surge no explicar nosso viver com nosso viver deixa nosso viver como o dado fundamental na compreensão da natureza do conhecer. Nessas circunstâncias, torna-se evidente para nós que nosso conhecer passa a ser nosso operar adequado na realização e conservação de nosso viver enquanto geramos com nosso viver os distintos mundos ou domínios cognitivos que vivemos, sendo nós geradores desses mundos e ao mesmo tempo parte deles em nosso viver. As leis sistêmicas que apresentamos aqui, portanto, não são definições nem pressupostos ontológicos, e sim abstrações das coerências de nosso viver, e podemos constatá-las se observarmos nosso viver. É mais: o fato de isto ser assim não é de maneira alguma uma visão reducionista que pretende dizer que tudo é biologia. O que fazemos é a contínua constatação de que tudo em nosso viver se funda na operacionalidade de nosso viver. E o que pensamos que poderia existir alheio ao operar fundamental de nosso viver se desvanece como tal ao tentar distingui-lo com nosso operar, porque o que quer que surja de nossa distinção surge nas coerências do operar de nosso viver, inclusive quando usamos instrumentos. Mesmo que não queiramos, o cosmos não é nós mesmos, e sim o nosso habitar em nosso habitar.

III
Leis sistêmicas e metassistêmicas

LEIS SISTÊMICAS E METASSISTÊMICAS[13]
HUMBERTO MATURANA ROMESÍN E XIMENA DÁVILA YÁÑEZ

Este ensaio é o resultado de nossas reflexões no curso de muitas conversações recursivas no espaço de nossa colaboração no Instituto Matríztico sobre o *entrejogo* do biológico e do cultural no âmbito da existência humana. Cada vez que algo surge na *coinspiração* da colaboração, cada vez que algo assim acontece no prazer de fazer o que se faz com outro, o resultado é um processo de entrelaçamento do pensar e do fazer que gera uma obra que genuinamente integra o fazer e o pensar dos participantes numa unidade poética indivisível, qualquer que seja a forma do produto desse fazer e desse pensar.

---

[13] Este ensaio, que foi escrito entre os anos 1999 e 2004, apesar de se terem feito algumas ampliações a ele entre os anos 2005 e 2007, mantinha-se inédito até agora. Mesmo tendo-se dado a conhecer antes algumas das *leis sistêmicas* e *metassistêmicas* em diversas publicações dos autores.

Introdução

A maior dificuldade que temos atualmente para explicar e compreender a natureza de nosso operar cognitivo como seres vivos humanos está em que pertencemos a um pensar cultural em que todas as nossas reflexões, todas as nossas afirmações cognitivas e todas as nossas explicações se apoiam, em última análise, no fato de que aceitamos *a priori* que nosso viver ocorre num âmbito de entes e processos que ao tempo que reconhecemos que nos fazem possíveis como fundamentos operacionais de nosso ser e de nosso fazer, tratamos desde nosso sentir relacional como se fossem intrinsecamente independentes em seu existir e em seu operar do que fazemos em nosso viver. A esse âmbito de entes e processos que vemos como se fossem independentes de nosso viver, e que tratamos em nossas reflexões e em nosso sentir como se fosse o meio que nos contém e nos faz possíveis, chamamos de a realidade, o real ou o objetivo. E mais, é desde esse sentir que atuamos pensando que qualquer afirmação cognitiva que se fundamente no que chamamos de o real ou o objetivo tem que ser de validez universal e, portanto, aceitável para qualquer ser humano. Disso resulta que, ao querermos explicar ou entender a classe de seres que somos ou como conhecemos o mundo que vivemos, fazemos isso pensando em que o ato de conhecer consiste em captar ou evocar de maneira direta ou indireta a essência dos entes e processos que constituem o real ou objetivo. Ao atuar dessa maneira, dizemos que somos objetivos, que nossas afirmações têm validez universal porque se fundamentam no real, no que é em si, e, portanto, em algo que deve ser em princípio acessível a qualquer outro observador que queira comprovar isso. Esse proceder fracassa, no entanto, pois bem mais cedo do que tarde nos surpreenderemos fazendo suposições sobre nossas capacidades perceptuais, operacionais e cognitivas em relação ao que chamamos de o real ou o objetivo, suposições que de fato não podemos sustentar nem explicar com nosso operar biológico. E ao nos darmos conta de que isto nos ocorre, procuramos sair da dificuldade inventando noções ou conceitos explicativos que transcendam nosso viver experiencial na forma de proposições ontológicas ou afirmações sobre o real em si, cujos fundamentos nem sempre estamos dispostos a rever, embora o fato de aceitá-los *a priori* nos leve a conflitos epistemológicos tanto no âmbito do raciocinar como no do fazer.

Nós, seres humanos, vivemos em nosso presente cultural na busca das essências, do real, do em si, considerando como *não* válido o que *não* pode referir-se ao real. Em nosso presente cultural, mesmo quando declaramos ser cientistas, vivemos buscando a resposta à pergunta pela natureza do ser do real, porque nascemos imersos nessa pergunta: vivemos na metafísica da pergunta pelo ser. Enfim, isto nos acontece porque nós, seres humanos, de fato e como um aspecto próprio ou intrínseco de nosso viver, não temos como fazer referência a algo que chamamos de o real e que imaginamos como exterior a nosso ser e independente de nosso fazer. E não podemos fazer isso porque na própria experiência não distinguimos entre ilusão e percepção, isto é, não sabemos se o que vivemos como válido em cada instante de nosso viver o aceitaremos mais tarde como uma percepção ou invalidaremos como ilusão ao compará-lo com outra experiência de cuja validade não duvidamos ao fazer essa comparação. Assim, na atitude cultural inconsciente, quando queremos explicar nosso viver, a nossa aproximação espontânea é ficar no âmbito metafísico da *pergunta pelo ser*, numa atitude epistemológica implícita, não refletida, que fará as nossas respostas surgirem necessariamente fundamentadas na ideia de que podemos referir-nos a um âmbito de entidades essenciais, transcendentes e independentes de nosso operar como fonte última do verdadeiro. E, ao fazer isto, responderemos de maneira inconsciente a todas as nossas interrogações sem sair do âmbito metafísico da *pergunta pelo ser* que aceita de maneira implícita que toda pergunta sobre o que acontece em nosso viver deve ser respondida em referência à realidade de nosso ser transcendente como a única coisa que pode dar validez universal incontestável a qualquer afirmação sobre o que nos acontece ou distinguimos que acontece em nosso viver.

Nosso pensar

Tem algo mais. Fazemos tudo o que fazemos no curso da realização de nosso viver como um aspecto da realização de nosso viver, e vivemos tudo o que vivemos como válido no momento de vivê-lo, mesmo quando não nos damos conta de que é assim, a menos que reflexionemos sobre como fazemos o que fazemos. Além do mais, como dissemos acima, não sabemos nem podemos saber na própria experiência, no ocorrer do viver que vivemos, se o que vivemos como válido num dado momento, em outro momento o invalidaremos como ilusão ou confimaremos como percepção em relação a algum outro aspecto de nosso viver que aceitamos como válido num momento posterior. Isso, no entanto, não é uma insuficiência de nossas capacidades cognitivas, como tampouco é uma limitação de nosso entendimento ou de nosso operar como observadores, e sim um aspecto constitutivo de nosso existir como seres vivos, como sistemas moleculares determinados em nossa estrutura. A distinção entre percepção e ilusão não ocorre no fluir de nosso viver biológico, ocorre no fluir de nosso conviver cultural, em nosso conviver como seres humanos que existimos na linguagem e vivemos em redes de conversações.

Conscientes de tudo isso, diremos tudo o que vamos dizer a seguir usando em nosso reflexionar tão somente as coerências operacionais e experienciais da realização de nosso viver, que distinguimos como observadores na imediatez de nosso viver no presente que vivemos, sabendo que não distinguimos na própria experiência entre ilusão e percepção, e faremos isto sem introduzir nenhuma noção ou conceito explicativo aceito *a priori*. Faremos isto, além do mais, conscientes de que o que de fato fazemos ao tentar compreender o mundo que vivemos é explicar o fluir de nosso viver com as coerências operacionais e relacionais do fluir de nosso viver. Por fim, faremos nossas reflexões aceitando como ponto de partida e, ao mesmo tempo, como condição fundamental de todo nosso fazer que sabemos que não tem sentido operacional nem conceitual tentarmos validar nosso fazer referindo-nos a algo que imaginamos como existindo independente do que fazemos em nosso operar no observar nosso viver, precisamente porque na própria experiência não sabemos nem podemos saber se o que vivemos como válido num momento dado mais tarde o invalidaremos como ilusão ou confirmaremos como percepção, ao comparar com outra experiência que aceitamos como válida porque não duvidamos dela. Por isso mesmo, queremos destacar também que, ao escrever isto, estamos conscientes de que o suceder do viver do observador não aparece nem pode aparecer em seu observar como se ocorresse em si de maneira casual. E sabemos que isto é assim porque, na espontaneidade do viver do observador e de seu observar fazendo operações de distinção, o observador e o observado não surgem em sua distinção reflexiva como parte de um fluir de *sucederes* casuais, mas totalmente ao contrário. O que surge nas operações de distinção do observador é sempre uma matriz de coerências operacionais e relacionais que não é casual, e na qual o observador emerge ao surgir em sua própria distinção reflexiva como um suceder de configurações de coerências operacionais e relacionais que, ao ocorrerem em seu viver, surgem como aspectos de seu operar numa matriz de coerências operacionais e relacionais que ele ou ela *traz à mão*[14] com as operações de distinção que constituem seu observar ao distinguir reflexivamente seu viver e seu observar. E tem mais. Ao fazer uma operação de distinção, o observador se acha na espontaneidade de seu viver *trazendo à mão*[15] uma matriz de coerências operacionais na qual pode fazer apreciações ou predições sobre o curso ou cursos possíveis que poderiam seguir seu próprio viver ou o viver de qualquer outro organismo, ou sobre o devir de qualquer outro ente que ele ou ela distinga nessa matriz. Em resumo: em nosso operar como observadores, nós, seres humanos, *trazemos à mão*[16] com nossas operações de distinção entes de distintas classes em distintos domínios operacionais e relacionais de nosso viver, mas sempre sob a forma de unidades simples que surgem como totalidades e que tratamos como totalidades, e unidades compostas ou sistemas que surgem como totalidades, nas quais em seguida distinguimos componentes. Em qualquer caso, o distinguido, seja qual for, sempre surge como participante de uma trama *operacional-relacional* que aparece como um sistema mais amplo que o contém e faz possível.

---

[14] Faz surgir.
[15] Fazendo surgir.
[16] Trazemos ao existir.

Repetindo um pouco. Nós, seres humanos, vivemos imersos num mundo que surge diante de nós como se existisse com independência de nosso fazer e confiamos, de maneira explícita ou implícita, em sua constância e autonomia ao viver nele nosso viver. Ao mesmo tempo, sabemos, embora não levemos muito a sério, que não sabemos, no momento de viver o que vivemos, se mais tarde diremos que o vivido foi real ou foi uma ilusão. Buscamos a verdade como algo *válido em si*, mas sabemos ao mesmo tempo que não podemos afirmar que algo é *de si* verdadeiro ou falso. Ao olhar o curso de nosso devir, às vezes dizemos que acertamos e às vezes dizemos que nos enganamos, mas nem sempre nos enganamos nem sempre acertamos; nada nos acontece em nosso viver de maneira casual ou caótica, embora por vezes digamos que o que vivemos é casual ou caótico. É desde este suceder de nosso viver que dizemos que há regularidades no cosmos que surge com as regularidades de nosso viver e que é onde se dá nosso viver. Essas regularidades são nosso tema aqui: as regularidades de nosso viver e do cosmos que surge com nosso viver. Nosso tema somos nós mesmos, seres humanos em nosso contínuo presente cambiante, e este é nosso ponto de partida para nos perguntarmos sobre tudo e, em particular, sobre nós mesmos.

Sentir e raciocinar

Encontramo-nos numa situação paradoxal, em que se contradizem os âmbitos de nossa experiência e de nosso entendimento.

Assim, de um lado, o fato de que percebamos que na experiência não distinguimos entre ilusão e percepção nos leva a reconhecer que não tem sentido falar de realidade, da realidade última ou do em si como noções que nos permitiriam referir-nos de maneira conceitual e operacionalmente válida a um pano de fundo transcendente de existência de entidades independentes de nosso operar que seriam o fundamento que daria validade universal a nosso raciocinar e a nosso explicar. Pelo mesmo motivo deveríamos perceber, além do mais, que não tem sentido dizer que no ato de conhecer o observador capta, mesmo de maneira indireta, a essência dessa realidade transcendente, ou faz uma interpretação dessa realidade subjacente como uma aproximação conceitual do seu em si. Enfim, se levarmos a sério o que acabamos de dizer, perceberemos também que a noção de realidade com que pretendemos fundamentar de maneira transcendente nosso explicar, nosso viver, surge na história reflexiva humana como uma noção explicativa *a priori* que, na falta de um olhar reflexivo, obscurece nosso entendimento sobre como de fato operamos como observadores. E, por outro lado, o fato de que nos demos conta de que na experiência não sabemos se o que vivemos como válido num dado momento, mais tarde o trataremos como ilusão ou como uma percepção da realidade, nos leva também a perceber que, ao operar como observadores, vivemos como se o que distinguimos em nosso viver cotidiano já tivesse existido antes que surgisse para o nosso viver com a operação de distinção com que o *trazemos à mão*[17] e como se fosse existir sempre, independentemente de estarmos aí ou não para distingui-lo de novo. Na experiência de nosso viver cotidiano vivemos distinguindo entes e processos que tratamos como se existissem

---

[17] Trazemos ao existir.

ou ocorressem independentemente da operação de distinção com que os *trazemos à mão*[18] ao distingui-los, atitude que por tudo o que foi dito sabemos que não podemos defender a partir de nossas coerências operacionais como seres vivos. E tem mais: com essa atitude em nosso viver cotidiano, fazemos de maneira efetiva tudo o que fazemos nos mundos operacionais que surgem em nosso viver, e o fazemos como se esses mundos fossem em si exteriores a nós mesmos, e como se nosso senti-los independentes de nosso operar revelasse de fato seu ser independente de nosso distingui-lo. Só o que podemos fazer nesta atitude é explicar nosso viver, a história de nosso viver, o operar do sistema nervoso e nosso operar como seres humanos observadores conscientes de seu observar.

Isto é, sabemos que não podemos afirmar nada a respeito de um existir independente de nosso fazer, mas ao mesmo tempo vivemos operando com efetividade em nosso viver como se o que distinguimos existisse de fato aí, fora de nós, de maneira independente de nosso distingui-lo. Como se resolve esta contradição entre nosso entendimento e nossa ação?

Nós, seres humanos, vivemos em nosso operar como observadores como se o que distinguimos existisse de maneira independente da operação de distinção com que o *trazemos à mão*[19] ao distingui-lo, o que nos leva a uma contínua tentativa de conhecer, explicar e entender nosso viver como se ele consistisse em habitar uma realidade que preexiste a nosso ato de habitá-la. O fato de que enquanto sistemas moleculares sejamos sistemas ou entes determinados em nossas estruturas de modo que nada exterior a nós que incida sobre nós pode determinar o que nos acontece, mas somente pode desencadear em nós mudanças estruturais determinadas em nossa estrutura, mostra que não podemos falar de que habitamos uma realidade que preexiste a nosso habitá-la. O que pensamos exterior a nós não pode "dizer-nos" nada sobre si e, portanto, nós não podemos dizer nada sobre o que pensamos exterior a nós que seja próprio do exterior em si e não dependa do que nós fazemos ao distingui-lo. De fato, vivemos como observadores, *trazendo à mão*[20] um mundo experiencial que é coerente desde nosso operar como seres vivos e como seres humanos sem precisar do pressuposto *a priori* de que habitamos uma realidade que preexiste a nosso habitá-la. O que foi dito mais acima também nos mostra que só podemos explicar e compreender

---
[18] Trazemos ao existir.
[19] Trazemos ao existir.
[20] Gerando.

nosso conhecer como um aspecto de nosso viver *biológico-cultural* desde as coerências de nosso operar como seres vivos humanos se não nos alienarmos na tentativa de fundamentar nosso explicar numa suposta realidade independente de nosso operar, e da qual, se existisse, de fato não poderíamos dizer nada que fizesse sentido nela, porque não podemos distinguir na experiência entre ilusão e percepção, precisamente porque somos sistemas determinados em nossa estrutura. A compreensão da natureza do conhecer como um suceder biológico de coerências operacionais com o mundo ou os mundos que surgem na realização e conservação do viver de um organismo amplia nosso entendimento da *matriz operacional-relacional* que constitui nossa existência humana, ao tempo que expande nossa compreensão de que os mundos que vivemos nós os geramos com nosso viver, qualquer que seja o caráter relacional que lhes demos ao descrevê-los ou ao operar neles, como quando falamos de arte, física, química, biologia, vida cotidiana ou filosofia. Isto é, todos os mundos que vivemos são distintos modos de viver nas coerências operacionais e experienciais que constituem nosso viver e nosso operar como observadores, não são referências a realidades independentes de nosso operar como seres vivos humanos e, portanto, são em seus fundamentos as mesmas para todos os distintos domínios operacionais que geramos em nosso viver e conviver.

Ao observar nosso viver, vemos que vivemos na conservação das coerências experienciais e operacionais de nosso viver como um viver que implica continuamente a matriz relacional fundamental da realização e conservação do viver na qual tudo o que fazemos como seres humanos faz sentido operacional. E também notamos que este recursivo viver em coerências operacionais com as coerências operacionais de nosso viver faz do nosso viver um viver gerador de mundos que surgem como expansões de nossa dinâmica corporal constituídos com as dimensões espaciais e temporais que geramos para descrever e explicar nossa dinâmica corporal, e que são as mesmas que usamos para descrever e explicar nosso viver e conviver.

Pelo visto antes, se nos perguntarmos como ocorre nosso viver desde as coerências de nosso viver, simplesmente vivemos, e se não nos perguntarmos como fazemos o que fazemos desde as coerências de nosso fazer, simplesmente fazemos o que fazemos, e nada do que dissermos a seguir como reflexões em nosso viver sobre nosso viver pode ter presença ou sentido. É a reflexão sobre como fazemos o que fazemos nós, seres humanos, o que dá origem ao olhar que vê a dinâmica relacional dos seres vivos que constitui o conhecer como fenômeno do viver e do conviver, revelando ao mesmo tempo que nós, seres humanos, somos o centro cognitivo do cosmos que geramos com nosso viver, ao tempo que explicamos nosso viver e o que acontece em nosso viver com as coerências operacionais de nosso viver.

O viver nos ocorre, não o fazemos. Os processos moleculares que *trazemos à mão*[21] com nosso operar como observadores ao indagar sobre nossa constituição e nosso operar como seres vivos humanos ocorrem espontaneamente a partir da estrutura dinâmica das moléculas e da agitação térmica com que surgem nas operações de distinção com que as distinguimos. Em seguida falaremos como habitualmente falamos, isto é, como se o mundo que distinguimos estivesse aí fora e existisse com independência do que fazemos, mas faremos isso no entendimento de que o leitor está consciente de que falamos de entidades e processos que surgem com nossas operações de distinção em nosso operar como observadores que se perguntam sobre como fazem o que fazem, e não sobre coisas ou processos que constituem uma realidade em si, e que dizem o que dizem conscientes de que explicam seu fazer com as coerências *operacionais-relacionais* de seu fazer.

---

[21] Aparecem.

Arquiteturas dinâmicas espontâneas

Uma molécula opera em suas interações com outras moléculas como se sua estrutura constituísse uma *arquitetura dinâmica espontânea variável*. As moléculas como elementos dinâmicos de arquitetura variável mudam de forma e de características operacionais em seus encontros com outras moléculas, de acordo com um encaixe recíproco que emerge como possibilidade operacional com essa mudança de forma, dando origem a composições e descomposições moleculares que constituem entes metamoleculares compostos ou simples no fluir de uma dinâmica arquitetônica espontânea ordenada segundo as formas das moléculas participantes. Isto é, as mudanças de forma das moléculas redundam na mudança de suas possibilidades de encaixe arquitetônico com outras moléculas, de modo que as mudanças de forma nas moléculas abrem ou fecham possibilidades de composição ou descomposição nos sistemas moleculares. Frequentemente tais mudanças são descritas como mudanças energéticas.[22]

Um sistema *autopoiético* é um caso particular do ocorrer geral da constituição de sistemas dinâmicos de arquitetura variável que existem como entidades discretas no espaço mais amplo de dinâmicas moleculares. A dinâmica ordenada do ocorrer dos processos que constituem nosso viver como sistemas *autopoiéticos* é espontânea e provém da dinâmica da arquitetura variável que constitui e realiza nosso ser como entes moleculares. A *autopoiese* molecular que constitui a célula como um ente singular ocorre na dinâmica de uma arquitetura molecular espontânea

---

[22] Ao falar de energia, falamos de disposições operacionais estruturais que fazem possíveis processos cujo sentido *operacional-relacional* não depende dela, e sim das mudanças estruturais que ocorrem no fluir cambiante da arquitetura dinâmica envolvida. Habitualmente dizemos que a energia faz possível o fluir dos *sucederes*; nós estamos dizendo que as mudanças de relações estruturais fazem possível e guiam o suceder de mudanças estruturais com regularidades operacionais que assinalamos como processos energéticos.

variável. E mais: uma célula, um organismo, realiza seu viver no fluxo de suas interações recursivas em seu nicho, que surge como a contínua realização da congruência operacional do organismo na localidade emergente do meio em que conserva seu viver. A realização do viver de um organismo em coerência operacional com seu nicho, tanto como a realização e a conservação da unidade relacional *organismo/nicho*, ocorre na dinâmica da unidade de arquitetura variável que o organismo e seu nicho constituem juntos na medida em que suas interações recursivas têm como resultado a conservação de sua coerência operacional no curso de suas mudanças arquitetônicas independentes, enquanto o organismo conserva seu viver. Ao mesmo tempo, a dinâmica operacional coerente de todos os organismos naquilo que um observador vê como um âmbito ecológico, ou a dinâmica operacional das células que constituem um organismo multicelular ou um simbionte, em que seu âmbito ecológico é o âmbito sistêmico interno que o organismo ou simbionte constitui na conservação de sua unidade operacional, ocorre no contínuo entrelaçamento dinâmico das múltiplas dinâmicas de arquiteturas moleculares variáveis na conservação ou perda dos respectivos *viveres* individuais das células ou organismos envolvidos.

Ao falar de arquitetura orgânica ou ecológica, referimo-nos ao encaixe recíproco ou coerência operacional do acoplamento estrutural dos processos moleculares que realizam as distintas entidades relacionais que constituem esses distintos domínios. E, além do mais, queremos enfatizar que tudo o que acontece no devir do cosmos que surge nas operações de distinção do observador ocorre num fluir de distintas formas arquitetônicas cambiantes em encaixes recíprocos conforme elas se encontram no curso das transformações históricas a que pertencem. Não há agente externo ou interno que guie o suceder do viver ou das relações entre *viveres*; tudo ocorre num devir histórico no qual cada molécula se encontra onde se encontra como o presente de um devir de mudanças relacionais e operacionais num campo dinâmico de arquiteturas cambiantes coerentes. O acaso ou o caos não são em si, são evocações de nossa ignorância diante das muitas dimensões envolvidas num devir histórico de múltiplos processos independentes espontaneamente ordenados e coerentes desde sua arquitetura dinâmica espontânea. Mais ainda, não dizemos isto a partir de um pressuposto ontológico, e sim como abstração que fazemos como observadores em nossas operações de distinção das regularidades do fluir em contínua mudança de nosso viver, e que fazemos além do mais como seres humanos reflexivos que explicam seu viver com as coerências operacionais de seu viver.

É nesse contexto que podemos dizer que nós, seres vivos, vivemos nas coerências operacionais recursivas da conservação do viver como um suceder sem propósito nem intenção.

O que nós, seres humanos, como seres vivos que existimos no *linguajear* acrescentamos a esta condição fundamental do viver com nosso operar como observadores é o ato reflexivo que capta as coerências da arquitetura dinâmica que constitui nosso viver e conviver, e que, abstraindo-as do domínio de seu ocorrer concreto, expressamos sob a forma de descrições que mostram ou evocam as regularidades de nosso operar como observadores fazendo--as, de maneira recursiva, parte de nosso âmbito de existência. Em nosso presente cultural, essas abstrações das coerências operacionais e relacionais da arquitetura dinâmica cambiante de nosso viver são chamadas de leis da natureza, e falamos muitas vezes como se os fatos que *trazemos à mão*[23] com nossas operações de distinção como *sucederes* em nossos âmbitos de existência em nosso operar como observadores se regessem por elas, obedecendo ao que elas dizem. Assim, por exemplo, dizemos que os planetas de movem em torno do Sol segundo as leis de Newton e Kepler e, com isso, ocultamos o fato de que essas leis são abstrações das coerências experienciais do viver de Newton e Kepler, fazendo o que fizeram em seu viver. Sem dúvida, muitos cientistas estão conscientes de que não é legítimo falar de leis da natureza em si, mas sem dúvida o atuar como se fossem permitiu fazer deduções e cômputos de processos nos domínios em que dizemos que se aplicam, como, por exemplo, as deduções e cômputos dos processos arquitetônicos dinâmicos cuja manipulação faz com que nos seja possível viajar à Lua.

A efetividade operacional e relacional das deduções e computações que fazemos a partir das abstrações das coerências operacionais de nosso viver no âmbito da realização de nosso viver não se fundamentam nem podem fundamentar-se na distinção de regularidades de um âmbito transcendente de entidades que seriam independentes de nosso operar. Essa efetividade operacional se fundamenta no fato tautológico de que essas deduções e computações se aplicam somente na matriz de regularidades operacionais e relacionais de onde surgem as abstrações que lhes dão

---

[23] Surgem.

origem com a operação de distinção do observador; matriz operacional e relacional que surge no operar do observador ao distinguir as coerências operacionais de seu próprio viver em seu operar como ser humano reflexivo que olha as regularidades de seu próprio operar. O fato de que nessas circunstâncias digamos como cientistas, ainda que só metaforicamente, que os processos de nosso viver e dos mundos que geramos em nosso viver se regem por "leis naturais", como se estas de fato guiassem tais processos, oculta ou nega que é desde as coerências espontâneas dos processos de nosso viver que, ao operar como observadores, abstraímos as coerências da matriz relacional e operacional de nosso viver que chamamos de "leis da natureza". Além disso, este hábito de pensar que existimos imersos num domínio de entidades e processos independentes de nosso fazer oculta também o fato de que o que chamamos de *natureza* ou *mundo natural* não é outra coisa senão o que distinguimos emergindo na espontaneidade de nosso viver das coerências *operacionais-relacionais* da realização de nosso viver, embora nos pareça um âmbito de regularidades transcendentes porque ao vivê-las nós as sentimos independentes de nosso operar.

No fundo, nós cientistas sabemos isso muito bem. Sem dúvida, sabemos que o que chamamos de leis da natureza são abstrações das coerências operacionais que distinguimos em nosso operar como observadores de nosso viver e do que fazemos em nosso viver, mas, ainda assim, muitas vezes nos deixamos seduzir pelo encanto da aparente externalidade dos mundos que vivemos, e cremos que podemos ser intrinsecamente objetivos. O observador não distingue em seu operar mundos preexistentes às operações de distinção que *traz à mão*[24] em seu operar como observador no suceder de seu viver. O que surge nas operações de distinção do observador são configurações de relações de *fazeres* que, como abstrações do operar de seu viver, pertencem ao âmbito de *fazeres* em que ocorre, se realiza e conserva seu viver e, portanto, ao âmbito em que ocorrem todos os *sucederes* que envolvem o operar de seu viver como ser humano operando como observador na realização de seu viver. Os mundos que surgem com nossas operações de distinção em nosso operar como observadores constituem o âmbito fechado de todas as coerências do operar das arquiteturas dinâmicas variáveis que realizam e conservam nosso viver.

---

[24] Surgem.

É neste contexto que falaremos a seguir do que chamaremos de *Leis sistêmicas e metassistêmicas* (ou leis de conservação) como abstrações dos cursos espontâneos que seguem os processos que em nosso viver distinguimos como processos sistêmicos, conscientes de que na própria experiência não distinguimos entre ilusão e percepção. E faremos isso no entendimento de que falamos de sistema cada vez que distinguimos um conjunto de elementos de qualquer natureza interligados de modo que, se atuamos sobre um, atuamos sobre todos.

Dito de outro modo, o que chamamos de *Leis sistêmicas e metassistêmicas* são abstrações que nós fazemos como observadores das coerências dinâmicas dos processos que ocorrem no devir histórico ou *epigênico* do cosmos que nós seres humanos geramos ao explicar nosso viver. Ao falar dessas leis, nós o fazemos conscientes tanto de que, em nosso operar como observadores, não podemos dizer nada em relação ao âmbito de realidade imaginado como um substrato transcendente que nos parece necessário por motivos epistemológicos quanto de que em nosso operar como observadores explicamos todos os *sucederes* de nosso viver com as coerências operacionais que distinguimos em nosso viver. Enfim, nós propomos estas *Leis sistêmicas e metassistêmicas* conscientes, além do mais, de que sustentamos que o que estamos dizendo com elas se aplica a todo o cosmos (desde o viver cotidiano, à biologia, à física quântica e à cosmologia) que surge com as operações de distinção que fazemos como seres humanos em nosso operar como observadores que explicam seu viver com seu viver.

Leis sistêmicas e metassistêmicas

Como já dissemos, *Leis sistêmicas e metassistêmicas* são abstrações que fazemos como observadores das coerências operacionais da realização espontânea de nosso viver, e que surgem tanto do que distinguimos no ocorrer relacional de nosso âmbito de existência ao falar da natureza como do que distinguimos como o suceder das coerências de nosso viver nesse âmbito relacional. Enfim, as abstrações das coerências de nosso operar como observadores, que chamamos de *Leis sistêmicas e metassistêmicas*, são abstrações das condições de relacionais espontâneas sob as quais surge, se realiza ou conserva tudo o que ocorre no âmbito do humano que surge com as operações de distinção do observador. Por isso dizemos que o que chamamos de *Leis sistêmicas e metassistêmicas* são abstrações das coerências operacionais que um observador vive no fluir de seu viver no domínio de existência que surge e que habita em seu operar como ser vivo humano em seu observar e explicar seu viver com as coerências *operacionais-relacionais* da realização do seu viver.

Ao falar de *Leis sistêmicas e metassistêmicas*, portanto, estamos dizendo que, cada vez que se dão as condições relacionais que estas assinalam ou evocam, acontece o que elas indicam no âmbito relacional que o observador *traz à mão*[25] ao apresentá-las como abstrações de seu operar. Sem dúvida, as *Leis sistêmicas e metassistêmicas* têm um caráter tautológico, como ocorre com todas as leis da natureza, afirmações e explicações científicas. Mas se trata de afirmações tautológicas cuja validade no âmbito do conhecer e do operar humano está em que o que elas revelam são as coerências operacionais e experienciais do viver e operar do observador como ser vivo humano em sua existência *biológica-cultural* e, portanto, constituem para ele ou ela condições de existência. Por fim, o peculiar do que chamamos de *leis metassistêmicas* reside em que são abstrações que o observador faz das

---
[25] Gera.

coerências operacionais de seu viver só ou com outros seres vivos, humanos ou não humanos, no âmbito de seu operar reflexivo que considera as coerências operacionais de seu próprio operar, consciente de seu operar relacional como ser humano em sua existência *biológica-cultural*. O olhar reflexivo do observador sobre os aspectos recursivos de seu próprio operar relacional que as *leis metassistêmicas* implicam faz possível que ele ou ela veja as matrizes *operacionais-relacionais* em que ocorrem as dimensões culturais da matriz *biológico-cultural* em que transcorre sua existência. Assim, por exemplo, o poder escutar e ver a matriz *operacional-relacional* em que ocorre a dor de outro que pede ajuda relacional se torna possível desde o ver ou ouvir as coerências *operacionais-relacionais* das dimensões recursivas do conviver cultural que as *leis metassistêmicas* abstraem.[26]

---

[26] Isto é particularmente evidente no trabalho de Ximena Dávila Yáñez que apresentamos no Capítulo V deste livro com o título "Matriz biológico-cultural da existência humana" e que surge na visão da matriz *biológico-cultural* da existência humana que se torna visível em sua compreensão das coerências metassistêmicas dos processos sistêmico-recursivos do viver relacional humano a partir de onde ela mostra que o viver *biológico-cultural* tem a mesma natureza sistêmica de tudo no cosmos ou nos cosmos que surgem no explicar o operar do observador com as coerências operacionais do viver do observador.

Leis sistêmicas básicas

Chamamos de *Leis sistêmicas básicas* as leis sistêmicas que seguem, porque são abstrações das condições experienciais básicas que constituem o fundamento operacional inconsciente de nosso pensar e explicar racional. E é precisamente por seu caráter inconsciente que essas condições experienciais básicas não são vistas como tais, e por isso operamos em nosso raciocinar e explicar sem nos darmos muita conta das condições experienciais do viver humano que fazem possível esse operar. De fato, essas condições experienciais básicas se tornam visíveis como abstrações de como operamos em nosso pensar e em nosso raciocinar tão somente ao explicar como operamos em nosso observar e em nosso explicar desde a abertura reflexiva que surge quando soltamos as certezas culturais que guiam nosso diário viver.

As *Leis sistêmicas básicas* são básicas porque surgem da experiência do observador de se achar no observar, como uma vivência inegável e ao mesmo tempo incontornável[27] de seu viver, quando se pergunta sobre seu operar como observador no observar. O levar a sério estas *Leis sistêmicas básicas* como abstrações dessa condição espontânea do operar do observador no observar no âmbito do fazer, e não do ser, torna possível explicar o observar e entender a Biologia do Conhecer e a Biologia do Amar como os *sucederes* biológicos que constituem a condição de possibilidade de toda reflexão sem recorrer a nenhum pressuposto *a priori* ou à noção explicativa transcendente. Além do mais, o levar a sério estas *Leis sistêmicas básicas* como abstrações das coerências operacionais que fazem possível o operar humano no observar abre a possibilidade de entender a matriz *operacional--relacional* em que se origina, realiza e conserva o humano *Homo sapiens--amans amans* que chamamos de a *Matriz Biológico-Cultural da Existência Humana*.

---

[27] O adjetivo usado no texto espanhol é *insoslayable*, que significa "que não dá para passar ao largo deixando de lado uma dificuldade" ou, em linguagem coloquial, "que não se pode deixar de encarar". [N.T.]

De fato, que isso é assim se torna evidente quando se fecha o círculo reflexivo que mostra a origem, a realização e a conservação de nossa condição e identidade humana *Homo sapiens-amans amans* desde o próprio começo de seu ocorrer gerador de mundos consensuais desde o amar; círculo reflexivo que nos revela a matriz relacional biológica e cultural que nos constitui e torna possíveis desde nossa origem e que chamamos de a *Matriz Biológico-Cultural da Existência Humana*. Nós pensamos que o humano se originou no devir evolutivo da linhagem de primatas bípedes a que pertencemos na conservação de um modo de conviver na Biologia do Amar que surge ao se constituir a família ancestral humana como um espaço próximo de convivência no *bem-estar* da companhia na sexualidade, na sensualidade e na ternura. É mais: pensamos também que um espaço pequeno de convivência como esse, formado por cinco, sete ou nove indivíduos entre adultos e jovens, teria constituído o âmbito de intimidade que, ao ser vivido no prazer e *bem-estar* da proximidade corporal, da colaboração e do compartilhar, teria gerado a permanência do prazer de fazer coisas juntos que teria tornado possível o surgimento do *linguajear* como um conviver em coordenações de coordenações de *fazeres* consensuais e ao mesmo tempo o fluir desse conviver no entrelaçamento do *linguajear* e do *emocionear* que é o conversar como o modo de conviver no amar cuja conservação transgeneracional é o que de fato constitui nossa linhagem humana. O conviver no conversar teria constituído um espaço de coordenações de *fazeres* e emoções que surge na consensualidade e adquire sentido somente desde a consensualidade sem precisar de referência alguma a uma realidade independente e que é vivido num conviver que ao ser vivido se sente como se se vivesse num mundo que desde si preexiste a seu ser vivido. A conservação transgeneracional do conviver nesse conversar através da aprendizagem dos meninos e meninas teria tido como resultado a constituição, realização e conservação da linhagem fundamental *Homo sapiens-amans amans* como um conviver em mundos consensuais que se vivem na *sensorialidade* íntima como âmbitos ou domínios de realidades transcendentes.[28] Os mundos consensuais surgem no fluir das coordenações

---

[28] Com a noção *Homo sapiens-amans amans* propomos reconhecer que a linhagem humana surge como uma linhagem psíquica quando surge o conversar no entrelaçamento das coordenações de coordenações de *fazeres* e emoções como um modo de viver e conviver que se conserva de uma geração a outra de maneira sistêmica na aprendizagem dos meninos de uma família ancestral. A linhagem humana, ao surgir na conservação do viver e conviver no conversar, é uma linhagem

de *fazeres* dos organismos em geral e das coordenações de coordenações de *fazeres* do *linguajear* em nós *Homo sapiens-amans amans*; e surgem como modos espontâneos do conviver consensual que fazem histórias de convivência na conservação do modo particular de conviver consensual de que se conviverá enquanto se conserve através desse conviver a contínua realização da *autopoiese* dos organismos participantes. Isto é, pensamos que o humano se originou com o viver *Homo sapiens-amans amans* na conservação do *linguajear* e do conversar como um conviver em mundos consensuais nos quais de fato não importa que na própria experiência não distingamos entre ilusão e percepção, porque a biologia do viver se realiza e conserva desde coerências de *fazeres* consensuais em operações de realização e conservação do viver em que essa distinção não tem importância.

Ao propor a denominação *sapiens-amans amans* para nos referirmos a nossa linhagem, queremos indicar que pensamos que o humano surgiu e pôde surgir somente como uma linhagem cultural na intimidade da conservação transgeneracional sistêmica de um conviver em mundos consensuais constituídos como redes fechadas de conversações em que o *emocionear* básico era o amar. Também pensamos que nessa história evolutiva têm que ter surgido, como ramificações da raiz *sapiens-amans amans* primária, outras linhagens culturais ao se conservarem de uma geração a outra, de maneira sistêmica recursiva, variações culturais definidas por outros *emocioneares* que ocultavam o amar em diferentes momentos do viver e de distinta maneira. Pensamos que essas linhagens culturais foram de curta duração (poucas dezenas de gerações) porque eventualmente se extinguiam quando a negação do viver *sapiens-amans amans*, através da negação do amar, impedia a conservação de um viver *biológico-cultural* centrado em dinâmicas de dominação, subjugação e destruição ecológica. E mais: vivemos um presente cultural em que surgem linhagens culturais desse tipo sob formas de conviver que poderiam chamar-se *Homo sapiens-amans agressans* e *Homo sapiens-amans arrogans*, formas culturais que, como se tem visto nos últimos dez mil anos, mostraram-se destrutivas. Em qualquer caso, contudo, se olharmos nosso

---

biológico-cultural. O que guia o devir evolutivo dos seres vivos em geral e dos seres humanos em particular são a conservação do *bem-estar*, os gostos, as preferências, não as oportunidades ou as vantagens comparativas como se estas fossem valores em si. Ver Maturana e Mpodozis, "Origen de las especies por medio de la deriva natural", em *Publicación ocasional del Museo Nacional de Historia Natural de Chile* – DIBAM, Chile, n. 46, 1992. E em *Revista Chilena de Historia Natural*, v. 73, n. 2, p. 261-310, jun. 2000.

viver presente, veremos que vivemos um viver *biológico-cultural* em que, ao nascer, cada bebê humano nasce de fato, em seu operar *biológico-cultural*, conservador de seu fundamento amoroso como *Homo sapiens-amans amans*. Esse fundamento *biológico-cultural* amoroso implica a disposição inicial biológica e psíquica para viver e conviver no amar na confiança, implícita em sua anatomia e fisiologia ao nascer, em que chegará a um mundo adulto acolhedor em que realizará seu viver num mundo consensual que sentirá como um âmbito de realidades objetivas independentes de seu fazer e sentir que será amoroso e terno. Contudo, nem sempre acontece assim.

Em nosso presente cultural o que vemos é que a atitude primária frente à questão do conhecer consiste em pensar de maneira inconsciente espontânea que é possível falar de distinções e de observar num vazio relacional, como se fosse possível haver observar sem um observador que faça as operações de distinção do observar. E mais: por causa do fato de que o mundo cultural consensual que vivemos nós o vivemos sentindo-o como um mundo transcendente que existe em si mesmo de maneira independente do que fazemos ao operar como observadores, o habitual é que nós (os seres humanos) atuemos como se o que observamos preexistisse a nosso ato de observar e como se tivéssemos a capacidade intrínseca de distinguir aquilo que existe com independência da operação de distinção com que o distinguimos. Contudo, como não sabemos no momento de viver o que vivemos se mais tarde invalidaremos o vivido como uma ilusão ou o validaremos como uma percepção do "real", não podemos dizer que existimos antes de nossa auto distinção reflexiva e não podemos, de forma alguma, tratar-nos como entes transcendentais que existem por si mesmos. De fato, não podemos dizer nada sobre uma suposta realidade transcendente precisamente porque tudo o que podemos dizer sobre o que distinguimos é que surge com nossa operação de distinção. Portanto, tudo o que podemos dizer sobre o observar é que um observador surge quando um ser humano (*Homo sapiens-amans amans*) está distinguindo seu distinguir quando em seu observar lhe acontece a experiência de uma dinâmica sensorial que lhe abre a possibilidade de se perguntar pelo observar como uma operação que não necessita supor que o que ele ou ela distingue preexiste, num mundo objetivo ou "real", à operação com que ele ou ela o *traz à mão*[29] em seu viver. E podemos dizer também que, enquanto nosso viver é o presente do

---

[29] Faz surgir.

devir evolutivo da conservação do viver *biológico-cultural Homo sapiens-amans amans*, as *Leis sistêmicas e metassistêmicas* em conjunto são abstrações das coerências relacionais e operacionais do domínio experiencial desse conviver consensual num âmbito relacional constituído e conservado a partir da Biologia do Amar. Enfim, por tudo isso podemos também afirmar que as *Leis sistêmicas básicas* que apresentamos a seguir se tornam manifestas na ampliação do entendimento que um observador vive quando percebe que seu existir no *linguajear* em redes de conversações é de fato o fundamento experiencial de seu perguntar reflexivo sobre seu próprio operar como algo que lhe acontece sem precisar do pressuposto de uma realidade independente para fundamentar seu operar. Por fim, a mudança de postura epistemológica que implica adotar este ponto de partida, como um início que abre um caminho reflexivo e de entendimento sem pressupostos explicativos, faz tudo mudar de feição em seu reflexionar e faz possível ver que o pressuposto de uma realidade independente do observar do observador é não só desnecessário, mas também enganoso.

Lei sistêmica básica # 0
Possibilidade do conhecer
O humano, possibilidade de todo conhecer, entender e explicar.

Se não se dessem (1) a experiência do observar como o ato de distinguir algo como se fosse independente do observador que distingue; (2) a pergunta sobre como opera o que observa em seu observar; e (3) o dar-se conta de que o observador somente pode explicar como ocorre o observar mostrando uma configuração de processos que, se acontecessem, dariam origem a um observador operando no observar; (4) então não seria possível compreender o conhecer, o observar e o explicar como aspectos *biológico-culturais* do viver humano nos mundos consensuais fechados que constituem seu viver como *Homo sapiens-amans amans* sem buscar algum apoio numa suposta realidade transcendente. O operar humano é a condição de existência de tudo o que surge no viver e no conviver humano.

Implicações
O conhecer, o compreender e o explicar são atividades humanas, pertencem ao nosso viver e conviver como seres que existimos no *linguajear*, na reflexão e na consciência de si que surgem como operações no conviver no

linguajear. O próprio existir ocorre como uma distinção do observador que surge em sua reflexão sobre seu sentir no distinguir. Num sentido estrito, tudo ocorre no operar reflexivo do observador em seu fluir com outros observadores em coordenações de coordenações de *fazeres* e de emoções em seu conviver. Ao mesmo tempo tudo acontece segundo as coerências operacionais do viver do observador, e nada é caótico em si. É pelo visto antes que, em nosso explicar nosso viver como observadores, necessitamos por motivos epistemológicos um substrato que torne possível e que sustente as coerências operacionais de nosso viver, substrato de que não podemos falar como um em si e que, ao querer descrever, descobrimos que só podemos evocá-lo referindo-nos às coerências *operacionais-experienciais* de nosso viver.

Lei sistêmica básica # 1
Observar

Tudo o que é dito é dito por um observador (ser humano) a outro observador que pode ser ele ou ela mesma.

Implicações

Nada aparece no viver do observador por si mesmo; tudo aquilo de que falamos surge no operar do observador no observar como resultado de seu operar como tal. O observador é um ser vivo, um ser humano que existe no *linguajear* e opera no observar; por isso não há observar sem observador e não há *linguajear* sem um ser *linguajeante*. Se o ser vivo humano morre, acaba-se o observar. Se o ser humano "adoece", altera-se ou se acaba o observar. O observador não é um ente ou um operar transcendente; o observador surge quando o observador distingue seu observar em seu observar. A Biologia do Conhecer e a Biologia do Amar surgem em conjunto como o entendimento do operar do observar e do observador que surge quando o observador se pergunta a si mesmo sobre como ele ou ela opera no observar e, ao fazer isso, assume: a) que, no momento de viver uma experiência, o observador não distingue entre o que em relação a outra experiência chamará depois de ilusão ou percepção; e b) que, pelo dito antes, ele ou ela só pode dizer que o que distingue surge na operação de distinção com que o *traz à mão*[30] no observar. O fato de que não possamos dizer na experiência

---

[30] Faz aparecer.

que vivemos se mais tarde a invalidaremos como uma ilusão ou a validaremos como uma percepção em relação a outra experiência que aceitamos como válida não é em nós uma limitação cognitiva circunstancial, e sim nossa condição de existência como seres vivos humanos, própria de nosso ser sistemas moleculares determinados em sua estrutura. Esta *Lei sistêmica básica*, portanto, não é um pressuposto *a priori*, mas antes uma abstração das coerências de nosso viver da qual nos damos conta tão somente se nos perguntamos por nosso fazer.

**Lei sistêmica básica # 2
Nem acaso nem caos**

> Tudo o que um observador faz como ser vivo e ser humano surge em seu fazer de acordo com regularidades e coerências operacionais que se conservam em todos os instantes e circunstâncias de seu operar no fluir da realização de seu viver. Não há acaso no suceder do viver.

Implicações
Cada vez que um observador distingue uma entidade composta distingue uma entidade em que tudo o que acontece com ela surge determinado pelo operar de seus componentes e pelas relações entre eles, isto é, por sua estrutura, pelas coerências de sua arquitetura dinâmica espontânea. A esta condição sistêmica básica que distinguimos como uma abstração das coerências operacionais de nosso viver denominamos *determinismo estrutural*. Um observador fala de um acontecer casual quando ele ou ela não conhece as coerências operacionais das quais surge esse acontecer e está disposto a desconhecer o determinismo estrutural do acontecer em seu viver, ou quando algo acontece num encontro de processos que pertencem a domínios disjuntos, de modo que não há relação lógica entre eles.

O ser humano, como ser vivo em seu operar como observador na realização de seu viver, implica o *determinismo estrutural* que distingue em seu operar como a condição de possibilidade de seu existir e de seu operar. Nesse sentido, esta lei sistêmica evoca a condição primária que faz possível nosso existir como seres vivos e seres humanos e tudo o que podemos fazer a partir do explicar e compreender nosso ser conscientes e nosso operar como criadores dos distintos domínios de existência que geramos em nosso conviver em redes de conversações.

Lei sistêmica básica # 3
Observador e observar

> O observador surge com sua distinção reflexiva de seu próprio operar no observar. O observador não preexiste à sua própria distinção reflexiva.

Implicações

O operar do observador na distinção reflexiva com que distingue seu próprio operar ocorre como um viver na contínua conservação da ampliação recursiva do entendimento do próprio viver, da consciência de si e das ações efetivas próprias do fluir do viver no presente de contínua mudança que essa mesma reflexão gera, guiado em cada instante pelo *emocionear* que surge na conservação desse viver. O observador não é um ente primário, não existe em si ou desde si, surge na distinção reflexiva e recursiva que um ser humano faz sobre seu próprio operar. Estamos fazendo o que fazemos quando nos perguntamos pelo que fazemos, estamos vivendo como vivemos quando nos perguntamos pelo nosso viver, estamos sentindo o que sentimos quando nos perguntamos sobre o que sentimos. O que nos acontece está acontecendo quando distinguimos o que nos acontece como uma experiência em nosso viver. Na medida em que estamos de fato vivendo nosso viver como um viver em que não distinguimos na própria experiência entre o que chamamos de ilusão e percepção, tomamos consciência de que não podemos nem desejamos explicar nosso viver em termos transcendentes. E nos damos conta de que tudo o que fazemos ao explicar nosso observar é descrever os processos que teriam que ocorrer para que o resultado desse ocorrer fosse um suceder como aquele em que já nos encontramos quando nos perguntamos pelo nosso observar. A explicação não substitui o explicado, somente mostra que, se ocorresse o que ela descreve, o resultado seria uma situação idêntica à que se explica.

Lei sistêmica básica # 4
Fluir recursivo do observar

> O ato de reflexão ocorre no operar do observador na conversação que distingue seu próprio operar; e ocorre como um processo do viver que leva à contínua conservação da ampliação recursiva da compreensão do próprio viver, da consciência de si e das ações efetivas próprias do fluir do viver no presente de contínua mudança que essa mesma reflexão recursiva gera, e ocorre no ato de soltar a certeza de que se sabe o que se acredita que se sabe.

Implicações

Operacionalmente uma *recursão* ocorre somente como um fenômeno histórico, porque é só em referência a uma sucessão de eventos que a repetição de uma operação é uma *recursão*. Isto é, uma *recursão* é a repetição de um processo circular que um observador vê acoplado a um fenômeno histórico de maneira tal que ele ou ela pode sustentar que, no fluxo histórico desse fenômeno, essa repetição tem como resultado a reaplicação desse processo às consequências de suas ocorrências prévias.

O observador e o observar são um operar na linguagem que ocorre como coordenações de ações recursivas consensuais de quarta e de segunda ordem respectivamente entre *Homo sapiens-amans amans* no *linguajear*. O observador e o observar, então, surgem no fluxo de mudanças estruturais que ocorrem nos membros de uma comunidade de observadores quando eles coordenam suas ações consensuais através de suas interações estruturais recorrentes no domínio de coerências operacionais no qual eles realizam suas práxis do viver conectadas. Em outras palavras, observador e observar constitutivamente ocorrem através e no curso das mudanças estruturais dos observadores, já que estes operam como correspondências estruturais com o meio em que interatuam.

Por isso o observador sempre está necessariamente em correspondência estrutural em seus domínios de existência: constitutivamente não pode fazer distinções fora do domínio de coerências operacionais de sua práxis do viver. Como resultado, o observador necessariamente encontra a si mesmo na práxis do viver fazendo distinções que operacionalmente nunca estão fora de lugar, porque pertencem às coerências operacionais de sua realização como ser vivo constitutivamente em congruência estrutural com o meio e seguindo um curso definido em cada instante não só pela conservação fundamental desse viver humano, mas também pelas coerências operacionais das distinções que realiza e pelas dinâmicas relacionais que vive nos diferentes âmbitos do viver que sua dinâmica reflexiva gera.

E, na medida em que o observador conserva em seu viver um conversar reflexivo sobre seu próprio operar como observador no observar, o que resulta é que *traz à mão*[31] *um habitar* em que o amar (como emoção constitutiva do reflexionar) é a emoção que guia seu viver e conviver como o âmbito em que surgirão tanto suas distinções cotidianas do viver como sua própria consciência e suas ações efetivas nos diferentes âmbitos do viver que vive, tendo como resultado um âmbito de coerências operacionais com as circunstâncias que se vivem que, ao ser componente e participante das coerências estruturais da biosfera, da cultura ou do cosmos a que se pertence, gera um *habitar* numa *antroposfera* que faz possível a sabedoria como um modo de conviver em harmonia com o presente sistêmico a que se pertence.

Lei sistêmica básica # 5
Ilusão e percepção

> Tudo o que vivemos vivemos como válido no momento de vivê-lo. Contudo, não sabemos na própria experiência de viver o que vivemos como válido se mais tarde confirmaremos isso como uma percepção ou o invalidaremos como uma ilusão em relação a outra experiência de cuja validade não duvidamos nesse instante e que, não obstante, está sujeita a essas mesmas condições.

Implicações

A experiência básica do operar humano, que quando é aceita faz possível que possamos explicar e compreender o humano sem recorrer a nenhum pressuposto ou princípio explicativo transcendente, ocorre no tomar consciência de que na própria experiência vivida não distinguimos entre o que trataremos depois ou como ilusão ou como percepção em comparação com outra experiência de cuja validez não duvidamos neste momento. Se não aceitamos isto como condição constitutiva de nosso viver, não podemos explicar nem nosso viver nem nosso conhecer.

---

[31] Faz surgir.

Dada a própria natureza de nosso viver como sistemas moleculares determinados em nossa estrutura, nunca sabemos nem podemos saber, no momento de viver o que vivemos, se o que estamos vivendo o trataremos mais tarde como uma ilusão ou como uma percepção em referência a outra experiência que aceitamos como válida *a priori*. A pergunta fundamental que de maneira explícita ou implícita está na base de todo perguntar e explicar filosófico ou científico na história do Ocidente e de toda reflexão sobre o humano e o divino no Oriente é a pergunta pelo ser, a pergunta em torno da realidade em si. Essa pergunta faz sentido a partir da aceitação explícita ou implícita de que somos parte de um âmbito de eventos e entes que existiriam e operariam (inclusive nosso próprio ser) com independência do que fazemos e de que devemos explicar com normas ou leis que lhe são próprias e que são, portanto, externas a nós. Isto é, se nos perguntamos pelo nosso ser, pela essência do que somos, devemos explicar a nós mesmos com leis e normas externas a nós e alheias a nosso operar. Não obstante, se na experiência não distinguimos se o que vivemos como válido no momento de vivê-lo o trataremos depois como uma ilusão ou como uma percepção, se não podemos sustentar de maneira que faça sentido nenhuma afirmação sobre uma realidade independente de nosso fazer, quer dizer que a noção de realidade, ou do ser em si, é um *nonsense* que não se pode sustentar como um argumento explicativo, e que devemos explicar nosso fazer (nosso viver) e todas as nossas experiências (como o que distinguimos que nos acontece) com as coerências de nosso fazer. E isso só se pode fazer mudando a pergunta que pergunta pelo ser, pela realidade, pela pergunta que pergunta: como fazemos o que fazemos como seres vivos humanos que vivemos no *linguajear*?

Lei sistêmica básica # 6
Geração de mundos

> O mundo que vivemos em cada instante é o âmbito de todas as distinções que nós seres humanos fazemos, que pensamos que podemos fazer, que pensamos que poderíamos fazer ou que pensamos que não poderíamos fazer no curso de nosso viver como seres que existimos em nosso operar reflexivo de observadores que vivemos no conversar.

Implicações

Os mundos que vivemos existem em nosso vivê-los. Quando nos perguntamos sobre nosso viver e conviver, deparamos com o fato de que nosso viver e conviver como seres humanos ocorre em nosso fluir no conversar como um conviver em coordenações de coordenações de *fazeres* e de emoções, em que as emoções surgem como distintos domínios de condutas relacionais nos quais se dão as coordenações de coordenações de *fazeres*. Na medida em que assumimos de fato que não podemos afirmar com sentido que existimos num âmbito de entes e processos que ocorrem com independência do que fazemos em nosso viver e que podemos usar para explicar nosso viver humano, temos que assumir que explicamos nosso viver com nosso viver. E temos que assumir também que o mundo que vivemos surge de fato com nossas coordenações de coordenações de *fazeres* como um âmbito de entes e processos que outra coisa não são senão nossas coordenações de coordenações de *fazeres*, em que o básico e primário somos nós mesmos como entes que em nosso próprio explicar surgimos do mesmo modo que todo ente em nosso fluir de coordenações de coordenações de *fazeres* com outros em nosso conviver. Se não nos perguntarmos por nós mesmos, não podemos existir, embora uma vez que nos perguntamos e temos presença em nossa distinção como elementos da rede de conversações em que surgimos, em nosso sentir é como se sempre tivéssemos existido. É somente desde a Biologia do Conhecer e a Biologia do Amar que podemos ver-nos em nosso surgir no âmbito básico em que se dá o entender o humano ao aparecer na distinção reflexiva que nos configura no existir. O que chamamos de *Matriz Biológico-Cultural da Existência Humana* é a compreensão da dinâmica relacional em que surgem e existem os seres humanos como *Homo sapiens-amans amans* e todas as condições que fazem possível sua existência.

Tem algo mais. Na geração de mundos nós, seres humanos, geramos mundos novos e inesperados como atos criativos legítimos quando estamos, no fluir do nosso viver, contemplando simultaneamente fatos que ocorrem em domínios disjuntos e que, a partir do nosso olhar, correlacionamos num novo domínio operacional que surge nesse instante com nosso operar. O ato criativo surge na escolha de correlação que fazemos desde o nosso *emocionear*; ato que vivemos em nosso sentir como um achado genuíno de algo novo, e que é de fato, pois surge de correlacionar processos que de outra maneira teriam seguido cursos completamente independentes. Disto resulta que no fluir de nosso viver as emoções que vivemos, os desejos, os gostos, as preferências que vivemos em cada instante guiam o curso de nosso viver, quer numa direção estável porque esses desejos ou preferências são estáveis, quer numa direção mutável porque esses desejos ou preferências são aspectos mutáveis de nosso viver. Se olharmos a história evolutiva dos seres vivos em geral, veremos que ela mostra a diversidade de cursos seguidos de acordo com as preferências dos organismos na conservação de seu bem-estar. E, se olharmos nossa história, veremos que o peculiar humano é que somos o presente de um devir em que a emoção fundamental que o guiou sempre tem sido, no fundo, o amar.

Lei sistêmica básica # 7
Devir evolutivo

> O curso que segue o devir evolutivo dos seres vivos em geral e dos seres humanos em particular, na sucessão das gerações que constituem suas respectivas linhagens, surge momento a momento em seu deslizar-se em seu viver guiados por suas preferências, gostos, desejos, na realização e conservação do *bem-estar* no viver. De modo que, se quisermos saber como se configurou o viver presente de qualquer classe de organismos, devemos perguntar-nos sobre os *sentires* relacionais em seus ancestrais, cuja conservação transgeneracional deu forma a seu viver relacional atual. Assim, se olharmos nosso viver relacional atual como seres humanos que nascemos seres amorosos, podemos dizer que a configuração de *sentires* relacionais cuja conservação transgeneracional no conviver de nossos ancestrais nos deu origem como *Homo sapiens-amans amans* tem que ter sido o amar.

Implicações

O amar ocorre nas condutas relacionais através das quais alguém, o outro, a outra ou tudo o mais surge como legítimo outro na convivência com esse alguém. Nós, seres humanos, somos primatas bípedes amorosos e pertencemos a uma linhagem que se constitui na conservação transgeneracional do conviver no conversar desde o conviver primário no amar. Nascemos amorosos e, se não buscamos argumentos racionais ou motivos emocionais para o contrário, transformamos o mundo que vivemos num mundo amoroso. E o fazemos sem perceber, mergulhados na matriz fundamental da existência biológica na qual todo ser vivo surge ao ser concebido na confiança, implícita em sua estrutura e sua organização, de que ao nascer chega a um mundo que o acolherá como um âmbito de congruência operacional que fará possível nosso viver pela própria natureza de sua existência histórica.

O que distinguimos como observadores ao distinguir emoções são classes de condutas relacionais que especificam em cada instante do viver de um ser vivo o espaço relacional em que este se move, sem que isso implique reflexão, valor ou sentimento. Assim, o que em nosso viver como observadores *Homo sapiens-amans amans* denotamos ao falar de amar é o domínio das condutas relacionais de um ser vivo através das quais ele mesmo, ou qualquer outro, surge como legítimo outro na convivência com ele ou ela. Quer dizer, o que distinguimos como amar em nosso âmbito humano é um conviver sem preconceitos, sem opiniões, sem exigências e sem expectativas que distorçam a convivência, gerando cegueiras que negam ao outro ou a si mesmo a possibilidade de ser visto em sua legitimidade, sem ter que justificar sua existência. O amar tem sido e é o fundamento emocional no qual surgiu a família ancestral e no qual surge em cada geração o viver no conversar que constitui o viver humano *Homo sapiens-amans amans*. O amar é o fundamento do ver e do entender que constitui a sabedoria do viver humano como a ampliação do olhar que permite ver a matriz de relações que constitui a existência da biosfera e o cosmos.

LEIS SISTÊMICAS GERAIS

Estas leis sistêmicas são abstrações que fazemos como observadores no âmbito das coerências de nosso operar como seres vivos no domínio da existência molecular e evocam as regularidades da dinâmica estrutural de nosso operar como tais. As dez leis sistêmicas que apresentamos a seguir fazem referência a e evocam as condições sistêmicas sob as quais surgem os sistemas ou unidades compostas na espontaneidade do suceder do que distinguimos como observadores ao falar da natureza ou mundo natural. Sem dúvida, o mundo natural surge em nossa distinção das coerências espontâneas de nosso operar como seres vivos humanos no explicar como ocorre nosso viver e conviver com as regularidades de nosso viver e conviver. Explicamos nosso viver com as coerências operacionais de nosso viver. Ao adotar nosso viver como ponto de partida para explicar nosso viver, as abstrações que fazemos das regularidades de nosso operar em nosso viver constituem um âmbito explicativo de nosso operar como seres humanos que não implica a aceitação *a priori* de nenhum pressuposto ontológico ou princípio explicativo. Ao fazer uma operação de distinção e *trazer à mão*[32] o que distingue, o observador não constrói o distinguido, não o cria, revela e torna visível para ele ou ela a matriz *operacional-relacional* que seu viver implica e que seu operar traz ao seu existir como observador um âmbito cognitivo ou de coordenações de coordenações de *fazeres* consensuais na realização de seu viver e conviver.

Lei sistêmica # 8
Conservação e mudança

> Cada vez que num conjunto de elementos começam a se conservar certas relações, abre-se espaço para que tudo mude em torno das relações que se conservam.

---
[32] Mostrar.

Implicações

Esta lei diz que o curso de mudança seguido por qualquer acontecer define-se momento a momento pelas relações que se conservam nele, qualquer que seja sua natureza. O que define o que pode mudar no devir de qualquer sistema é o que se conserva nele. Esta lei sistêmica também revela que uma unidade composta surge espontaneamente como totalidade num espaço relacional no momento em que começa a se conservar a configuração de relações que a constituem como tal e que se desintegram quando essa configuração de relações deixa de se conservar. Por isso mesmo, se o que se conserva é uma configuração de relações que interliga um conjunto de elementos de modo que se um atua sobre um atua sobre todos, o que surge espontaneamente é um sistema no espaço relacional em que o sistema opera como sistema. Chamamos particularmente esta lei sistêmica de lei da conservação da organização para evocar que, ao surgir um sistema, o que definirá o curso de seu devir histórico será a conservação de sua organização.

O que é central na mudança não é a mudança em si, mas, antes, o que se conserva no fluir da mudança, já que o que se conserva é o que define o que pode mudar em qualquer situação relacional dinâmica. O que chamamos de história é um devir de mudança em torno de algo que se conserva. Essa dinâmica sistêmica é o que torna irreversível o devir da história, o que faz unidirecional a "flecha do tempo" e o que faz com que o devir histórico de nosso viver humano seja de fato uma contínua transformação irreversível dos mundos que vivemos: o mundo que vivemos se transforma em torno do viver que conservamos; muda o viver que conservamos, muda o mundo que vivemos.

Lei sistêmica # 9
Determinismo estrutural

> Cada vez que um observador distingue uma unidade composta tal que tudo o que ocorre com ela em cada instante ocorre na realização das coerências operacionais e relacionais de seus componentes no domínio de sua composição, qualquer que seja o âmbito operacional em que surgem os componentes ao serem distinguidos, dizemos que o observador distinguiu uma unidade composta determinada em sua estrutura.

Implicações

Se nos detemos a reflexionar sobre nosso viver como seres humanos, vemos que operamos em nosso viver na confiança implícita de que tudo o que acontece no que distinguimos como nosso entorno acontece conosco em nosso viver e ocorre na dinâmica de nosso existir, num fluir de coerências operacionais que, embora distintas nos diferentes domínios de nosso operar, nós as vivemos em cada caso como modos relacionais ou formas operacionais invariantes peculiares a cada domínio. Tanto é assim que, se notamos que não se verificam as coerências operacionais que esperamos que ocorram em algum domínio particular, a primeira coisa que fazemos é ampliar o olhar para deduzir ou distinguir que coerências operacionais de algum outro domínio podem ter interferido na ou alterado a conservação das coerências operacionais esperadas no primeiro domínio.

Chamamos de *determinismo estrutural* esta abstração das coerências operacionais ou experienciais de nosso viver e de nosso operar como observadores que fazemos ao explicar nosso viver. É desde a distinção que fazemos como observadores da conservação das coerências operacionais e experienciais de nosso viver, ao explicar as coerências de nosso viver com as coerências de nosso viver, o que nos leva a dizer de nosso operar em nosso viver que nós, seres humanos, somos sistemas moleculares e que, enquanto sistemas moleculares, somos sistemas determinados em nossa estrutura. E isto mesmo nos leva a perceber que em nosso operar como observadores de fato explicamos as coerências de nosso viver com as coerências de nosso viver. Mais ainda, nós, seres humanos, *trazemos à mão*[33] em nosso explicar tantos domínios de *determinismo estrutural* disjuntos quantos domínios disjuntos de coerências operacionais de nosso viver utilizamos para explicar as coerências operacionais de nosso viver.

Tudo surge na distinção do observador como algo que aparece no domínio de seu fazer com características que surgem com seu fazer como parte e ator num âmbito de *determinismo estrutural* que surge como abstração das coerências de seu fazer em seu operar como ser vivo e ser humano. Isso é válido em todos os domínios operacionais que o observador *traz à mão*[34] em seu operar como observador, inclusive no âmbito de sua própria distinção reflexiva como ser vivo e como ser humano que opera no

---

[33] Geramos.
[34] Gera.

linguajear. Mais ainda, quando um observador distingue um sistema como totalidade, distingue-o de maneira implícita ou explícita como elemento de uma matriz de relações arquitetônicas mais ampla que o sistema distinguido, matriz que surge definida pelas características com que o sistema distinguido aparece em sua distinção. Por fim, ao observar seu próprio operar como observador, o observador vê que somente faz distinções no âmbito ou matriz de coerências operacionais que surge das coerências operacionais de seu fazer. A matriz relacional de nosso operar como observadores em que fazemos tudo o que fazemos e vivemos tudo o que vivemos, e na qual se dá o surgir, a realização e a conservação do viver humano em todas as suas dimensões, é a *Matriz Biológico-Cultural da Existência Humana*.

Lei sistêmica # 10
Unidades simples e compostas

> Como observadores, distiguimos unidades simples e unidades compostas ou sistemas. As unidades simples surgem na distinção do observador como totalidades em que este não faz separação de componentes. As unidades compostas surgem na distinção do observador como totalidades que este logo descompõe em componentes que operam segundo as propriedades com que surgem ao serem distinguidos como tais no operar do observador.

Implicações

As unidades simples existem somente num domínio, o domínio em que operam como totalidades. As unidades compostas existem em dois domínios operacionais: no domínio de seu operar como totalidades e no domínio do operar de seus componentes. Quando um observador distingue uma *unidade simples*, distingue uma unidade da qual somente pode descrever seu operar como totalidade, e a descreve com propriedades que surgem em sua participação no domínio de determinismo estrutural em que é distinguida operando como tal. Quando um observador distingue uma *unidade composta*, distingue uma entidade que existe em dois domínios de determinismo estrutural: um é o domínio de seu operar como totalidade, e outro é o domínio do operar de seus componentes. Por isso, ao falar de uma *unidade composta*, o observador distingue seus dois domínios de existência: aquele em que ele existe como totalidade e da qual só pode falar em termos de suas propriedades como tais e aquele em que, ao falar de seus componentes, tem que falar destes e de suas relações de composição que os faz partícipes da constituição da totalidade que integram. Ao falar deste segundo domínio, o observador pode distinguir para a *unidade composta* o que chamamos de sua *organização* e sua *estrutura*.

Portanto, ao falar da *organização* de uma *unidade composta*, o observador se refere à configuração de relações entre seus componentes que a realizam como uma totalidade que opera como uma unidade simples de uma certa classe. E, ao falar da *estrutura* de uma unidade composta particular, o observador se refere aos componentes e às relações entre eles que realizam esta *unidade composta* particular como um caso particular de unidade composta que opera como uma unidade simples de uma certa classe. Os dois domínios de existência de uma unidade composta são disjuntos, isto é, o que ocorre com ela em um desses dois domínios não pode deduzir-se a partir do que ocorre no outro.

Lei sistêmica # 11
Componentes e composição

> Os componentes de uma unidade composta não são componentes em si ou por si mesmos, são elementos que surgem como componentes quando um observador os distingue em sua participação nas relações de composição de uma unidade composta que ele ou ela distinguiu como tal.

Implicações

Num sentido estrito, os componentes de uma unidade composta surgem como tais quando um observador distingue uma totalidade que logo trata como unidade composta ao separar nela componentes (elementos) que com suas interações e relações constituem essa unidade composta como a totalidade original. Os entes que um observador distingue surgem na distinção caracterizados com as propriedades ou traços que aparecem como resultado da operação de distinção com que ele os distingue. Ao distinguir um ente qualquer, o observador traz ao existir ao mesmo tempo o ente distinguido e o âmbito relacional e operacional em que este existe. No caso da distinção de componentes de uma unidade composta ou sistema, o observador traz ao existir ao mesmo tempo a unidade composta como totalidade, os componentes que distingue nela, e as respectivas matrizes relacionais dos diferentes entes distinguidos. Como foi dito, uma unidade composta e seus componentes não existem por si mesmos, surgem na operação de distinção com que o observador os *traz à mão*[35] e existem no âmbito operacional do observador enquanto operar a operação de distinção com que este os distingue. Isso não quer dizer que o observador possa *trazer à mão*[36] ao seu bel-prazer qualquer unidade simples ou composta. O observador somente pode *trazer à mão*[37] o que puder *trazer à mão*[38] segundo seu presente estrutural nas circunstâncias estruturais em que se encontra, na dinâmica espontânea das coerências de sua arquitetura variável com a arquitetura variável do meio que surge em seu presente.

Lei sistêmica # 12
Identidade e mudança

> A configuração de relações entre os componentes de uma unidade composta que se conserva invariante no fluxo de suas mudanças estruturais e define sua identidade de classe como totalidade constitui o que um observador distingue como a *organização* dessa unidade composta.
>
> Os componentes e as relações entre eles que realizam uma unidade composta particular como um caso particular de uma certa classe constituem o que um observador distingue como a *estrutura* dessa unidade composta.

Implicações

A *organização* de uma unidade composta ao definir sua identidade de classe como totalidade opera como um invariante em seu devir, já que sua identidade de classe se conserva somente na medida em que se conserva sua organização no curso de suas mudanças estruturais.

A *estrutura* de uma unidade composta muda quando mudam seus componentes ou as relações entre eles, ou ambos. Se a estrutura de uma unidade composta muda de modo que se conserva sua organização original, conserva sua identidade de classe. Se a estrutura de uma unidade composta muda de modo que se perde sua organização original, a unidade composta perde sua identidade original e alguma outra ou outras surgem em seu lugar.

---

[35] Faz aparecer.
[36] Trazer ao existir.
[37] Trazer ao existir.
[38] Trazer ao existir.

A conservação da organização é condição de existência de um sistema ou unidade composta de uma certa classe. Um sistema existe e se conserva como sistema e como sistema de uma certa classe enquanto se conservar sua organização. A conservação da organização de um sistema ou unidade composta na medida em que é sua condição de existência ocorre espontaneamente, sem intenção nem propósito ou força que lhe dê origem. Isto é, na medida em que se conserva a organização de um sistema ou unidade composta de uma certa classe, este existe como um caso particular dessa classe; se sua organização deixa de se conservar, o sistema ou unidade composta se desintegra, deixa de existir como este sistema ou esta unidade composta dessa classe, e algo diferente aparece em seu lugar. A organização de um sistema é um invariante no sentido em que define sua identidade de classe, e qualquer variação tem como resultado o surgimento de um novo sistema definido por outra organização. Ao contrário, a estrutura de unidade composta particular é variável, isto é, pode mudar com a conservação ou perda da organização que define sua identidade de classe como um caso particular de uma certa classe. A mudança não é um acontecer em si. Quando um observador fala de mudança, conota uma diferença estrutural que ele ou ela distingue ao comparar momentos sequenciais no devir de uma unidade composta e, ao fazer isso, destaca a conservação da organização da unidade composta que mudou.

Lei sistêmica # 13
Acoplamento estrutural

> Uma unidade composta existe na conservação de sua identidade de classe somente na medida em que o meio que a contém e com o qual interatua só desencadeia nela mudanças estruturais que tenham como resultado conservar sua organização. Chamamos de *acoplamento estrutural* esta relação e chamamos de *nicho* o âmbito dinâmico particular de encontro de uma unidade composta com o meio.

Implicações

A relação de acoplamento estrutural é um ocorrer dinâmico espontâneo, ocorre ou não ocorre. Se ocorre, o resultado fundamental da relação de *acoplamento estrutural* é que a unidade composta e o meio em que se realiza mudam juntos de maneira congruente, enquanto a organização da unidade composta se conserva. No âmbito dos seres vivos, esta relação se denomina *adaptação*. Os organismos conservam sua identidade de classe no fluir de seu viver na conservação dinâmica espontânea da relação de adaptação ao meio que emerge com seu viver numa deriva em que organismo e meio mudam juntos, seguindo o caminho que surge na conservação da adaptação. Chamamos de *nicho* o âmbito dinâmico particular de encontro de um organismo, ou unidade composta, com o meio que o contém e torna possível, e que oculta somente com o seu existir ao tempo que é o único que pode revelá-lo ao observador com o seu operar.

A relação de congruência operacional dinâmica entre uma unidade composta e seu domínio de existência através da qual a unidade composta conserva sua identidade de classe no contínuo fluir das mudanças estruturais que ocorrem nela e no meio como resultado da conservação de sua relação de acoplamento estrutural no curso de suas interações recorrentes e recursivas é uma condição de existência para qualquer unidade composta. O acoplamento estrutural ocorre ou não ocorre: quando ocorre, o sistema existe na conservação de sua identidade; se deixa de ocorrer, o sistema se desintegra e algo diferente surge em seu lugar. O acoplamento estrutural é um suceder histórico, não é algo que a unidade composta faz. A conservação da adaptação no fluir do viver de um organismo é um suceder histórico, não é algo que o organismo faz; enquanto ocorre, o organismo conserva seu viver. O que um observador vê é a conservação da existência da unidade composta distinguida e, na medida em que vê isso, infere que a unidade composta se desliza na matriz relacional em que existe, seguindo um caminho que constitui momento a momento a tangente relacional do ocorrer do *acoplamento estrutural*. O curso que segue a deriva de mudança estrutural que um organismo vive surge momento a momento definido pela conservação de sua adaptação ao *nicho* que surge com ele nesse fluxo de viver na conservação da adaptação.

Lei sistêmica # 14
Domínios de existência

Uma unidade composta existe e opera em dois âmbitos ou domínios de existência disjuntos, a saber, no âmbito ou domínio do operar de seus componentes e no âmbito ou domínio de seu operar como totalidade em interações no meio que a contém.

Implicações

Uma unidade composta interatua através do operar de seus componentes. Ao distinguir uma unidade composta, um observador pode atentar para o que ocorre com seus componentes, e percebê-la como composta, ou pode atentar para o que ocorre como totalidade no espaço em que existe como tal, e percebê-la como unidade simples. No primeiro caso, o observador vê o operar das propriedades dos componentes da unidade composta que interatuam com um agente externo; no segundo caso, vê as propriedades da unidade simples que surge quando a unidade composta interatua como totalidade.

"Os dois domínios de existência de uma unidade composta são disjuntos" diz que o que ocorre em um não pode ser deduzido do que ocorre no outro e que a única coisa que um observador pode fazer é observar a unidade composta nestes dois domínios separadamente e estabelecer correlações gerativas entre o que ocorre num e noutro. No domínio do operar dos componentes, o observador vê interações e relações entre os componentes como elementos que pertencem ao mesmo domínio. No domínio em que o sistema opera como totalidade, o observador vê o sistema como totalidade em interações e relações com entes que também operam como totalidade nesse domínio.

O que ocorre no operar de uma unidade composta no domínio de seus componentes ocorre no domínio de seus componentes, e o que ocorre no operar de uma unidade composta ao operar como totalidade ocorre no domínio em que existe como totalidade. É por isso que o que ocorre com o operar de um sistema no domínio em que este existe como totalidade não pode ser deduzido do que acontece no domínio do operar de seus componentes, nem o contrário. O olhar ao operar de uma unidade composta como totalidade não vê o que ocorre com seus componentes, e o olhar aos componentes de uma unidade composta não vê o que ocorre com a totalidade.

No entanto, o observador que observa um sistema em seu operar em seus dois domínios de existência pode ver que:

1) Na medida em que o operar dos componentes de uma unidade composta tem consequências no como eles participam na composição do sistema como totalidade, o operar dos componentes de um sistema pode modular o seu operar como totalidade.

2) Como uma, enquanto unidade composta, interatua como totalidade por meio do operar de seus componentes, o operar de uma unidade composta como totalidade no âmbito em que existe como

totalidade modula o operar de seus componentes e, através deles, seu próprio operar como totalidade.

Como resultado do que foi dito antes, o que ocorre com os componentes de uma unidade composta num de seus domínios de existência pode afetar o que acontece no outro, e vice-versa, e o observador pode estabelecer uma correlação gerativa entre o que ocorre nesses dois domínios que não consiste numa dedução nem numa redução fenomênica, porque os dois domínios são disjuntos.

Ou, dito de outra maneira, o que ocorre entre esses dois domínios é uma relação gerativa que um observador assinala quando, ao olhar o devir histórico desses dois domínios simultaneamente, pode dizer que o operar de uma unidade composta num domínio dá como resultado algo em seu operar no outro domínio que lhe é disjunto, e que essa relação não podia ser prevista.

Lei sistêmica # 15
Presente em contínua mudança

Uma unidade composta (ou sistema) opera em sua dinâmica interna em cada instante de acordo com suas coerências estruturais desse instante, num fluir de mudança sem alternativas e numa dinâmica estrutural que ocorre como um contínuo presente cambiante em que não há passado nem futuro. Nós, seres vivos, existimos num contínuo presente cambiante; é o próprio cosmos em seu surgir do explicar as coerências operacionais do viver do observador, ocorre como um contínuo presente cambiante num contínuo trânsito evanescente.

Implicações
Esta lei sistêmica denota uma condição de existência de qualquer unidade composta como ente determinado em sua estrutura. Contudo, *esta* lei sistêmica como abstração de nosso operar como sistemas determinados em nossa estrutura conota algo mais em nosso espaço de convivência, isto é, que é somente depois de ter feito o feito ou vivido o vivido que podemos dizer que nos enganamos; portanto, não cabe a culpa pelo erro ou equívoco vivido; somente cabe a reflexão que convida a ampliar a consciência e a atuar de outra maneira na conservação da honestidade e do respeito por si mesmo.

A noção de determinismo é habitualmente associada à ideia de predição. Esta associação é inadequada e ao mesmo tempo enganadora, posto que oculta o fato de que ao falar de determinismo e ao falar de predição se dizem coisas que se aplicam em domínios disjuntos. A noção de determinismo diz algo sobre as coerências operacionais do distinguido. A noção de predição, ao contrário, refere-se a uma computação que o observador faz ou deseja fazer sobre o curso que deveria seguir o devir histórico de um sistema se os elementos e relações que ele ou ela usa para sua computação incluíssem todos os fatores que participam da geração desse devir. Se o observador não tem acesso operacional a todos os fatores que participam do devir histórico de uma entidade composta ou não sabe como se relacionam, não tem como predizer esse devir. A noção de determinismo conota o que acontece com o sistema distinguido, e a noção de predição conota o que acontece com o observador que faz a distinção. Enfim, de tudo o que se disse antes, deduz-se que o fato de que um sistema seja determinista não implica que um observador deva poder predizer seu devir histórico, e implica também que haverá tantos domínios de determinismo estrutural disjuntos quantos domínios de coerências operacionais viva o observador em seu operar como ser vivo.

Ao mesmo tempo acontece que o fato de que um observador possa predizer o devir histórico de um conjunto de processos, embora a predição seja tão somente probabilística, mostra que esse conjunto de processos pertence a um âmbito de determinismo estrutural que o observador pode evocar em seu operar, seja de maneira direta fazendo referência aos próprios processos, seja de maneira indireta com noções probabilísticas que conotam regularidades de processos não discrimináveis de maneira direta. A efetividade das operações preditivas probabilísticas indica que o observador opera com elas num âmbito de determinismo estrutural que não pode caracterizar de outra maneira.

Lei sistêmica # 16
Sistemas fechados

Cada vez que um observador distingue uma unidade composta constituída como totalidade como um conjunto de elementos que interatuam entre si de modo que, quando atua sobre um deles atua sobre todos, distingue um sistema dinâmico fechado. Este modo de composição de uma unidade composta constitui a organização *sistema fechado*.

Implicações

Ao distinguir uma unidade composta, um observador *traz à mão*[39] ao mesmo tempo os componentes e as relações entre esses que a integram e a matriz relacional em que seus componentes existem e operam. Quando um observador distingue uma unidade composta como totalidade, surge um novo domínio operacional e relacional definido pelas dimensões relacionais com que a unidade composta surge como totalidade ao ser distinguida. Quando um observador distingue um sistema fechado, distingue uma unidade composta constituída como totalidade pela organização própria dos sistemas fechados, como indicamos mais acima. Dada sua maneira de constituição, um sistema fechado existe e opera como toda unidade composta em dois domínios relacionais: um é o domínio em que o sistema opera como totalidade, e desde o qual seus componentes não se veem, e o outro é o domínio do operar de seus componentes, e desde o qual o sistema não se vê em seu operar como totalidade. Estes dois domínios surgem distintos e disjuntos e não são redutíveis um ao outro, embora o sistema fechado opere e interatue como totalidade como unidade composta por meio de seus componentes, isto é, um observador não pode deduzir o que acontece num desses dois domínios a partir do que acontece no outro. O que o observador que distingue os dois domínios de existência de uma unidade composta pode fazer se os observa ao mesmo tempo é distinguir as correlações gerativas que se dão entre eles ao operar a unidade composta como totalidade. O peculiar dos sistemas fechados é que são fechados somente no âmbito da dinâmica das relações internas que os constituem como tais, pois sua realização como entidades compostas que operam como totalidades num espaço relacional sempre implica que estejam necessariamente abertos em outras dimensões relacionais através de seus componentes.

---

[39] Faz aparecer.

Recursão reflexiva

Tudo o que temos dito surge no operar do observador em seu fazer distinções e é como é conforme surge em suas operações de distinção. Ao fazer uma distinção, o observador *traz à mão*[40] o âmbito cognitivo de seu operar como um mundo que se configura com seu fazer como a matriz operacional e relacional em que ocorre o que surge em sua distinção. O âmbito cognitivo do operar do observador não implica um domínio de entidades e existências objetivas transcendentes e preexiste ao operar com que ele ou ela *traz à mão*[41] o que *traz à mão*[42] em suas operações de distinção, mesmo quando ele ou ela podem se sentir tentados a supor sem ter como afirmar. O único que é possível afirmar como fundamento último das coerências operacionais que as leis sistêmicas revelam é que constatam coerências do operar cognitivo do observador na realização de seu viver. Portanto, as *leis sistêmicas e metassistêmicas* que estamos mencionando somente mostram as regularidades sistêmicas do ou dos mundos cognitivos ou de coordenações de coordenações de *fazeres* que o observador *traz à mão*[43] em seu operar ao fazer distinções e explicar seu fazer. Nessas circunstâncias, as *leis sistêmicas e metassistêmicas* devem ser entendidas como se dissessem: se isto e aquilo acontecessem, então aconteceria aqueloutro. Que é, aliás, o único que podemos dizer ao explicar nosso viver ou qualquer suceder com as coerências operacionais do nosso viver.

---

[40] Traz ao existir.
[41] Traz ao existir.
[42] Traz ao existir.
[43] Traz ao existir.

Leis sistêmicas no âmbito biológico

As *leis sistêmicas* que apresentamos a seguir, como todas as *leis sistêmicas*, revelam o fluir relacional sistêmico de qualquer sistema em qualquer domínio. No entanto, queremos falar aqui em particular de *leis sistêmicas* do âmbito da biologia, com a finalidade de destacar que, ao mencioná-las, nossa atenção está dirigida ao que ocorre com os seres vivos em sua constituição, realização e conservação. O peculiar ao âmbito do biológico é que o que o constitui como âmbito de existência é tanto a realização e conservação do viver como o que ocorre no devir histórico da conservação do viver. Um ser vivo surge e se constitui como organismo quando se dão e se conservam as condições *operacionais-relacionais* que o realizam como totalidade junto com o meio que constitui seu âmbito particular de existência na relação *organismo-nicho* em que se realiza e conserva seu viver. Se o observador não pode realizar a operação de distinção que *traz à mão*[44] um *ser vivo-organismo* e seu nicho no âmbito *operacional-relacional* da realização de seu viver, não há ser vivo nem organismo. As *leis sistêmicas* que mencionamos a seguir têm a ver com a constituição, realização e conservação dos *seres vivos-organismos* e seu viver ao surgirem nas operações de distinção do observador.

Lei sistêmica # 17
Espontaneidade do viver

> Quando no âmbito molecular surge um conjunto de moléculas que interatuam entre si constituindo uma rede fechada de produções moleculares que produz as mesmas classes de moléculas que a compõem, moléculas que em suas interações geram recursivamente a mesma rede de produções moleculares que as produziu ao tempo que realizam seus limites como um sistema molecular que opera como uma unidade discreta que produz e especifica sua própria extensão, e, além do mais, tudo isto ocorre num contínuo fluxo molecular através dela, surge um *sistema autopoiético* molecular. Isto é, surge um ser vivo.

Implicações

O viver é espontâneo, ocorre no ocorrer da *autopoiese* molecular, nada faz ao viver, simplesmente sucede. Se há viver, há *autopoiese* molecular; se há *autopoiese* molecular, há viver. O central dos seres vivos é que tudo o que tem a ver com eles ocorre em sua realização como unidades discretas que existem na contínua produção de si mesmos. Os seres vivos não têm *autopoiese*, são *autopoiese* molecular. Num sentido estrito, a *autopoiese* só pode ocorrer no espaço molecular num operar espontâneo sustentado a partir da agitação molecular.

Lei sistêmica # 18
Organização e identidade

> Uma unidade composta existe como totalidade somente na medida em que se conserva a organização que define sua identidade de classe através das mudanças estruturais que ocorrem nela como resultado de sua dinâmica interna ou *desencadeadas* como resultado de suas interações com os elementos do meio que a contém. A organização que define a identidade de classe de um ser vivo é a *autopoiese*. Um ser vivo somente vive na medida em que se conserva sua *autopoiese*, e, na medida em que se conserva sua *autopoiese*, um ser vivo vive. A esta condição denominamos *lei da conservação da autopoiese*.

Implicações

Tudo o que ocorre a um ser vivo em seu viver ocorre como um fluir de mudanças estruturais nas quais se conserva sua *autopoiese*. O observador é um ser vivo e tudo o que lhe ocorre em seu operar como observador ocorre na realização e conservação de sua *autopoiese*. O viver, como realização da espontaneidade da *autopoiese*, ocorre sem desígnio, propósito ou finalidade. O viver do observador ocorre na espontaneidade da realização de sua *autopoiese* numa dinâmica estrutural que flui sem desígnio, propósito ou finalidade, mesmo que o observador viva seu viver com propósito, desígnio ou finalidade. O propósito, o desígnio ou a finalidade são redes de conversações, modos de conviver em que seu ocorrer faz sentido modulando a dinâmica da arquitetura variável da relação *organismo-nicho*, em que têm presença operacional na sensorialidade de um presente cambiante. Os distintos modos espontâneos de viver das distintas classes de organismos, um dos quais é o viver humano no observar, são viveres em configurações sensoriais diferentes que ocorrem na intimidade inacessível do próprio viver. A interioridade do viver humano em qualquer uma de suas formas é tão inacessível como a interioridade do viver rato, antílope ou pulga. O que sucede conosco, os seres humanos, é que vivemos desde o *linguajear* imersos em conversações de coordenações de *fazeres* e *sentires* próprios da sensorialidade interna do observar e, na descrição da sensorialidade de nossos *fazeres*, achamos que os fazemos, e não que surgem na espontaneidade de nosso viver.

Lei sistêmica # 19
Adaptação

> Uma unidade composta existe como uma unidade composta de uma certa classe somente na medida em que suas interações no meio em que opera como totalidade, isto é, como organismo, desencadeiam nela mudanças estruturais através das quais se conserva a organização que define sua identidade de classe. Se isso não ocorre, a unidade composta se desintegra, e algo diferente aparece em seu lugar. A conservação da congruência operacional entre organismo e meio que ocorre no fluir da conservação do viver é a relação de adaptação entre organismo e meio. A conservação da relação de adaptação entre o ser vivo e o meio, em seu operar como organismo, é uma condição necessária para a realização e conservação do viver. Denominamos esta condição *lei da conservação da adaptação* ou *lei da conservação do acoplamento estrutural*.

Implicações

Um ser vivo somente vive na medida em que o meio que o contém desencadeia nele mudanças estruturais através das quais se conserva sua *autopoiese*. Se esta relação de congruência estrutural dinâmica entre o ser vivo e o meio que o contém, se esta relação de adaptação entre organismo e meio, ou relação de acoplamento estrutural, não se conserva, o ser vivo morre. Portanto, um ser vivo vive somente enquanto se desliza no meio que o contém seguindo o caminho relacional em que se conserva sua *autopoiese*. A noção de adaptação faz referência a esta relação de congruência operacional dinâmica entre o ser vivo e o meio em que se realiza e conserva seu viver. Tudo o que ocorre a um ser vivo em seu viver individual, qualquer que este seja, ocorre como um devir de mudanças estruturais com conservação da relação de adaptação ao meio que o sustenta e faz possível. Se isso deixa de acontecer, o ser vivo morre. A história evolutiva dos seres vivos é uma história de conservação reprodutiva da conservação da *autopoiese* e da conservação da adaptação.

Lei sistêmica # 20
Determinismo estrutural no viver

> Os seres vivos enquanto entes moleculares autopoiéticos operam e se conservam em seu operar como entes determinados em sua estrutura, e tudo o que lhes sucede ocorre no curso de suas mudanças estruturais na realização de sua *autopoiese* molecular, enquanto sua *autopoiese* molecular se conserva através dessas mudanças estruturais.

Implicações

O ser vivo e o meio em que conserva seu viver são domínios de determinismo estrutural disjuntos e autônomos; o que sucede num não pode expressar-se em termos do que sucede no outro, e as dinâmicas de mudança estrutural de um e de outro são independentes. Contudo, o ser vivo e o meio que o contém se modulam reciprocamente em seu fluir estrutural através das mudanças estruturais que se desencadeiam recursivamente em seus encontros numa imediatez relacional com o meio, que temos chamado de *nicho*. O resultado espontâneo de tudo isso é que o organismo e a circunstância de seu viver ou *nicho* mudam juntos, na conservação de uma relação de acoplamento estrutural, ou conservação da adaptação de modo que o ser vivo vive na medida em que essa relação se conserva espontaneamente no fluir de seu viver.

O observador não é uma exceção nisto. O observador opera como qualquer sistema determinado em sua estrutura e faz o único que pode fazer em cada instante segundo seu presente estrutural desse instante. O peculiar de qualquer observador particular é que em seu operar como ser humano vive um presente estrutural que surgiu de seu fluir histórico como membro de uma certa cultura que surgiu como um viver particular a partir de um devir emocional gerado como uma variação do viver cultural *Homo sapiens-amans amans*. E, se esse observador pertence a uma história reflexiva, encontrar-se-á em cada instante num *emocionear* e, portanto, num presente estrutural, modulado desde os mundos reflexivos que ele ou ela tenha gerado desde o *emocionear* fundamental de seu presente cultural.

Lei sistêmica # 21
O não tempo

> Como sistemas determinados em nossa estrutura, nós, os seres vivos, existimos no *não tempo*, num presente contínuo em contínua mudança estrutural no qual cada novo momento do presente surge como modificação do momento presente que se vive. O tempo é uma noção explicativa imaginária, criada para interligar eventos que o observador vive num ocorrer sucessivo de antes e depois num fluir de transformações. Em seu suceder todo ocorrer ocorre num presente cambiante contínuo no *não tempo*.

Implicações

Passado e futuro não existem na realização da *autopoiese* de um ser vivo; passado e futuro existem somente para nós, observadores, como proposições explicativas de nossa distinção de processos e de sucessão de processos e como modos particulares de existir no presente que vivemos ao explicar nosso viver. Falamos de tempo como se falássemos de algo que existe por si mesmo, mas vivemos no *não tempo* num presente contínuo no qual o viver nos sucede espontaneamente como uma arquitetura cambiante que se configura continuamente como uma matriz operacional e relacional que simplesmente acontece. O tempo é possível como dimensão imaginária operacional somente desde a biologia do observar, graças a um operar neuronal que trata da mesma maneira sucessões de sensações e separações espaciais de sensações, dando origem a distintas correlações *sensório/efetoras* conforme tenham sido as circunstâncias relacionais do organismo que lhes deram origem. É por isso que surgem com relação a essas duas sensorialidades modos diferentes de mover-se no viver, e aparecem passado e futuro como modos distintos de viver e sentir o fazer no fluir do presente.

Lei sistêmica # 22
Ocorre o que ocorre

> Um ser vivo como sistema determinado em sua estrutura faz em cada instante o único que pode fazer nesse instante segundo suas coerências estruturais desse instante em seu contínuo surgir num presente contínuo em contínua mudança. Nós, os seres humanos, e o cosmos que *trazemos à mão*[45] em nossas distinções e explicações existimos num presente cambiante contínuo.

Implicações

Em geral, não vemos isso porque nos sentimos existindo num fluir temporal que nega o paradoxo que surge do sentir que vivemos ao mesmo tempo em contínua mudança num presente contínuo. Sejam quais forem nossas sensações no fluir de nosso viver, nosso viver como seres vivos e seres humanos nos sucede num contínuo emergir espontâneo de um nada do qual não podemos falar, embora o imaginemos num ato também paradoxal que o nega. O viver nos ocorre, não o fazemos, e nos ocorre como nos ocorre.

Vivemos um viver no qual nos ocorre que vivemos como válido tudo o que vivemos, e no momento de viver o que vivemos não distinguimos entre ilusão e percepção, de modo que não podemos dizer nada sobre nosso viver que não tenha fundamento nas coerências de nosso viver. E mais. Somente quando aceitamos esta condição do nosso viver como ponto de partida para explicar nosso viver é que podemos tomar consciência de que, se nos perguntarmos por como fazemos o que fazemos em vez de nos perguntarmos por como somos, podemos de fato explicar nosso viver com as coerências operacionais de nosso viver sem fazer pressuposto explicativo algum.

---

[45] Trazemos ao existir.

Leis metassistêmicas

Como dissemos mais acima, o que evocamos como *Leis sistêmicas e metassistêmicas* são abstrações das regularidades sistêmicas que o observador distingue no âmbito de suas reflexões sobre o ocorrer dos sistemas que ele ou ela observa. Como tais, as *Leis metassistêmicas* mostram as dinâmicas espontâneas do ocorrer sistêmico no âmbito do viver do observador no observar. Sem dúvida, tudo ocorre no devir *do viver* do observador no fluir de contínua mudança relacional espontânea que ocorre na dinâmica cambiante da arquitetura dinâmica do viver e do cosmos relacional em que se dá o viver. O próprio observar ocorre nesse devir numa dinâmica que só tem de peculiar o fato de que ele ou ela é parte dessa dinâmica arquitetônica com seu reflexionar sem sair dela.

As *Leis metassistêmicas* são *leis metassistêmicas* que correspondem ao fundamento conceitual do perguntar que pergunta sobre o fazer sem adotar nenhum pressuposto ou noção explicativa transcendente como fundamento implícito ou explícito que daria validade ao explicar e entender nosso operar como seres humanos. Estas *leis metassistêmicas* surgem do operar do observador sem outro fundamento que não o seu operar numa dinâmica explicativa que é conscientemente circular. O que fazemos é explicar nosso operar como observadores com as coerências operacionais de nosso operar como observadores: somos ao mesmo tempo o que explicamos e o instrumento conceitual e operacional de nosso explicar.

Lei metassistêmica # 23
História e desejos

> O curso que seguem a história dos seres vivos em geral e a história dos seres humanos em particular surge momento a momento definido pelos desejos e pelas preferências que momento a momento determinam o que o ser vivo ou o ser humano faz e conserva ou faz e despreza em seu viver relacional, e não pelo que habitualmente chamamos de recursos ou oportunidades, como se estes fossem recursos ou oportunidades em si. Algo é um recurso ou é uma oportunidade somente se a gente o quiser ou desejar.

Implicações
A evolução dos seres vivos ocorre como uma *deriva* relacional e estrutural na qual o curso que esta segue se constitui momento a momento a partir das preferências ou desejos no presente do viver dos seres vivos, não em função das consequências possíveis em seu devir.

Lei metassistêmica # 24
O centro do cosmos

> Todo ser vivo opera em seu viver em todo momento como centro do cosmos ou, o que vem a ser o mesmo, opera como centro da matriz relacional em que se dá seu viver e que surge com seu viver e que no viver humano será a *matriz biológico-cultural* de sua existência. Somente um ser vivo que opera como observador por seu existir no *linguajear* como nós, os seres humanos, pode operar conscientemente a partir de seu operar como centro do cosmos que surge no explicar seu viver.

Implicações
Como sistema determinado em sua estrutura, um ser vivo opera em todo momento segundo as coerências operacionais de seu âmbito de determinismo estrutural, sem qualquer referência àquilo que um observador pode ver como o meio que o contém. Ou, o que vem a ser o mesmo, todo ser vivo opera como o centro da matriz relacional em que se dá seu viver e que surge

com seu viver, pois o mundo que um ser vivo vive não preexiste ao seu viver esse mundo. Um ser vivo mostra a um observador o mundo que vive com seu viver em sua dinâmica estrutural cega ao que um observador vê como o meio que o contém. Todo ser vivo opera cm acoplamento estrutural com o meio como sua condição de existência, isto é, todo ser vivo opera na conservação de sua adaptação, ou se desintegra. Nesse sentido, o mundo que um ser vivo vive é seu operar no âmbito do operar efetivo de sua *sensorialidade* e, por isso, expande-se e restringe segundo o operar desta. Em outros termos, o mundo de um ser vivo é operacionalmente uma expansão de sua corporalidade e, por isso, em seu viver o operar do ser vivo é tudo o que existe em seu viver, e o ser vivo opera como centro do universo, na medida em que é tudo o que há no viver de quem o configura com seu operar. Nessas circunstâncias, o que um observador distingue ao distinguir e seguir o fluir do viver de um ser vivo é que o operar do ser vivo em seu viver implica uma matriz relacional que implica um cosmos que se entrecruza com o cosmos que o mesmo observador *traz à mão*[46] em seu viver e em seu explicar ao operar como observador.

Nós, os seres humanos, não operamos de maneira diferente. Nós, os seres humanos, operamos em nosso viver sendo o centro de um cosmos que surge com nosso viver no processo de explicar nosso viver com as coerências operacionais de nosso viver. O ser humano não é a medida de todas as coisas, o viver humano é a origem de todas as coisas.

Lei metassistêmica # 25
Ser vivo e meio

> Um ser vivo e o meio que o contém mudam juntos de maneira congruente como o resultado espontâneo de suas interações recursivas somente se, no fluir de mudanças estruturais, que essas interações *desencadeiam* em ambos, o ser vivo conserva sua *autopoiese* e sua relação de adaptação ao meio em seu *nicho*. Se isso deixa de ocorrer, o ser vivo morre; e, se não morre, seu viver segue um curso orientado pelo *bem-estar* relacional em sua relação com o meio.

---

[46] Traz ao existir.

Implicações

O viver de um ser vivo é em cada instante o presente cambiante de um devir histórico de transformações estruturais nas quais se conservam o ser vivo e o meio em um fluir de interações recursivas em acoplamento estrutural. Nesta dinâmica, o curso que segue o viver de um ser vivo enquanto vive se configura momento a momento como o presente de um deslizar-se na tangente operacional em que se conservam a *autopoiese* do ser vivo e seu *bem-estar* relacional com um meio que surge momento a momento em seu presente cambiante contínuo como o *nicho* que o contém e o torna possível. A forma de *bem-estar* na relação *organismo-nicho* varia de organismo a organismo de acordo com o viver de sua classe e o momento de sua história individual que vive, mas qualquer que seja este, é a conservação do *bem-estar* o que orienta e guia o curso do viver de qualquer organismo. As distintas classes de organismos diferem na forma que adota a conservação do *bem-estar* na relação *organismo-nicho*. Enfim, o que foi dito é válido para nós, os seres humanos, e nos permite ver, como um aspecto fundamental de nossa origem *Homo sapiens-amans amans*, o surgimento da família humana há pelo menos três ou quatro milhões de anos, quando numa linhagem de primatas bípedes começa a se conservar num devir *neotécnico* a relação materno-infantil amorosa como a forma do viver no *bem-estar* que define a relação *organismo-nicho* que se conserva de uma geração a outra ao se reproduzir de maneira sistêmica esse modo de viver.

Lei metassistêmica # 26
Sempre fazemos o que queremos

> Nós, seres humanos, sempre fazemos o que queremos fazer, mesmo quando dizemos que não queremos fazer o que fazemos. Quando fazemos o que dizemos que não queremos fazer, nós o fazemos porque, ao fazê-lo, esperamos conservar algo que pertence a um domínio diferente daquele em que fazemos o que dizemos que não queremos fazer.

Implicações

Um ser vivo faz o único que pode fazer em cada instante de seu viver como resultado de seu presente estrutural e de sua relação de congruência operacional em sua harmonia arquitetônica com o meio nesse instante.

Nossa situação como seres humanos não é diferente. O que nos é peculiar é que nosso reflexionar e nosso explicar são parte da dinâmica relacional em que fluem tanto nosso devir estrutural como nosso acoplamento estrutural com um meio que surge com nosso operar humano como seres que existem no conversar. O que guia o curso de nosso viver são nossos desejos, explícitos e não explícitos no presente em que se dá nosso fazer em cada instante na conservação do *bem-estar* na relação *organismo-nicho* de nosso operar humano.

Nós, seres humanos, ao reflexionar sobre nosso viver e os desejos que guiam nosso viver, podemos pensar que isto não é assim, porque às vezes pensamos que fazemos o que nos vemos obrigados a fazer, embora não queiramos fazê-lo; no entanto, o que ocorre é que, nesses casos, o que guia nosso viver é um desejo oculto ou às vezes declarado cuja satisfação requer fazer o que dizemos que não queremos fazer.

Lei metassistêmica # 27
O presente

> O devir do viver de um ser vivo ocorre na realização de sua *autopoiese* num curso sem alternativas, sem passado nem futuro num presente cambiante contínuo. Todo ser vivo opera em cada momento do devir de seu viver da única maneira que pode operar nesse momento segundo suas coerências estruturais desse momento em seu contínuo presente cambiante.

Implicações

Nada é bom ou mau, perfeito ou imperfeito, desejável ou indesejável no operar dos seres vivos na espontaneidade de seu viver na realização de sua *autopoiese*. O desejável ou indesejável que apareça ante um observador como um certo suceder do viver de um ser vivo é isto tão somente para o observador. Estas noções são apreciações do observador ao comparar o operar de um sistema em seu presente com o que ele ou ela esperaria que acontecesse com ele no âmbito ou espaço relacional em que o observa. Nós, seres humanos, não somos diferentes no operar de nosso viver. O único distinto em nós, seres humanos, é que nosso viver envolve na espontaneidade de nosso presente estrutural conversar mundos que implicam dinâmicas relacionais com passado e futuro, em que o bom ou o mau, o perfeito ou o imperfeito, o desejável ou o indesejável podem ter presença.

A consciência desta condição metassistêmica nas relações interpessoais é fundamental para encontrar dimensões de convivência que nos liberem de ressentimentos e culpas pelo feito ou não feito nos âmbitos sociais em geral que permitam a recuperação do mútuo respeito e da mútua confiança.

Lei metassistêmica # 28
Autopoiese

> Tudo o que ocorre no fluir do viver de um ser vivo ocorre como um contínuo resultar no presente cambiante contínuo da contínua realização de sua *autopoiese* segundo seu modo particular de viver como organismo no âmbito relacional (*nicho*) em que opera como totalidade. No caso dos seres humanos, seu modo particular de viver é o conversar, isto é, um conviver em coordenações de coordenações de *fazeres* e emoções, e tudo o que os seres humanos fazem ocorre em redes de conversações.

Implicações

Intenções, propósitos, desejos, aspirações, finalidades, explicações são redes de conversações que constituem os distintos mundos em que se realiza e conserva nossa *autopoiese* como seres humanos *Homo sapiens-amans amans* no fluir das mudanças estruturais que constituem o devir de nosso viver humano num presente em contínua mudança. Nosso fluir estrutural muda segundo a rede de conversações em que nos encontramos em nosso contínuo presente. Embora nosso viver seja um contínuo resultar no qual não há propósitos nem intenções, o presente estrutural de nosso viver surge sempre das transformações estruturais que nos ocorrem no viver nas redes de conversações que vivemos, e, embora o surgir estrutural do presente que vivemos não envolva intenção nem propósito, nosso sentir no presente inclui o sentir de ter vivido as conversações que dizemos ter vivido. Tudo o que foi pensado ou sentido no fluir do viver é parte do fluir estrutural do contínuo presente cambiante do viver. Entretanto, o fazer de qualquer ser vivo, inclusive o nosso, é um contínuo resultar de um processo que transcorre sem propósito ou intenção, ou seja, é o presente de uma contínua *epigênese*.

Lei metassistêmica # 29
Resultado e resultar

> O resultado de um processo não é nem pode ser um fator no suceder do processo que lhe dá origem. O resultado de um processo não opera nem pode operar como fator para o início do processo que lhe dá origem. O resultado e o processo que lhe dá origem pertencem a domínios disjuntos não redutíveis um ao outro. Nada ocorre no suceder do viver ou dos processos que constituem a realização do viver dos seres vivos ou no suceder do cosmos que o observador *traz à mão*[47] em suas operações de distinção ao explicar em seu viver, por ser o resultado desse suceder necessário ou desejável para esse ocorrer.

Implicações

Em termos gerais, isto quer dizer que os resultados de nosso viver não participam nos processos de nosso viver que lhes deram origem, mesmo quando às vezes dizemos que o que estamos vivendo era necessário que ocorresse. O que pensamos como um resultado futuro possível de um processo não é o resultado desse processo. O que imaginamos como futuro é nosso presente no momento de pensá-lo; portanto, se o que imaginamos afeta nosso proceder, o que vivemos é um fluir de transformação de nosso presente no suceder do pensar do presente, e não nosso futuro no presente. O fato de que isto é assim é também o fundamento operacional da legitimidade do erro e da ilusão como experiências vividas como válidas no momento de vivê-las, mas que logo invalidamos em relação a outras experiências de cuja validade não duvidamos. As relações cibernéticas de retroalimentação não são uma exceção a isto. Na retroalimentação, o resultado de um processo é parte de um novo processo que não repete o anterior que originou o processo que se retroalimenta.

Reflexões finais

As *Leis sistêmicas e metassistêmicas* que apresentamos neste trabalho não se fundamentam em nenhum pressuposto ontológico. São abstrações que fazemos como observadores das coerências operacionais de nosso

---
[47] Traz ao existir.

viver e conviver como seres humanos que existimos como *Homo sapiens--amans amans* que vivemos no *linguajear* e no conversar conscientes de que só podemos falar do que surge em nossas operações de distinção nos mundos *biológico-culturais* que geramos em nosso conviver consensual. Nada existe com independência da operação de distinção que *traz à mão*[48] o ser distinguido. A compreensão das *Leis sistêmicas e metassistêmicas* nos permite expandir nosso entendimento de nosso viver e conviver sem fazer nenhum pressuposto sobre a existência de algo que pudéssemos considerar um domínio de realidade independente de nosso operar como seres vivos humanos. E, mais ainda, essas abstrações de nosso viver e conviver *biológico-cultural* nos mostram de fato que não necessitamos de tais pressupostos para entender e compreender como vivemos e como fazemos o que fazemos em todos os âmbitos do fazer filosófico e científico de onde surgem as reflexões que apresentamos aqui. O fato de que os mundos de nosso viver e conviver *Homo sapiens-amans amans* sejam consensuais não significa que sejam arbítrios de nossa fantasia, são mundos que surgem de nosso operar biológico nas coordenações de coordenações consensuais de *fazeres* na realização de nosso viver que é o *linguajear* e conversar sobre o *linguajear* e conversar. A trama da obra de teatro de títeres que nos comove modula nossa fisiologia, mas existe num mundo de coordenações de *fazeres* consensuais que não se cruza com os *operares* biológicos que a fazem possível. Assim, o fluir relacional que surge quando o rei diz à rainha *"Como você está formosa hoje, minha rainha!"* ocorre na dinâmica relacional consensual do conservar e é radicalmente diferente da dinâmica fisiológica que dilata os vasos sanguíneos do rosto dela, quando se ruboriza diante dos olhos do rei. O elogio e o ruborizar-se pertencem ao mundo consensual cultural, mas as mudanças fisiológicas que ligam elogio e rubor pertencem ao mundo do biológico. Nós, seres humanos, enquanto somos *Homo sapiens--amans amans*, vivemos em mundos consensuais em que nossos desejos, nossas preferências e nossos gostos culturais são aquilo que guia o curso de nosso devir individual e evolutivo. Isto é, nosso viver e conviver como seres humanos é um suceder consensual de coordenações de coordenações de *fazeres* que ocorrem em nosso fluir biológico. Nós, seres vivos humanos, existimos numa dinâmica relacional *consensual-cultural* que oculta a dinâmica biológica que a realiza, ao mesmo tempo que define momento a

---

[48] Traz ao existir.

momento o curso que segue esta dinâmica biológica enquanto tem como resultado a conservação do viver.

O observador não é um ente transcendente, não preexiste à sua própria distinção. O observador se encontra no observar quando se pergunta pela primeira vez pelo seu observar. O observador aparece na distinção de si mesmo que ele ou ela faz em seu operar desde seu próprio operar. O observador e o observar pertencem aos mundos consensuais do viver e conviver *Homo sapiens-amans amans*. Nós, seres humanos, deparamo-nos fazendo o que fazemos como seres vivos humanos ao nos perguntarmos sobre como fazemos o que fazemos num ato reflexivo recursivo. E, ao fazer isto, também nos deparamos com o responder nossa pergunta por como fazemos o que fazemos com as coerências de nosso fazer. Quer dizer, ao operar como seres vivos humanos em nosso operar como observadores e nos perguntarmos por como fazemos o que fazemos, achamo-nos no ponto de partida mais básico possível, pois é o âmbito de nosso operar como seres biológicos que explicamos com nosso operar biológico a partir do domínio consensual biológico cultural em que ocorre nosso viver como seres humanos observadores que explicam seu viver com o seu viver. Enfim, no processo de responder à pergunta sobre *como fazemos o que fazemos*, também tomamos consciência de que, na medida em que nosso operar no *linguajear* é nosso operar em coordenações de coordenações de *fazeres* consensuais no fluir de nosso viver e conviver, não saímos do operar de nosso viver para explicar e entender nosso viver. Isto é, nós, seres humanos, em nosso viver *consensual-biológico-cultural*, achamo-nos vivendo um mundo *consensual-biológico-cultural* fechado sobre si mesmo. Mais: ao explicar nosso viver com nosso viver, sentimo-nos mergulhados num transfundo de existência que nos parece necessário por razões epistemológicas desde o crer íntimo em que deve haver um substrato no qual se dá o existir, embora não possamos dizer nada dele, porque na própria experiência não distinguimos entre ilusão e percepção. Para muitos, torna-se angustiante sentir que nosso viver flutua num transfundo de nada, que é nada porque não se pode falar dele.

Sem dúvida, no ato de fazer estas reflexões, operamos como observadores que tratam o observado como algo distinto e externo ao seu operar embora surja em seu operar. Contudo, ao fazer isso não contradizemos o que foi dito antes, porque, ao gerar os mundos que geramos na recursão de nosso conversar, movemo-nos num deslocamento de domínios relacionais e operacionais consensuais dentro de nosso operar como observadores, sem sair das coerências operacionais de nosso viver. E isto é assim na medida em que nossa resposta à pergunta por como fazemos o que fazemos disser o que tem que ocorrer em nosso viver para que, como resultado desse ocorrer, surja um ser vivo que no fluir de seu conviver consensual opera como observador na realização de seu viver.

Não obstante, existe algo mais neste caminho explicativo sem pressupostos ontológicos transcendentes. Acontece que nós seres vivos nos encontramos no viver quando nos perguntamos pelo nosso viver; o viver de fato nos sucede, não o fazemos nós mesmos. Somente quando nos perguntamos sobre o ocorrer de nosso viver, caímos na conta de que, em qualquer tentativa de explicar nosso viver, o que fazemos é usar coerências de nosso viver para propor processos gerativos que, se tivessem lugar, dariam como resultado um viver como nosso viver. E para fazer isto, não necessitamos supor nada além do que nos acontece na realização de nosso viver e conviver. Assim, como seres humanos que operamos como observadores que explicam seu viver e o mundo que vivem com as coerências de seu viver o mundo que vivem, deparamos com o fato de que *trazemos à mão*[49] com nossas operações de distinção entes atômicos e moleculares como entes operacionais que surgem como modos consensuais de conviver em coordenações de coordenações de *fazeres* que nos permitem explicar nossa constituição estrutural com nossas coordenações de *fazeres*. Embora não distingamos na própria experiência entre ilusão e percepção, podemos falar de como nosso operar nos permite explicar o mundo que vivemos, sua origem, e nossa origem, sem requerer o pressuposto de uma realidade independente de nosso operar, propondo mecanismos ou processos explicativos sob a forma: "se isto e isto ocorrem, então o resultado será isto e aquilo". Assim, com o nosso operar nas coerências operacionais de nosso viver, podemos gerar mundos que vivemos na *sensorialidade* do concreto tátil e visual, como mundos moleculares, supramoleculares e submoleculares. E também podemos gerar mundos que vivemos como abstratos que abarcam da emoção à razão, da ciência à filosofia e à arte, da ternura à negação, do cozinhar à arquitetura, da dança ao atletismo, da curiosidade à invenção. Mundos que surgem todos nas coerências de nosso operar como seres humanos nos mundos consensuais de nosso viver *Homo*

---

[49] Trazemos ao existir.

sapiens-amans amans e que têm existência como coerências de coerências de nossos *fazeres* consensuais na realização de nosso viver como seres vivos no *linguajear*. Enfim, podemos distinguir mundos que ocorrem em redes de conversações que trazem à existência, sob a forma de diferentes âmbitos de coerências de nosso fazer, tudo o que os seres humanos podemos viver e distinguir em nosso viver, como distintas classes de entes que surgem distintos na natureza de seu ser desde as distintas operações de distinção que os *constituem* ou *trazem à mão*.[50]

A pergunta pela natureza do ser, ou pelo ser transcendente do ser, não pode ser respondida desde a orientação filosófica metafísica, que busca a natureza do *ser em si* num âmbito transcendente. Ao contrário, a pergunta pelo fazer sempre pode ser respondida mostrando ou descrevendo como se faz o que se faz. Por isso, ao abandonar a pergunta pelo ser ao nos perguntarmos como operamos como observadores no observar, ao nos perguntarmos como fazemos o que fazemos como seres humanos, damos um salto que nos abre o olhar, deixando-nos ver que podemos entender e explicar todo o nosso viver humano com as coerências operacionais de nosso viver e conviver, sem separar nosso fazer de nosso conhecer. E nesse salto percebemos que, como todo ser vivo, vivemos nosso viver como se fôssemos o centro do cosmos. Mais: nos damos conta de que como seres humanos somos de fato o centro cognitivo do cosmos que surge em nosso viver ao descrever e explicar nosso viver e conviver com as coerências operacionais de nosso viver. Como havia dito Ximena Dávila no começo de nossa colaboração no ano 2000, *"a Biologia do Conhecer e a Biologia do Amar se encontram com a metafísica e, deslocando-se a pergunta pelo ser, abrem passagem para a filosofia espontânea na pergunta pelo fazer"*.

Quando aceitamos a pergunta sobre como fazemos o que fazemos, abandonamos o âmbito das ontologias constitutivas e assumimos que o ser do distinguido surge na operação de distinção que o *traz à mão*.[51]

Os mundos que vivemos como observadores surgem com nosso viver no fluir do operar de nosso viver e conviver, na reflexão sobre nosso viver e sobre as mudanças de consciência que trazem mudanças em nossa ação na mudança de nosso *emocionear*. Vivemos numa dinâmica

---

[50] Trazem ao existir.
[51] Trazem ao existir.

de ação e reflexão lançada ao infinito num viver e conviver *consensual-
-biológico-cultural-recursivo* que se vai gerando momento a momento sem
termo preestabelecido. Só podemos falar dos mundos que vivemos em
nosso viver e conviver como expansões dinâmicas de nossa corporalidade no fluir de nosso viver num contínuo suceder recursivo sistêmico
que faz de nosso viver uma contínua transformação histórica em torno
da realização e conservação do viver e do *bem-estar* nos mundos consensuais que geramos na conservação de nosso viver *Homo sapiens-amans
amans*. O viver nos acontece, não o fazemos, e existimos nesse suceder
evanescente de transformação na consciência de ser no surgir de um
suceder cuja substância é a consciência desse suceder, num viver consensual *Homo sapiens-amans amans* que neste presente *biológico-cultural*
somente poderemos conservar se quisermos conservá-lo.

Agora podemos mencionar novamente a *lei sistêmica básica # 4* e
a *lei sistêmica # 29*, porque pertencem à localidade do suceder do viver
humano. O viver humano ocorre na consciência reflexiva de um suceder que surge de outro suceder, numa dinâmica que, quando é vista
pelo observar do observador, revela a natureza de seu próprio existir
na recursão reflexiva que o *traz à mão*[52] na distinção de si mesmo no
observar.

Lei sistêmica básica # 4
Fluir recursivo do observar

> O operar do observador na conversação reflexiva que distingue seu pró-
> prio operar ocorre como um viver na contínua conservação da ampliação
> recursiva da compreensão do próprio viver, da consciência de si e das ações
> efetivas próprias do fluir do viver no presente de contínua mudança que
> essa mesma reflexão recursiva gera guiada em cada instante pelo *emocionear*
> que surge na conservação desse modo de viver.

---

[52] Trazem ao existir.

Lei metassistêmica # 29
Resultado e resultar

> O resultado de um processo não é nem pode ser um fator no suceder do processo que lhe dá origem. O resultado de um processo não opera nem pode operar como fator para o início do processo que lhe dá origem. O resultado e o processo que lhe dá origem pertencem a domínios disjuntos não redutíveis um ao outro. Nada ocorre no suceder do viver ou dos processos que constituem a realização do viver dos seres vivos ou no suceder do cosmos que o observador *traz à mão*[53] em suas operações de distinção por ser o resultado desse suceder necessário a esse ocorrer ou desejável para alguém.

O devir do viver dos seres vivos não tem finalidade nem propósito em si e segue um curso que se constrói momento a momento num curso definido pela conservação de seu *bem-estar* em um deslizar-se no caminho que surge da contínua conservação do viver e das preferências relacionais do organismo. O resultado disso é a biosfera como o âmbito de viveres que se entrelaçam no fluir de contínuas transformações coerentes que se conservam somente a partir da conservação do viver. O viver do ser vivo humano como um viver no observar e na reflexão recursiva a partir do observar reflexivo segue um curso definido em cada instante não só pela conservação fundamental desse viver humano, mas também pela conservação de seu viver contingente ao seu próprio viver através das distintas preferências emocionais, estéticas e argumentativas que tem nos distintos âmbitos do viver que sua dinâmica reflexiva gera. O resultado é a *antroposfera* como o cosmos de mundos entrelaçados que surgem na dinâmica recursiva de ampliação do entendimento, da compreensão e da consciência das ações adequadas à conservação do viver nessa dinâmica reflexiva. Mundos que em última análise são compreensíveis somente a partir da visão das emoções que guiam em cada instante a dinâmica reflexiva humana e, portanto, seu devir biológico e cultural.

Repitamos mais uma vez. Os mundos consensuais que vivemos são consensuais na medida em que surgem como modos de conviver guiados pela arbitrariedade absoluta das preferências, dos gostos e dos desejos dos seres

---

[53] Traz ao existir.

humanos participantes desse conviver e existem na medida em que seu viver se conserva na realização das coerências *operacionais-biológicas* que o constituem. Tudo ocorre no curso da realização do viver de um organismo seguindo um curso definido em cada instante por suas preferências ou seus desejos; nada ocorre porque é necessário que ocorra pelas possíveis consequências do seu ocorrer, e nada ocorre na realização do viver de um organismo que viole as coerências operacionais da realização de seu viver. Nessas circunstâncias, a expressão *consenso ou consensual* no âmbito humano faz referência às coincidências de preferências que surgem no *bem-estar* do conviver num fluir de convivência humana que dura enquanto se conserva o viver. As *Leis sistêmicas e metassistêmicas* são abstrações das coerências sistêmicas do âmbito operacional e relacional que surge no operar explicativo e experiencial do observador em seu viver reflexivo e construtivo *biológico-cultural*. Essas leis não descrevem um mundo independente do observador e de seu observar. Essas leis mostram as coerências operacionais e relacionais que constituem o transfundo espontâneo do que é possível na dinâmica do observar do observador como gerador dos mundos consensuais que vive em seu devir biológico cultural. Transfundo de coerências relacionais e operacionais em que o observador se encontra no fluir de seu *emocionear* escolhendo em cada instante o curso de seu viver e conviver, numa dinâmica em que pode conservar ou destruir seu viver *sapiens-amans amans*. O básico de nosso viver humano é nossa condição *sapiens-amans amans* que faz o amar ser o fundamento operacional e relacional que guia o curso que segue a realização e conservação de nosso viver biológico, mas o que de fato constitui ainda para nós nossa possibilidade de sermos seres humanos éticos capazes de colaborar no respeito por si mesmos e no mútuo respeito, na contínua criação cotidiana desse viver como uma obra de arte, é o viver numa *epigênese amans*, que conotamos e denotamos quando falamos de nosso ser *Homo sapiens-amans amans*.

Nossa existência humana ocorre na dinâmica relacional que surge com o *linguajear* em nossa origem *Homo sapiens-amans amans* em dimensões que são simultaneamente individuais e sociais. Nós, seres humanos, vivemos como indivíduos que existimos na contínua transcendência dessa individualidade num ser que ocorre no espaço social como um contínuo fluir relacional em mundos consensuais. Nós, seres humanos, somos indivíduos na medida em que somos sociais e somos sociais na medida em que somos indivíduos desde nosso ser social na experiência de um ser que tem localização corporal em seu sentir, mas que não é só a corporalidade que sente, pois realiza seu viver em mundos consensuais de convivência como os âmbitos de sua realização biológica. A descrição da experiência que se vive não é a experiência que se vive e não a substitui, somente a evoca. Somos seres humanos nos mundos consensuais em que podemos ser conscientes de nosso viver na realização de nosso ser biológico que nos é inconsciente e cujo curso histórico se modula a partir de nosso viver em mundos consensuais guiados desde nossos desejos e preferências. Este é nosso fazer e ser *Homo sapiens-amans amans*, no que as *leis sistêmicas e metassistêmicas* mostram as coerências sistêmicas de nosso duplo viver biológico e cultural consensual. Somos a contínua experiência cambiante de um fluir relacional que modula nossa dinâmica corporal, a qual, de um modo recursivo, modula nosso fluir relacional e, assim, num devir histórico, nosso sentir e nosso fazer. *Embora existamos como seres humanos no âmbito relacional, somos indivíduos em nosso ser psíquico e corporal. Como tais, não somos substituíveis em nosso ser indivíduos pelo fluir histórico social a que pertencemos, e não o somos porque todo o viver humano individual e social ocorre em nossa realização corporal, embora esta se realize e module em nosso fluir relacional.*

A descrição da experiência não substitui a vivência da experiência, o entendimento do viver não substitui o viver, a explicação do suceder do viver não substitui o suceder do viver explicado. Contudo, a descrição da experiência, o entendimento dela e a explicação de seu ocorrer modificam o viver ao modular a dinâmica arquitetônica cambiante que constitui nosso viver num processo que nos permite entender, explicar e compreender nossa natureza humana desde o olhar nosso viver, num fluir operacional e reflexivo que segue espontaneamente o curso em que se conservam as *Leis sistêmicas e metassistêmicas* que temos abstraído das coerências do viver que faz possíveis essas reflexões e explicações. É desde a *Matriz Biológico-Cultural da Existência Humana* como o âmbito operacional ou *matriz biológica-relacional* em que surge, realiza-se e conserva o humano que temos abstraído o que temos chamado aqui de *Leis sistêmicas e metassistêmicas*.

A matriz *biológica-relacional* onde surge, realiza-se e conserva o humano só se vê na reflexão que mostra as coerências dos mundos consensuais do viver biológico *Homo sapiens-amans amans* como um viver no *linguajear* e no conversar que faz possível, desde o *linguajear* e o conversar, compreender o viver *biológico-cultural* do observador e seu observar como o fundamento da natureza consensual de nosso existir *Homo sapiens-amans amans* em nosso presente histórico cultural atual.

Enlace IV

O Conversar Liberador de Ximena Dávila tem consequências terapêuticas precisamente porque leva quem a consulta a encontrar-se consigo mesmo numa reflexão da qual ela solta o apego inconsciente a uma dor que surge da negação cultural do amar vivido no passado e que conserva como um referente de autonegação em seu presente contínuo e em torno do qual se transforma seu viver. O tomar consciência de que o passado não é em si e de que é um modo de estar no presente é o que torna possível dar-se conta no presente de que o valor que a pessoa atribuiu à negação cultural vivida não teve nem tem validade, e pode se abandonar no presente que se vive, porque é aí que a pessoa o conserva como um aspecto do viver cambiante que se vive. O passado, não podemos modificá-lo, mas o curso do presente que vivemos sempre está aberto à mudança que surge do ver o que a gente conserva, num ato reflexivo que larga o apego à certeza que às vezes a pessoa tem de saber o que acredita que sabe. Esta é uma das revelações mais importantes que o Conversar Liberador traz à luz em sua dimensão *operacional-relacional* e que, aliás, permite-nos entender como é que todo conversar que venha a ser de fato terapêutico ou curativo faz o que faz enquanto dinâmica *biológico-cultural*.

Neste ensaio, podemos ver que o Conversar Liberador tem dimensões próprias e locais que o convertem num âmbito que entrelaça a ciência e a arte na compreensão da dor e do sofrimento humano, bem como em seu caminho de saída ou dissolução. E podemos ver que também tem dimensões *sistêmicas-recursivas* que nos abrem a porta a uma compreensão do viver e conviver humano como tal na distinção da *Matriz Biológico-Cultural da Existência Humana* que como *Homo sapiens-amans amans* podemos ver e abstrair de nosso próprio viver.

IV
Reflexões sobre terapia e minhas conversações com Ximena Dávila sobre a liberação da dor cultural

Reflexões sobre terapia e minhas conversações com Ximena Dávila sobre a liberação da dor cultural[54]

Humberto Maturana Romesín

História

Pensei muito ante este convite para escrever este capítulo sobre terapia familiar ou terapia sistêmica, ou simplesmente terapia relacional. Não trabalho com terapia, e o que em algum momento escrevi ou disse em relação ao tema da terapia surgiu de minhas reflexões biológicas e epistemológicas, e não de uma prática terapêutica, embora me tenha mantido atento às consequências que meus trabalhos e reflexões possam ter tido nesse campo. Assim, tenho me encontrado e colaborado com pessoas que em seu campo profissional adotaram algumas das ideias, das noções ou dos conceitos que desenvolvi em minha tentativa de compreender e explicar o conhecer como um sucesso biológico.

Não obstante, desde o meu presente, no entendimento dos fundamentos biológicos e culturais do humano conotados pela noção da *Matriz Biológica da Existência Humana*, posso dizer que conheço uma prática que, embora aquele que a pratica não a vive como "terapia", podemos, sim, mostrar as consequências terapêuticas dessa prática. E me refiro à criação de minha colaboradora e cofundadora do Instituto Matríztico, Ximena Dávila Yáñez, cujo trabalho será apresentado proximamente num livro que nosso instituto publicará e que temos chamado de *A árvore do viver*,[55] no qual aparecerá incluído com o título *Conversações liberadoras*, relatando uma

---

[54] Este ensaio também foi publicado anteriormente; apareceu no livro compilatório *Terapia familiar e de casal*, coordenado por Arturo Roizblat (Chile, 2006: S. Editorial Mediterráneo), p. 21-36.
[55] Próxima publicação da coleção Instituto Matríztico, J. C. Sáez Editor.

prática reflexiva que, em minha opinião, surge diretamente de um mover-se no entendimento conceitual e operacional da Biologia do Conhecer e da Biologia do Amar como aspectos da realização espontânea de nosso viver e conviver na *Matriz Biológica da Existência Humana*.[56]

Contudo, em minhas reflexões biológicas ao longo desses anos, tenho mostrado várias dimensões da Biologia do Conhecer e da Biologia do Amar que constituem algumas noções fundamentais que acredito terem aportado no campo epistemológico e biológico e que se mostraram valiosas para algumas pessoas em sua prática profissional ao responder a um pedido de ajuda. Em numerosas ocasiões, tenho dito que o caminho para recuperar a saúde fisiológica e a saúde psíquica era o que então eu distinguia como a *biologia do amor*, e, ante a pergunta sobre "*como se faz*", minha resposta sempre foi igual: "*amando*". E, ante a pergunta sobre "*como devo fazer*", respondia novamente "*amando*", sem poder descrever um *como*. Naturalmente a crítica era que a *biologia do amor* não proporcionava uma visão adequada da ação oportuna frente a um pedido de ajuda, crítica que eu escutava, mas não aceitava como válida, pensando que o amar era óbvio.

Assim estavam as coisas, até que Ximena Dávila me mostrou o que ela fazia a partir do seu entendimento da natureza relacional da Biologia do Conhecer e da Biologia do Amar como aspectos cotidianos do conviver quando recebia um pedido de ajuda ante a dor e o sofrimento relacional que surgia nesse conviver.

É desde esse encontro com Ximena Dávila, de que resultou a criação da noção da *Matriz Biológica da Existência Humana*[57] e do próprio Instituto Matríztico para dar formação em torno dela, que desejo compartilhar com o leitor ou a leitora minhas reflexões sobre a prática vinculada à cura fisiológica e psíquica.

---

[56] Em nosso presente no Instituto Matríztico, falamos da *Matriz Biológico-Cultural da Existência Humana*.
[57] Ibidem.

Antecedentes

Apresento a seguir algumas noções fundamentais da epistemologia e da biologia que proponho a partir do meu presente. Não se trata de pressupostos *a priori*, e sim de abstrações das coerências de nosso operar como seres humanos que revelam a natureza de nosso viver cotidiano. É mais: meu ponto de partida em minhas reflexões e meu explicar nosso operar como seres vivos humanos é o estar fazendo o que faço como ser vivo humano, e não a partir de um pressuposto epistemológico ou ontológico. Meu ponto de partida sou eu mesmo: eu ser humano fazendo o que faço em meu viver humano tenho sido e sou o ponto de partida para minhas reflexões no intento de explicar nosso viver humano como seres que explicam seu viver. E é por isso que essas reflexões têm o valor evocador e explicativo que têm para a compreensão de nosso viver relacional como seres humanos.

Observador e observar: tudo o que é dito é dito por um observador a outro observador que pode ser ele ou ela mesma. O observador é um ser humano que distingue o que distingue como se o distinguido existisse com independência de seu ato de distinção. O observador se acha ser humano no *linguajear* fazendo distinções quando se pergunta sobre o que faz. O observador se encontra ao distinguir a si mesmo tomando consciência de que, embora viva tudo o que vive como válido no momento de vivê-lo, não sabe no momento de vivê-lo se mais tarde tratará o que distingue como uma ilusão ou como uma percepção numa comparação posterior com outra experiência que nesse momento aceita como válida. Ao perceber que na própria experiência não sabe se mais tarde tratará como uma ilusão ou uma percepção o que vive, o observador se dá conta de que por isso não pode considerar a si mesmo como preexistente à sua própria distinção e se dá conta de que ele ou ela surge nessa distinção reflexiva.

Experiência: de acordo com o visto antes, o que chamamos de *experiência* na vida cotidiana é a consciência ou distinção que um observador faz do que lhe acontece em seu operar como tal no *linguajear*, não uma referência a algo que ocorreria com independência de seu operar reflexivo.

Conservação: nós seres vivos somos conservadores. De fato, todo sistema é conservador no sentido de que somente existe, é, enquanto se conserva a organização que define sua identidade como parte de sua dinâmica estrutural. Assim, um ser vivo existe, vive, num contínuo fluir de mudança estrutural em torno da conservação de sua *autopoiese* ou realização de seu viver. De fato, tanto a história dos seres vivos como seu existir individual transcorrem como mudanças em torno da conservação do viver.

Sistema Nervoso Fechado: o sistema nervoso opera como um sistema fechado sobre si mesmo em sua dinâmica geradora de um contínuo fluxo de mudanças de relações de atividade entre seus componentes neuronais. Por isso, embora o sistema nervoso se entrecruze com o organismo em suas superfícies sensoras e efetoras, não distingue em seu operar fechado a origem das perturbações sensoriais que modulam sua atividade desde o viver relacional do organismo. O resultado fundamental disto é que o sistema nervoso não distingue, ao gerar a atividade efetora do organismo, a natureza do fluir relacional que este vive ao reagir ante uma perturbação sensorial. Isto é, o sistema nervoso não "sabe" se o que o organismo vive quando "ele participa" da geração de suas respostas surgirá depois como uma ilusão ou uma percepção. O fato de que isto acontece assim é revelado em nosso viver cotidiano no uso de duas palavras: ilusão e erro. Chamamos de ilusões e erros experiências que vivemos como válidas no momento de vivê-las, mas que em seguida invalidamos ao compará-las com outras experiências de cuja validade não duvidamos.

Emocionear: o que distinguimos ao distinguir emoções são domínios ou âmbitos relacionais que vivemos no fluir relacional como classes de condutas relacionais. As diferentes palavras que usamos em nosso viver cotidiano ao distinguir emoções evocam ou sinalizam o espaço relacional em que se dá o fluir de nosso viver ou conviver em cada instante. Tudo o que fazemos, tudo o que vivemos se dá num fluir emocional duradouro ou episódico que lhe dá seu caráter relacional. De fato, as emoções guiam nosso viver racional.

Linguajear: o *linguajear* é um modo de conviver e ocorre como um fluir recursivo de coordenações de coordenações de *fazeres* consensuais. A linguagem é o modo de viver e conviver humano, não um instrumento relacional, embora ocorra no fluir relacional da convivência. Os distintos mundos relacionais, tanto externos como internos, conscientes e inconscientes, que nós seres humanos vivemos surgem no fluir de nosso viver no *linguajear* como diferentes âmbitos *senso-efetores* em que se dá a conservação de nosso viver.

Conversar: todo o viver humano ocorre num fluir entrelaçado do *linguajear* e do *emocionear*. Chamo de conversar (andar juntos em coordenações de coordenações de *fazeres* e emoções) este entrelaçamento do *emocionear* e do *linguajear* que constitui o humano como o viver e conviver da classe de primatas bípedes que somos. Nós, seres humanos, vivemos e convivemos em redes de conversações.

Cultura: o que conotamos ao distinguir uma cultura é uma rede fechada de conversações que se realiza e conserva como um modo de conviver das pessoas que a realizam e conservam ao vivê-la. Como âmbito fechado de coordenações de coordenações de *fazeres* e emoções, uma cultura especifica o que as pessoas que a realizam fazem em seu operar como membros dela. Tudo o que nós seres humanos vivemos, nós o vivemos num viver cultural que adquirimos ao longo de nosso conviver na comunidade cultural que nos acolhe desde nossa aceitação como membros dela ao ser concebidos.

Amar: antes eu falava de amor, *biologia do amor*, mas, como Ximena Dávila me fez notar no curso de nossas conversações, ao falar de amor se obscurece o fato de que o que efetivamente opera no conviver é a dinâmica do amar, não o amor como um ente abstrato; agora falo da Biologia do Amar. A Biologia do Amar constitui o fundamento do *bem-estar* no viver e conviver como dinâmica relacional no fato de que o amar consiste nas condutas relacionais através das quais o outro, a outra, o próprio ou o outro surge como legítimo outro na convivência com a gente, e é o fundamento do mútuo respeito. Assim o amar é a única emoção que amplia o olhar e expande o ver, o ouvir, o tocar, o sentir e faz isto porque é o único olhar que não antepõe um preconceito, uma expectativa, uma exigência ou um desejo como guia do ouvir e do olhar na conduta relacional que se vive.

Realidade e existência: o tema central de nosso viver é o conhecer, não a realidade; esta aparece na tentativa de explicar tanto nosso viver como nossos erros, nossas ilusões e nossos acertos. Assim, desde nosso operar como seres vivos humanos fazendo distinções, deparamos com o fato de que todo explicar, na medida em que é a proposição de um mecanismo gerativo, implica por motivos epistemológicos um subtrato em que se dá o operar do mecanismo gerativo de modo que o explicado surge como resultado em outro domínio. O substrato epistemológico que invocamos como fundamento último de todo nosso conhecer e que de fato tratamos como fundamento ontológico para explicar todo nosso viver em nosso presente cultural nós chamamos de a *realidade*. O problema surge quando percebemos e assumimos que não sabemos, no momento de viver o que vivemos, se mais tarde trataremos o que vivemos como uma percepção ou como uma ilusão ao compará-lo com outro aspecto de nosso viver cuja validade aceitamos sem objetar, e vemos que o que chamamos de *realidade* é um pressuposto explicativo. E este problema se aprofunda quando a este pressuposto explicativo queremos dar um caráter ontológico ao tratá-lo como se fosse de natureza transcendente independente da operação de distinção com que o trazemos à cena em nosso operar como observadores. O fato de não distinguirmos na experiência vivida entre o que chamaremos depois de ilusão ou percepção não é uma dificuldade transitória, é *um aspecto de nossa condição biológica*. Isso se faz evidente se tomarmos consciência de que no sistema nervoso os neurônios tratam como iguais todas as configurações de atividade que ao incidir sobre eles aparecem como iguais com independência de sua origem. É por isso que não tem sentido acreditar que é possível fazer referência a alguma distinção como [algo] real sob o pressuposto de que surge com independência do operar do observador que a faz, e é pelo mesmo motivo que a noção de *existência* só pode fazer referência ao que surge em nossa distinção como observadores em nosso operar como seres vivos que distinguem o que distinguem como configurações operacionais de seu viver. Ao percebermos tudo o que foi dito, torna-se evidente que a expressão *realidade* conota uma noção ou proposição explicativa, uma noção que se inventa com o objetivo de dispor de um substrato operacional que permita explicar o suceder do viver e do fazer humano. Isto é, como disse no começo desta seção, com a noção de *realidade* se pretende satisfazer a necessidade epistemológica de um substrato que dê um fundamento gerativo último ao explicar, e o problema surge quando se pretende que esse substrato epistemológico tenha um caráter ontológico.

O tema central do entendimento do humano não é a realidade ou o real, e sim a explicação de nosso viver e de nosso fazer. Isto não é um assunto trivial. A maior dificuldade que temos para compreender nosso viver está em não assumirmos que o mundo que vivemos não preexiste a nosso vivê-lo, mas que surge conosco em nosso viver e conviver, embora o vivamos como se preexistisse a nosso distingui-lo. A experiência, o que distinguimos que nos acontece em nosso viver não está negado; explicamos nosso viver com nosso viver. O real, o que chamamos de realidade, é uma noção explicativa.

Presente: nós seres vivos (e de fato o próprio cosmos) existimos como um presente contínuo que se encontra em contínua mudança e que existe como um presente histórico em que as noções de tempo e passado são noções explicativas que geramos no processo de explicar as distinções de mudança que fazemos em nosso viver como observadores fazendo distinções, ou seja, como seres humanos no *linguajear*.

Determinismo estrutural: em seu explicar, um observador (ser humano) opera na aceitação implícita de que existe imerso e é parte de um âmbito de existência em que tudo ocorre segundo as coerências operacionais dos elementos que ele ou ela produz em suas distinções. Chamo de *determinismo estrutural* esta condição do operar humano e de seu âmbito de existência. O conceito de determinismo estrutural não é uma noção explicativa proposta *a priori*, nem um pressuposto ontológico, é um conceito que surge como abstração que o observador faz das coerências de seu operar como ser vivo em seu operar como observador que descreve e explica seu viver e seu fazer com as coerências de seu viver e operar. O conceito de *determinismo estrutural* sinaliza que tudo o que ocorre a um sistema ou ente composto que distinguimos em nosso viver opera de acordo com as coerências operacionais de seus componentes e que nada externo a ele pode determinar o que acontece nele ou com ele.

Acoplamento estrutural: *tudo o que se diz, quer se trate de uma descrição, explicação ou evocação, é dito por um observador a outro observador que pode ser ele ou ela mesma.* O observador é um ser vivo humano que não distingue ao viver o que vive num instante particular entre o que qualificará em outro instante como uma ilusão ou uma percepção ao comparar a validade relacional que atribui aos distintos momentos de seu viver: o observador não distingue no viver o que vive se o que vive agora como válido depois o invalidará como uma ilusão ou confirmará como uma percepção. Por isso as distinções que um observador faz surgem como abstrações que ele ou ela faz de seu operar em seu viver. E, por isso, ao falar da relação entre o ser vivo e as circunstâncias em que este vive, ou ao propor um processo explicativo de seu viver, o que o observador faz não é nem pode ser uma referência a algo independente de seu operar que se poderia chamar de *o real*, mas sim uma abstração das coerências do operar de seu viver em seu observar. Neste processo os seres vivos surgem a seu viver individual ante o observar de um observador que, ao distingui-los, distingue também seu entorno como uma biosfera que os contém e surgem num instante e lugar singular dessa biosfera, com uma estrutura anatômica e fisiológica particular dinamicamente congruente com ela. O ser vivo ao surgir na distinção do observador surge num meio que o contém, que o faz possível, que é coerente com o presente de seu viver, e no qual viverá enquanto se revelar acolhedor. Isto é válido também para o observador como ser vivo humano que surge ao existir em sua própria distinção ao operar como observador reflexivo. O que foi dito até aqui mostra que o observador ao distinguir os seres vivos os vê em coerências operacionais com o meio em que surgem sob a forma de uma dinâmica de interações que ele ou ela vê como uma conduta adequada ao presente que eles vivem. Mais ainda. No curso de suas distinções e no processo de explicá-las com as coerências de seu próprio viver, o observador se dá conta de que as coerências operacionais dos organismos com o meio em que ocorrem seu viver e a conservação de seu viver são o resultado de uma dinâmica histórica na qual o ser vivo e o meio que surge com ele mudam juntos de maneira congruente, e de que eles vivem enquanto essa mudança congruente se der na conservação de seu viver. Tenho chamado de *acoplamento estrutural* esta dinâmica de mudança estrutural congruente do ser vivo e do meio em que surge e se conserva seu viver e a relação de congruência operacional dinâmica num presente cambiante que é resultado dela. Dito de outra maneira, chamei de *acoplamento estrutural* entre o ser vivo e o meio que surge com ele a relação de congruência estrutural dinâmica que emerge e se conserva momento a momento no fluxo do viver do organismo enquanto se conserva o viver dele.

Meu presente

Como já disse, a potência que estas noções têm para explicar e compreender a natureza do operar das relações terapêuticas surge do fato de que são abstrações de nosso viver cotidiano como seres vivos e seres humanos, e não de definições ou pressupostos *a priori*. Não obstante, não basta entendê-las como tais a partir de sua descrição; é preciso ver e compreender como aspectos do próprio viver as dinâmicas biológicas que elas implicam para que, de fato, enriqueçam de maneira inconsciente nossa capacidade espontânea de ação ante um pedido de ajuda ou no momento de sugerir ou propor um mecanismo explicativo como resposta a um dilema em nosso viver.

É neste âmbito que Ximena Dávila contribui para a expansão de meu olhar e para a ampliação de meu entendimento da dinâmica relacional que entrelaça o operar da Biologia do Conhecer com a Biologia do Amar, ao mostrar como surge a dor e se conserva sob a forma de sofrimento num viver cultural centrado em relações de dominação e subjugação, competição e exigência e, simultaneamente, de desconfiança e controle. Contudo, ela faz mais. Sua ênfase em que nós seres vivos vivemos na conservação do *bem-estar* como a busca espontânea da dinâmica relacional interna que, de instante a instante, conserva a harmonia do viver como a congruência do que se sente com o que se faz leva a ver que a busca do *bem-estar* é o viver que guia qualquer viver, em particular o viver humano, embora às vezes erremos o caminho e sejamos apanhados em relações culturais de dor e sofrimento. Ela mostra também que, quando um ser humano está aprisionado no crer que a dor e o sofrimento que vive é constitutivo de seu ser, reconhece que o fundamento biológico da conservação do viver é o viver no *bem-estar*, torna possível a reflexão que solta a certeza de que a pessoa é como acredita que é e se libera da armadilha cultural de autodepreciação e negação de si mesmo em que se encontrava. Enfim, ela mostra além do mais que essa liberação pode de fato ocorrer na reflexão, porque o operar da conservação do viver que surge ao soltar a certeza de crer que a pessoa é o ser sofredor, diminuído, não amoroso ou patológico que acredita que é ocorre como o *reencontro* com o respeito a si mesmo ao ver o próprio fundamento amoroso desde a ampliação do ver da Biologia do Amar. Isto é, a ampliação do ver que esta reflexão traz consigo leva a pessoa que sofre a *re-encontrar* o caminho do respeito por si mesmo, assim como a recuperação do *bem-estar* relacional num âmbito de seu viver que lhe era inacessível a partir da armadilha cultural de negação recursiva de si mesmo que vivia, embora fosse parte de seu domínio de acoplamento estrutural.

Terapia, ajuda ou liberação?

Eu não tenho tido inclinação a responder como um aspecto de meu fazer profissional aos pedidos de ajuda e, em meus comentários e reflexões, só tenho dito que o amor é o fundamento operacional de todo efeito terapêutico. Como disse no começo, com frequência tenho sido criticado diante desta afirmação com o argumento de que falar de amor é de todo insuficiente, porque não indica ou descreve um procedimento, e que minha resposta "o que precisa fazer é amar" era nesse sentido uma resposta vazia. Eu tenho sustentado e sustento que os métodos ou procedimentos que propomos como recomendações de ação, se não são vividos na liberdade reflexiva do entendimento que guia a oportunidade de seu uso, sua modificação ou seu abandono, enganam e geram cegueiras. Assim estavam as coisas no que se refere a minhas reflexões no campo da terapia, até que Ximena Dávila Yáñez, licenciada em Orientação Familiar e Organizacional, conversando comigo num dia de 1999, mostrou-me o que fazia ao conversar com as pessoas que solicitavam sua ajuda, surpresa de ver como elas se liberavam de uma dor ou sofrimento opressivo que viviam desde muito tempo e que havia permanecido inalterado até então ante muitas tentativas terapêuticas. Ximena tinha sido aluna minha em diversas ocasiões durante vários anos. Ao escutar o relato do que ela fazia, fiquei ao mesmo tempo surpreso e encantado pela profundidade do que me revelava e lhe disse: *"Ximena, o que você faz em suas conversações é pôr intencionalmente em movimento no presente relacional da pessoa que a consulta a Biologia do Amar e a Biologia do Conhecer como aspectos do viver dessa pessoa. É mais: você faz isso desde o entendimento reflexivo e vivencial, não discursivo, dessa dinâmica como um aspecto de seu próprio viver"*. Ela, porém, fez algo mais com relação ao entendimento de nosso operar como seres vivos humanos. Assim, em algum momento posterior, ela me disse: *"Quando estou escutando a pessoa que me pede ajuda, me dou conta de que ela me revela uma matriz relacional, ou melhor, me revela a matriz relacional cultural que ela vive e que surge com o seu viver"*. Esta observação levou Ximena Dávila a propor o que ela inicialmente chamou de "*matriz relacional da existência humana*", e que mais tarde decidimos em conjunto chamar de *Matriz Biológica da Existência Humana*,[58] noção cuja compreensão ampliou meu entendimento da Biologia do Conhecer e da dinâmica que a entrelaça com a Biologia do Amar. E tudo isso num conversar reflexivo que nos permitiu ver juntos a dinâmica que entrelaça de modo contínuo o operar dos processos biológicos e culturais que nosso viver e conviver humano realizam.

O ser vivo, como sistema *autopoiético* molecular, vive, existe, na solidão da contínua produção de si mesmo como ente singular num curso solitário que se modula desde seu viver relacional. O ser vivo como tal, humano ou não humano, está sempre bem; o *mal-estar*, a dor de viver não pertence à sua fisiologia, pertence ao seu viver no espaço relacional em que existe como organismo e só aparece na reflexão que surge no viver humano na linguagem. Só o ser vivo que vive em alguma medida na linguagem como nós, os seres humanos, pode distinguir se vive no *bem-estar* ou no *mal-estar* relacional, e é só este ser vivo que pode pedir ajuda se está no *mal-estar* e que pode sair dele através dela.

Nós seres vivos nos aprisionamos no *mal-estar* como resultados de nossos hábitos relacionais no viver e conviver. E esses hábitos têm diferentes formas, como costumes, adicções, preferências nos seres vivos em geral, ou como argumentos racionais e sistemas de crenças no âmbito humano. Em todos os casos, a saída é a mesma: a ampliação do olhar, a ampliação do ver que a Biologia do Amar traz, ampliação do olhar que, ao soltar preconceitos, expectativas, convicções, saberes, permite ver a matriz relacional que surge no viver que se vive e mudar a orientação do viver na linha dos fundamentos últimos de onde se reencontra o *bem-estar* nos fundamentos do próprio viver. Ximena Dávila vê e mostra o operar dessa dimensão relacional no que ela faz ao aceitar um pedido de ajuda e conversar com quem a solicita a partir da dinâmica relacional reflexiva que põe em jogo no seu viver o entrelaçamento da Biologia do Amar e da Biologia do Conhecer. Enfim, ao fazer isto, Ximena Dávila o faz desde o entendimento de que o *bem-estar* psíquico e somático do fluir do viver ocorre e se conserva no ver e no fazer que espontaneamente surge na ampliação do olhar e do ver que trazem consigo o respeito por si mesmo e pelos outros que surge da Biologia do Amar. Neste processo o que Ximena Dávila faz, no seu próprio dizer,

---

[58] Ibid.

não é terapia, e sim *um conversar reflexivo que se revela liberador da dor ou do sofrimento cultural que se sofre* ao abrir o caminho para o reencontro com o respeito por si mesmo a partir do ver que como seres humanos todos somos primariamente seres amorosos.

Estas observações e reflexões de Ximena Dávila nos levaram a gerar entre nós muitas conversações sobre o cultural e o viver biológico e, eventualmente, a expressar nossa compreensão da trama relacional biológica e cultural que constitui, realiza e conserva a existência humana com a noção de *Matriz Biológica da Existência Humana*,[59] para em seguida criar, como já disse, o Instituto de Formação Matríztica como um centro de estudo do humano e de formação no entendimento da *Matriz Biológica da Existência Humana* a partir da compreensão da dinâmica de entrelaçamento da Biologia do Conhecer e da Biologia do Amar.

---

[59] Ibid.

REFLEXÕES DESDE NOSSO CONVERSAR

Ximena Dávila mostra e sinaliza que *"a dor e o sofrimento pelos quais se pede ajuda sempre são de origem cultural e surgem das negações geradas pelo viver numa cultura centrada em relações de dominação e subjugação, competição e exigência, desconfiança e controle, como a cultura patriarcal-matriarcal que vivemos. Isto é, a dor e o sofrimento pelos quais se pede ajuda surgem sempre numa história de desamor no viver cotidiano".*

O poder dizer isto surge de um olhar reflexivo que vê a trama relacional ou matriz emocional da pessoa que pede ajuda. Ximena vê essa trama emocional desde um olhar sistêmico-recursivo que lhe permite ver simultaneamente a dinâmica presente da dor e o âmbito relacional cultural de conservação dessa dor no viver de quem a consulta e que ela chama de *olhar sistêmico-sistêmico*. Como isto se dá? Como acontece o ver a trama relacional de conservação da dor cultural? Como acontece o ver uma matriz relacional que não preexiste ao seu surgimento no viver do organismo observado?

A seguir, o conteúdo de nossas conversações.

Sobre o viver

O viver ocorre na conservação do viver de um ser vivo como um presente contínuo em contínua mudança estrutural congruente com um meio que surge com ele e muda com ele e que, ao surgir com ele, surge como um presente cambiante que o contém e torna possível enquanto vive, ou que deixa de torná-lo possível, e o ser vivo morre. O passado e o futuro não existem em si: o passado é uma proposição explicativa que o observador faz para explicar desde seu presente contínuo sua consciência de existir, ou de ser como ser humano um presente cambiante, e o futuro é uma noção que ele ou ela cria como extrapolação das coerências de seu viver no presente, a fim de imaginar um curso de transformação plausível para seu viver numa contínua mudança. O viver de um organismo se conserva tão somente na medida em que o meio que surge com seu mesmo viver no fluir de seu viver surge congruente com ele de maneira tal que torna possível seu viver. A história dos seres vivos em seu viver como organismos, tanto no curso de seu devir evolutivo na sucessão reprodutiva de gerações como em seu viver individual, somente é possível se ocorre como um viver num presente que gera continuamente um meio de existência que os acolhe e contém. Em nós, seres humanos, esta dinâmica do viver num mundo que surge ao vivê-lo, inclui nosso viver cultural como parte do âmbito relacional que emerge e se dá com nosso existir. Mais: o viver cultural é em nós, seres humanos, ao mesmo tempo a fonte e a conservação de nosso bem-estar, *da dor cultural que vivemos e da liberação dessa dor.*

Sem dúvida essas afirmações podem parecer estranhas ou mesmo loucas; no entanto, a compreensão do entrelaçamento da Biologia do Conhecer e da Biologia do Amar que constitui o entendimento da Matriz Biológica da Existência Humana[60] *nos diz que não é assim. Vivemos como se o mundo em que vivemos preexistisse a nosso vivê-lo, mas, ao tentar mostrar como o conhecemos e como atuamos de maneira eficaz sobre ele, deparamo-nos com o fato de que não distinguimos na própria experiência entre o que chamaremos mais tarde de ilusão ou percepção em relação a outra experiência ante a qual não duvidamos e descobrimos que de fato não podemos falar de um mundo que preexiste a nosso operar ao distingui-lo. Esta não é uma afirmação filosófica, é uma afirmação biológica que descreve a natureza de nosso operar como seres vivos humanos, e o fato de nos darmos conta de sua validade não significa que devemos duvidar da eficácia de nosso operar nos mundos que geramos com nosso viver. Não construímos ou criamos os mundos que vivemos, achamo-nos vivendo-os no momento em que nos perguntamos sobre o que fazemos e vivemos. O viver nos acontece, não o fazemos, e nos surge caótico. É mais: o que nos acontece surge em nosso viver de um vazio experiencial que enchemos explicando nosso viver e o que acontece em nosso viver com as coerências operacionais que distinguimos em nosso viver. E ao fazer isso expandimos nosso ver a trama relacional implícita nas coerências operacionais com que surge e distinguimos nosso viver. Em tais circunstâncias, devemos assumir que o que dá validade a nosso conviver nos diferentes mundos que vivemos não é uma pretendida conexão com um substrato transcendente a nosso operar, e sim que o que os diferentes mundos que vivemos surgem como distintos modos de conviver na recursão operacional de nosso* linguajear. *Dá no mesmo o que vivemos ou como o vivemos para nosso viver como seres vivos, embora não dê no mesmo para nosso viver humano. E é em nosso viver humano que a dor e o sofrimento têm presença.*

---

[60] Ibid.

Sobre o bem-estar

Nós seres vivos somos entes que existimos num viver que é o presente de um presente em contínua mudança; é mais: existimos e operamos num devir do viver em que tanto nosso ser como organismos assim como o meio que nos faz possíveis, nos sustenta e nos conserva em nosso existir surgem continuamente conosco como um âmbito operacional primariamente coerente com nosso viver e que muda com ele. Quando não acontece assim, ou deixa de acontecer assim, quando se perde o *acoplamento estrutural* e deixa de se conservar a coerência emergente entre o organismo e o meio que surge com ele, o observador não pode mais distinguir um ser vivo, o organismo morre.

Ao observar o viver de um ser vivo em sua circunstância, um observador opera como externo ao ser vivo observado, o vê num âmbito mais amplo do que aquele em que este se acha na realização de seu viver, e o vê num meio que surge com seu viver, que o contém e que emerge com uma dinâmica operacional independente dele. O observador vê que o ser vivo em seu viver traz ao seu operar um meio que de sua localidade só vê parcialmente, mas que desde seu acoplamento estrutural *implica uma como matriz relacional e operacional possível que pode surgir de uma maneira ou outra segundo sua dinâmica* senso-efetora. *O operar do observador e o operar do ser vivo que contempla se entrecruzam na trama relacional do operar do viver. Nessas circunstâncias, o que o observador vê ele o vê desde seu olhar externo mais amplo do que o olhar imediato do ser vivo que contempla, e pode dar-se conta de que este conserva seu viver somente se ao operar no meio que sua anatomia e fisiologia implicam como âmbito de* acoplamento estrutural *pode deslizar-se gerando a dinâmica senso-efetora em que conserva seu* bem-estar. *Mais ainda, o observador vê que o bem-estar do ser vivo que contempla ocorre quando ocorre como uma dinâmica interna* senso-efetora *que dá origem nele a uma dinâmica externa que conserva seu viver somente se surge como um operar adequado ao meio que surge com seu viver.*

Desde seu olhar externo, o observador vê que no fluir de seu viver um organismo, ao mover-se no presente de sua localidade relacional, o faz gerando sua dinâmica interna espontaneamente no que aparenta ser uma confiança implícita em que esta dinâmica dará origem a um fluir senso-efetor externo que se mostrará antecipatório para a conservação de seu bem-estar *num meio que surgirá congruente com ele no fluir de seu viver porque assim foi antes. Sem dúvida, o usual é que o fluir senso-efetor externo de um organismo surja antecipatório para a conservação de seu viver ante o contínuo fluir de mudança estrutural do meio, pois o organismo e o meio que surge com ele surgem no fundamental dinamicamente congruentes como o resultado de sua história de* acoplamento estrutural. *No entanto, acontece que uma vez que a dinâmica estrutural do meio e a dinâmica estrutural do organismo são independentes, apesar da história de* acoplamento estrutural *a que pertencem, tanto o organismo como o meio podem mudar de modo que sua congruência estrutural não se conserve. Se for assim, e o fluir* senso-efetor *do organismo não se mostrar antecipatório em alguma de suas diferentes dimensões operacionais e relacionais em que este realiza seu viver, surge o* mal-estar. *Quando isto ocorre, o observador vê que o âmbito de* bem-estar *do organismo se restringe, fica restringido por algumas dimensões de seu viver, e nessas dimensões este vive no* mal-estar *como âmbito relacional no qual não quer permanecer. Se isto acontece, o ser vivo, o organismo, muda sua dinâmica operacional na direção que "parece adequada" a partir do que seu presente relacional lhe indica. Quando sua conduta se revela antecipatória da recuperação e conservação do* bem-estar, *o ser vivo segue esta direção; se não é assim, muda de novo, a menos que, por algum hábito, preferência, argumento racional, no caso humano, o ser vivo se aprisione na conservação do* bem-estar *básico do viver numa dinâmica de* mal-estar *que o observador vê como sofrimento. Se o ser vivo aprisionado na conservação de um viver na dor ou no sofrimento toma consciência disso, pede ajuda. Em qualquer caso, quando o* bem-estar *básico da conservação do viver se perde, o ser vivo morre.*

O observador é um ser vivo humano, e tudo o que se disser sobre os seres vivos ou os seres humanos, ou os organismos em geral, aplica-se ao observador. Por isso, o observador ou o terapeuta se acham nas mesmas condições operacionais que os outros seres vivos que observam, sejam eles humanos ou não. De modo que, ao atuar, o observador o faz também num operar no presente relacional que surge com seu operar, e não frente a uma realidade da qual poderíamos dizer que é objetiva. Por isso, o que um observador vê como bem-estar *no operar do viver de um organismo não reflete ou mostra uma harmonia operacional do organismo com relação a um mundo externo independente dele, mas antes mostra sua harmonia interna ao se encontrar com o mundo que surge com ele como o sentir interno do fluir no* bem-estar. *Alguém pode visualizar o sentir interno do viver do ser vivo que observa tão somente na medida em que esse viver se dá num âmbito de* acoplamento estrutural *que se entrecruza com o seu, e do qual somente se pode dizer o que surge no operar de um ou do outro, ou de ambos. Se o observador entende em seu próprio sentir o fluir do entrelaçamento dinâmico da Biologia do Conhecer e da Biologia do Amar pode ver em maior ou menor escala, conforme o caso, a matriz emocional em que se desliza o viver do ser vivo que observa. E isto é assim porque seu viver e o viver de cada um dos seres vivos terrestres ocorrem entrecruzados com o viver no presente de outros seres vivos, na trama do conviver emocional que o observador vê como matriz relacional global, e que chama de* biosfera.

Dito de outra maneira, se não podemos pretender que ao fazer uma distinção trazemos à luz algo que já existia em si ou desde si antes de nosso ato de distingui-lo não tem sentido no operar de nosso viver dizer que algo é real em si, e que deve ser visto objetivamente, ou que fazemos interpretações da realidade ao fazer distinções. Desde a consciência de que isto é assim, o que dizemos sobre o distinguido ou em torno do distinguido não se refere a algo que existe com independência de nosso operar ao distingui-lo, mas se refere ao mesmo tempo a nosso operar e às coerências de nosso operar como seres humanos observadores que surgimos como tais no ato de distinguir reflexivamente em nosso operar como observadores, sem preexistir nossa própria distinção. De acordo com isso, qualquer que seja o espaço de nossas distinções, quer as vivamos como concretas ou como abstratas, ocorrem no mesmo espaço fundamental, isto é, no espaço das coerências de nosso operar em nosso viver, e no qual o que fazemos é geralmente adequado para a conservação de nosso bem--estar, embora às vezes não. Um organismo implica essa trama fundamental com o operar do seu viver. O que pede ajuda quer ver o que não vê, e como não sabe o que não vê, só pode receber ajuda de quem sabe o que é o que ele ou ela não vê, ao mesmo tempo que sabe que está nele ou nela, e não fora dele ou dela.

Sobre a matriz relacional do amar

Vivemos tudo o que vivemos como válido no momento de vivê-lo e, nesse viver, tratamos como válidas as coerências operacionais que surgem como constituindo o espaço relacional que emerge com nosso viver. Isto é, ao aceitar que na própria experiência não sabemos se trataremos mais tarde o que vivemos como uma ilusão ou como uma percepção, podemos tomar consciência de que na medida em que os mundos em que vivemos surgem como surgem com nosso operar, nós seres vivos surgimos neles como entes que implicam desde as coerências estruturais com que surgem tanto a trama operacional de seu operar como a trama relacional e operacional dos mundos em que existem e em que podem existir com o operar de seu viver.

Todo ser vivo como organismo individual existe desde o seu operar como uma singularidade estrutural histórica que vive e se conserva num presente cambiante contínuo, deslizando-se na realização e conservação de seu viver numa trama relacional que surge com seu viver. É mais: o ser vivo vive na medida em que a trama relacional que surge com seu viver faz possível seu viver como um âmbito operacional cambiante de bem-estar. *A realização e conservação do viver de um ser vivo como sistema autopoiético molecular autônomo em sua dinâmica de mudança implica em seu operar um meio molecular também autônomo em sua dinâmica de mudança, de modo que o ser vivo vive somente enquanto se acha no meio em que realiza a trama relacional que lhe resulta acolhedora e conservadora do seu viver. E, se isso acontece, acontece espontaneamente, pois o devir histórico dos seres vivos acontece num processo no qual os seres vivos e as circunstâncias de seu viver mudam juntos de maneira congruente, ou, então, morrem. De modo que, enquanto um ser vivo vive, esse ser vivo é o presente desse devir, e sua estrutura implica a trama relacional na qual seu viver se conserva no* bem-estar: *um ser vivo vive, conserva seu viver, somente se o meio cambiante que surge em seu viver é acolhedor para ele, quer dizer, se é um meio amoroso, um meio que torna possível que surja em sua legitimidade operacional, qualquer que seja seu modo de viver. A dinâmica dessa relação é a Biologia do Amar, e compreender a Biologia do Amar é entender essa relação nas singularidades do viver de cada classe de ser vivo e de cada ser vivo em particular. Por isso, o que olha da Biologia do Amar olha desde um olhar sem preconceitos nem expectativas e vê a trama relacional própria do viver do ser vivo que contempla; e a vê em suas dimensões de* bem-estar *e de* mal-estar *e pode escolher desde a ampliação do ver do amar o caminho que quer seguir na relação. Não é estranho, pois, que o caminho que leva ao entendimento profundo de qualquer âmbito do viver humano seja o Caminho do Amar na ampliação do olhar que o amar desde si implica.*

Em tudo isso, a recuperação do bem-estar, *com ou sem ajuda, é um processo que o ser humano vive desde si em seu espaço relacional como um aspecto da solidão da contínua produção de si mesmo que é seu viver quando recupera o viver no amar-se a si mesmo que o respeito por si mesmo é. A ajuda só modula o espaço em que transcorre o viver de quem a pede, que, num sentido estrito, sai sozinho do* mal-estar *relacional que vive quando recupera o respeito e a confiança em si mesmo aceitando o fundamento amoroso de sua íntima solidão. Por isso a ação de ajuda pode ajudar somente se contribui para ampliar a aceitação de si mesmo daquele que a pede, ao abrir o espaço relacional que lhe permite ver sua legitimidade biológica e humana. E isto somente ocorrerá se o que responde ao pedido de ajuda pode, desde o amar, olhar-se a si mesmo e guiar-deixar que se expanda na pessoa que pede ajuda o espaço relacional em que ela pode ver e, portanto, viver essa legitimidade desde si mesma.*

Como acontece o que acontece?

Nestas circunstâncias podemos perguntar-nos: o que caberia dizer desde o entendimento da Matriz Biológica da Existência Humana[61] *que estaria operando no processo de recuperação do* bem-estar *do viver e conviver quando este se perdeu? Vejamos.*

O ser vivo como sistema autopoiético *existe em seu viver como organismo numa dinâmica molecular sistêmica de contínua produção de si mesmo. A contínua produção de si mesmo do ser vivo ocorre na conservação da configuração de produções moleculares que constituem a arquitetura dinâmica que um organismo é como sistema* autopoiético. *Tudo o que ocorre no viver de um organismo ocorre como um aspecto da contínua produção de si mesmo. No viver de um organismo não há doença, nada funciona mal, porque no viver não há propósito nem intenção, e o que ocorre a um organismo no fluir de seu viver é tão somente um aspecto do fluir de seu viver. Assim, quando, desde o nosso viver humano como observadores frente ao que chamamos de um dano ou uma doença num organismo e falamos de cura, cicatrização ou regeneração nele como um processo biológico especial, enganamo-nos e ocultamos o fato de que o organismo só se encontra na contínua produção de si mesmo.*

A doença não existe no fluir do viver de um organismo, a doença existe somente no viver humano como uma distinção que um observador faz em seu olhar reflexivo em relação ao ver um viver que ele ou ela não deseja para si, e que não deseja para si porque vê um mal-estar *ou uma dor e um sofrimento que conhece desde o seu viver cultural como ser vivo que existe no* linguajear. *De fato, no âmbito humano não há doença, a menos que o viver que num momento dado se declara como doença seja distinguido por um observador como algo indesejável que não depende da vontade de alguém e que se deseja mudar. O olhar que distingue o viver indesejável juntamente com a possibilidade de sair desse viver é o olhar que vê a matriz relacional em que o* mal-estar *e o* bem-estar *ocorrem como momentos do viver, olhar que só é possível a partir da ampliação do ver que o amar traz consigo. Quando se solta a certeza de que o que se vive é o que se deve viver quando se abandonam as expectativas sobre o que deve acontecer, quando se deixam de lado as exigências sobre o dever ser do outro ou de si mesmo, quando se suspende a discriminação a partir da verdade, surge a Biologia do Amar e o* bem-estar *aparece como um acontecer natural do conviver que se convive. E, quando aparece a Biologia do Amar, abre-se o caminho para a recuperação do respeito por si mesmo*

---

[61] Ibid.

e a liberação da dor. Isto é o que segundo nosso pensar fazem as "Conversações Liberadoras": possibilitam a reflexão em que se recupera a Biologia do Amar no próprio viver desde o próprio viver.

Isso porque o viver no bem-estar *é um acontecer natural do viver e conviver humano que, se se perde, pode-se* re-viver *e recuperar num conversar a partir da Biologia do Conhecer que guia a reflexão, no ver que o caminho para essa recuperação do amar e do amar-se e esse re-viver é si mesmo. Se isso acontecesse, nós diríamos que o conversar foi liberador. Talvez outros diriam que houve um efeito terapêutico.*

O bem-estar *na conservação do viver de um ser vivo está na biologia, e o* bem-estar *do viver e conviver do ser humano como ser vivo está na biologia humana. Ao mesmo tempo o* bem-estar *do viver e conviver humano como viver e conviver humano propriamente vive-se diferente nos diferentes mundos culturais que como seres humanos geramos em nosso viver humano e, por isso, pode se perder e recuperar com ou sem perda do viver biológico de maneira distinta num âmbito cultural ou em outro. Conforme seja nosso conviver cultural, conforme o conversar que guie nosso conviver ou que guie nosso reflexionar, assim será o viver que vivamos. Se perdemos o* bem-estar *num conviver cultural particular, entramos na dor nesse conviver e nesse conviver podemos aprisionar-nos no sofrimento na conservação recursiva desse viver no* mal-estar. *Ocorre, contudo, que, embora os diferentes domínios de convivência sejam disjuntos, ao vivê-los se entrecruzam conosco em nossa corporalidade, e de fato a dor ou a alegria que vivamos num deles modula em grau menor ou maior todas as dimensões de todos os nossos domínios do viver e conviver.*

Conforme sejam as teorias filosóficas, as doutrinas científicas, os propósitos políticos ou as crenças religiosas que adotemos para justificar ou para guiar nosso fazer e nosso pensar, serão as redes de conversações que existirem em nosso viver e conviver. E, portanto, conforme sejam as redes de conversações que vivamos, viveremos nosso viver e conviver no bem-estar *ou nos aprisionaremos em relatos, crenças e argumentos que nos levam a conservar um conviver na dor e no sofrimento. Por isso, um observador verá que o que ele ou ela vê como liberação da dor sempre ocorre como uma mudança cultural, como uma mudança na rede de conversações que se vive e conserva com o próprio viver no presente cambiante contínuo que se vive, mudança que recupera os viveres inconsciente e consciente na Biologia do Amar perdidos como o fundamento do viver e conviver cotidianos que se vive. Por fim, o observador verá que o viver no* bem-estar *como um viver humano na harmonia inconsciente e consciente da Biologia do Amar em todas as dimensões da* Matriz Biológica da Existência Humana *é ao mesmo tempo o fundamento e o produto de um processo dinâmico de contínuo deslizar-se no conviver no respeito por si mesmo e no respeito pelo outro, porque esse é o viver e conviver que se quer como ser humano* Homo sapiens-amans amans.

Também o observador pode ver que em nosso viver patriarcal-matriarcal *existem variações do conviver como as centradas na arrogância e na agressão que em nosso presente competitivo conservam de maneira extrema a dor e o sofrimento na negação do amar. Estes modos de conviver já surgiram no passado como identidades culturais do tipo* Homo sapiens-amans arrogans *e* Homo sapiens-amans agressans *que persistiram na aprendizagem das crianças por gerações e depois se extinguiram. Contudo, no âmbito manipulativo presente de nossa cultura* patriarcal-matriarcal *estas formas de conviver podem conservar-se por muitas gerações a partir de uma transformação tecnológica de nosso espaço de existência e, eventualmente, dar origem a linhagens biológicas independentes que desloquem até sua extinção a linhagem fundamental* Homo sapiens-amans amans *que ainda existe. Há muitas obras de ciência-ficção que evocam esta possibilidade.*

Nós, seres humanos, somos mamíferos amorosos, primatas bípedes que pertencem a uma história evolutiva cultural centrada na Biologia do Amar, numa convivência no compartilhar e no colaborar, não na competição nem na agressão. E é neste conviver amoroso onde estão agora tanto nosso bem-estar *biológico fundamental como nosso* bem-estar *cultural, e de fato adoecemos e eventualmente morremos quando se perde de maneira permanente esse conviver. Pensamos que esse conviver constituiu o espaço relacional no qual surgiu o* linguajear *como um modo de conviver que ao começar a ser conservado de uma geração a outra na aprendizagem dos "meninos", mais de três milhões de anos atrás, deu origem à nossa linhagem e a nosso presente. Pensamos que as emoções guiam o devir evolutivo animal em geral e pensamos que, na história que nos deu origem, foi a conservação de uma geração a outra do entrelaçamento do linguajear (*sapiens*) no colaborar e no compartilhar (*amans*) no prazer da convivência através das crianças o que constituiu o início e a definição operacional de nossa linhagem. É pelo que foi dito antes que também pensamos que nossa linhagem começou diretamente* Homo sapiens-amans amans *e que o desamor é para nós tão destruidor mesmo quando pareceria que a competição e a luta são centrais no nosso viver atual. No entanto não são. Nossa origem não está na competição nem na mútua agressão. Se assim fosse, se nosso fundamento biológico não fosse amoroso, se o bebê humano não nascesse na confiança implícita de trazer consigo ao nascer um âmbito amoroso, a preocupação pelo* bem-estar *do outro não seria possível. As teorias desde as quais dizemos que a* *competição e a luta são centrais em nossa identidade humana e que a autoridade, a dominação, a obediência, o sucesso, a conquista de um bem superior, o controle, a hierarquia são aspectos centrais de nossa convivência social negam a colaboração, o respeito por si mesmo e pelo outro, a ética e a responsabilidade e nos aprisionam na dor e no sofrimento como formas de viver e conviver. É na medida em que somos biologicamente seres que nascemos amorosos cujo* bem-estar *se dá no ser vistos, no ser respeitados, no ver-se e respeitar-se a si mesmo desde a Biologia do Amar, que só a Biologia do Amar nos devolve e conserva a saúde em nossa unidade psíquica e corporal, pois esta é a fonte última de nosso* bem-estar *e é de fato o fundamento relacional que direta ou indiretamente nos libera da dor e do sofrimento cultural.*

Por último

Tudo o que é dito revela meu pensar presente com relação ao tema da terapia de acordo com o modo como surgiu e se transformou desde que Ximena Dávila Yañez me mostrou como opera com a dinâmica relacional que entrelaça no viver a Biologia do Conhecer e a Biologia do Amar a partir do entendimento global dessa dinâmica que evocamos ao falar da Matriz Biológica da Existência Humana.[62] No presente cultural que vivemos não entendemos a matriz relacional de nossa existência, aprisionados em teorias que pretendem ser realistas, ou objetivas, na busca de justificativas racionais sobre nosso viver com a esperança de ter certezas que de alguma forma nos tirem da culpa que no fundo não podemos deixar de sentir em relação ao sofrimento que geramos no mundo natural e no mundo humano. Esta atitude de busca de alguma argumentação racional para gerar um *bem-estar* que nos tranquilize quanto ao nosso fazer nos levou primeiro a negar nosso viver emocional e, em seguida, a querer encontrar inicialmente na tecnologia material e depois na tecnologia biológica e relacional um caminho redentor que oculte a cobiça, ambição e arrogância que guiam nosso fazer em nosso presente cultural. Mas nossos conflitos do viver e conviver não são racionais, são de nosso viver e conviver emocional, pertencem ao âmbito de nossos desejos e de nossa consciência ou da negação de nossos desejos. Atuamos como se fosse a razão que guiasse ou pudesse guiar nosso fazer, e não é assim. Todo argumento racional, todo pensar racional se funda em premissas, pontos de partida, ou noções aceitas *a priori* desde a emoção, desde as preferências, desde os desejos. Nosso viver e o viver dos seres vivos em geral seguem um curso continuamente definido desde o *emocionear*. Ao longo de nossa história, nós, os seres humanos, temos dito muito que somos seres racionais, mas não é assim; como todos os seres vivos somos seres emocionais cujo viver está sempre guiado pelo *emocionear*, desde as

---

[62] Ibid.

bactérias até nós, os seres humanos. O que nos é peculiar é que, como seres que existimos no *linguajear*, podemos operar na reflexão num ato que solta nossa certeza sobre nosso presente e nos abre a possibilidade de escolher o espaço relacional em que queremos realizar nosso fazer a partir de uma mudança emocional que nos expõe às implicações de nossos desejos. Enfim, podemos usar nosso raciocinar para justificar ou negar diante de outros ou de nós mesmos as emoções que nos guiam; nunca, porém, é a razão o que guia nosso viver e conviver, mas é sempre o nosso *emocionear*. Nossa reflexão pode levar-nos de modo mais ou menos intenso a mudar de espaço relacional, de modo a surgir um novo curso racional em nosso viver, mas este novo curso racional surgirá, insisto, guiado pelo emocionar deste novo âmbito relacional. Sem dúvida, a razão é fundamental no fluir de nosso viver e conviver, já que entrelaçada com nosso *emocionear* constitui a dinâmica de nosso *fazer* que estrutura os espaços operacionais em que surgimos no curso de nosso *linguajear* e *emocionear* em nosso conversar.

Em tais circunstâncias, o ver a natureza cultural da dor pela qual se pede ajuda abriu em mim um olhar que antes não tinha e que ampliou o meu entendimento da dinâmica operacional e relacional que no viver entrelaça a Biologia do Amar e a Biologia do Conhecer num viver *biológico-cultural*. E é esta ampliação do olhar o que me permitiu ver com mais profundidade que a natureza de nosso presente cultural conservador extremo da dor que este mesmo viver cultural gera está na negação sistemática que este mesmo viver gera, tanto da Biologia do Amar como da reflexão que permitiria recuperá-la. Por fim, a observação de Ximena Dávila segundo a qual a dor pela qual se pede ajuda é sempre de origem cultural nos mostra também que a saída dessa armadilha cultural somente é possível se o que a vive chega a ver que ele próprio ou ela própria é a fonte e realização da Biologia do Amar, cuja negação cultural o aprisiona na dor e no sofrimento.

A POÉTICA DO VIVER

Nossa vida como seres humanos ocorre em muitas dimensões que se entrecruzam em sua realização em nossa corporalidade como o substrato operacional em que se dá tudo o que fazemos. Assim, no fluir de nosso viver podemos simultânea ou alternativamente ser poetas, artesãos, médicos, bruxos, santos ou bandidos, num jogo de múltiplas personalidades ou maneiras de ser e de fazer que se afetam mutuamente, embora às vezes queiramos vivê-las de maneiras independentes. E neste jogo de múltiplas personalidades surgem muitos mundos distintos que se entrelaçam numa trama recursiva de símbolos e evocações, num *emocionear* que pode dar encanto, luminosidade, melancolia ou obscuridade de tragédia a um viver cujo fundamento último é mover-se numa sensorialidade limitada a comer e dormir. Nosso viver na recursividade do viver e conviver no conversar ocorre como uma abertura a um infinito cambiante de existências, mas, quaisquer que sejam estas, realizar-se-ão sempre na dinâmica de nossa corporalidade como o único fundamento operacional de tudo o que vivemos num viver biológico que torna possível tudo o que fazemos, somos ou podemos ser. Às vezes nos parece que nosso ser o que somos como seres biológicos nos limita, e anelamos por um viver espiritual distante da materialidade do viver cotidiano, seduzidos pelos mundos abstratos da filosofia, da poesia ou das religiões, que parecem mais permanentes e puros por seu caráter essencial. Contudo, esses mundos que nos parecem abstratos e transcendentes de fato não o são, já que só existem na realização biológica de nosso viver relacional como diferentes redes de conversações que constituem diferentes modos de realizar o viver relacional fundamental da conservação do viver. E é nessa íntima interseção do abstrato relacional e da concretude operacional do biológico em que se dão a dor e o sofrimento que nos atormenta em nosso viver humano. É nessa interseção que vivemos o abandono, a negação, a rejeição, a traição, o engano e a mentira como situações que violam nossa dignidade humana. E é também nessa interseção que nós mesmos somos o fundamento e a possibilidade de viver a reflexão no amar como o processo de ampliação do olhar que leva à recuperação do respeito por si mesmo, a liberdade, a autonomia, a confiança na própria legitimidade.

Durante os últimos sete ou oito mil anos, a maioria dos seres humanos têm vivido, em grau maior ou menor, imersos na dor e no sofrimento que a cultura *patriarcal-matriarcal* gera com o viver em relações de dominação e subjugação, desconfiança e controle que as caracterizam. É mais: ao longo dessa mesma história surgiram diferentes tentativas de encontrar um caminho de liberação da dor e do sofrimento que se vive a partir de diferentes orientações reflexivas e explicativas. Vejamos.

Orientação psicológica oriental
As quatro verdades nobres do Budismo:
1. Há sofrimento.
2. A origem do sofrimento é o apego.
3. O sofrimento pode cessar.
4. O caminho para que cesse o sofrimento é a meditação que leva ao não apego.

Esta orientação é estritamente psicológica, de um transfundo conceitual que aceita que o propósito fundamental do viver humano é a liberação da dor e do sofrimento que traz consigo o apego ao transitório e ao efêmero. O pensar budista surge no seio da cultura *patriarcal-matriarcal* da Índia de 2.500 anos atrás, num transfundo relacional de natureza hierárquica, no qual o que se busca é uma vantagem que de algum modo torna alguém superior, vantagem que se deveria poder obter mediante um método eficaz. Dado o caráter *patriarcal-matriarcal* da cultura da época, embora exista a compaixão, o caráter hierárquico das relações nega o amar. Assim, quando Buda se ilumina, percebe que o entendimento que obteve não se pode ensinar e que somente se pode evocar. Seus seguidores pedem que ensine por compaixão em relação àqueles que estão avançados no caminho e que só precisam de um pouco de ajuda, sem compreender o que Buda diz, porque o escutam desde o transfundo cultural em que vivem, e se aprisionam ou alienam na busca de um procedimento ou método eficaz que assegure a iluminação. Tudo isso faz com que a busca do não apego através da meditação seja longa e difícil, já que este somente ocorre ao viver no amar e, para que a meditação abra o caminho ao não apego, quem medita tem que sair da cultura *patriarcal-matriarcal* e encontrar o Caminho do Amar, que era aquilo que Buda dizia que não se podia ensinar.

Orientação mística ocidental
Jesus diz:
1. Eu sou amor.
2. Eu sou o fim e o caminho.

Os ensinamentos de Jesus, que são de uma orientação estritamente mística, indicam que a graça divina está no amar e que o amar é ao mesmo tempo o caminho para a presença da graça divina e a própria graça divina. Jesus convida ao amar, mas isso não se entende. Querem rei, autoridade. Ele quer dissolver a cultura *patriarcal-matriarcal* em que estão imersos, mas não consegue, porque o escutam a partir dela. O amar não existe na cultura *patriarcal-matriarcal*, e quando Jesus fala de amar os que o escutam entendem compaixão ou solidariedade. A compaixão e a solidariedade que existem, sim, na cultura *patriarcal-matriarcal* não evocam amar, porque implicam como fundamento de seu operar a discriminação hierárquica. Um observador diz que há amar quando vê que alguém se conduz de modo que ele próprio, o outro a outra ou tudo o mais surge como legítimo outro na convivência com ele ou ela. O amar ocorre sem expectativas, não espera retribuição e é unidirecional.

Orientação psicológica ocidental
Terapia psicológica:
A orientação da tentativa terapêutica psicológica é para a obtenção da recuperação da saúde psíquica com procedimentos que pretendem ser solidários com um olhar biológico científico racional sob a forma de procedimentos psicológicos e químicos que, embora sejam declarados sistêmicos, são, como mostra Ximena Dávila, métodos de terapia de aplicação linear.

A orientação da tentativa terapêutica psicológica sem dúvida surge do transfundo amoroso fundamental humano, mas surge **num propósito de ajudar** que busca operar com um método ou procedimento que em geral se revela alienante, porque quer ser eficaz como tal, e essa é sua fraqueza.

Orientação da Biologia do Amar

Evoquemos com quatro aforismos o que nos mostra Ximena Dávila:
1. A dor e o sofrimento relacional pelo qual se pede ajuda são sempre de origem cultural.
2. A dor e o sofrimento relacional pelo qual se pede ajuda surgem da negação cultural recursiva do respeito e do amor por si mesmo que se vive numa cultura centrada em relações de dominação e sujeição e, ao mesmo tempo, de desconfiança e controle.
3. Na medida em que a dor e o sofrimento relacional pelo qual se pede ajuda surgem da negação cultural recursiva do respeito e do amor por si mesmo, podem desaparecer se se recuperam o respeito e o amor por si mesmo.
4. O caminho para a recuperação do respeito e do amor por si mesmo é o da recuperação da consciência emocional de que se é biologicamente um ser amoroso que existe na dinâmica entrelaçada da Biologia do Conhecer e da Biologia do Amar.

A prática evocada por estes quatro aforismos ante um pedido de ajuda por uma dor relacional surge do entendimento da natureza biológica do ser humano fora da cultura patriarcal-matriarcal. Por isso, o conversar reflexivo no entendimento da Biologia do Conhecer e da Biologia do Amar com que Ximena Dávila responde a um pedido de ajuda não tem intenção terapêutica, e sua orientação, como ela sempre diz, é criar um conversar relacional acolhedor que permita à pessoa que pede ajuda encontrar-se com seu fundamento humano amoroso no seu presente relacional. Este conversar, que se comprova liberador da dor e do sofrimento, quando através dele se recuperam o respeito e o amor por si mesmo desde o bem-estar relacional de que se é um ser biologicamente amoroso e se vê o presente do próprio viver desde o entendimento poético da dinâmica entrelaçada da Biologia do Conhecer e da Biologia do Amar, é o que ela chama de Conversações Liberadoras. O transfundo reflexivo das Conversações Liberadoras é sem dúvida de caráter ocidental, pois surgem do entendimento biológico, antropológico e poético de que nós seres humanos somos em nossa biologia seres primariamente amorosos que adoecem no corpo e na alma se se acham num conviver que lhes nega ou restringe o viver no amar, mas sua intenção não é terapêutica, e sim reflexiva.

É possível que se diga que sabemos tudo isso desde há muito tempo. Sim, o sabemos na dinâmica emocional de nosso viver, mas o esquecemos ou negamos ao viver na sujeição do desamor fundamental da cultura *patriarcal-matriarcal* que vivemos e nos aprisionamos na busca de uma eficácia operacional que inevitavelmente nos cega perante nós mesmos, o outro, a outra ou tudo o mais na tentação inconsciente da certeza do saber. Por isso, para não nos alienarmos ou liberarmos desta alienação, temos que entender a trama relacional em que se dá nossa existência humana como seres emocionais, racionalmente conscientes de nosso fazer nos mundos que geramos em nosso viver e conviver. E para fazer isto é necessário que entendamos a *matriz biológica relacional* em que se dá nossa existência como seres conscientes capazes de compreender seu próprio existir, entendimento que Ximena e eu conotamos ao falar da *Matriz Biológica da Existência Humana*.[63]

Ao falar da *Matriz Biológica da Existência Humana*[64] evocamos também o caráter poético de nosso ser seres humanos, seres que, na medida em que somos contínuos criadores dos mundos que vivemos, vivemos num cosmos que surge também na poética de nosso viver e conviver. Nós seres humanos somos seres poéticos: existimos num espaço molecular, mas vivemos num mundo relacional; somos sistemas determinados em nossa estrutura, mas existimos num espaço poético relacional no qual o que nos guia em última instância é o amar ou a negação do amar. O que admiro na prática e no entendimento de Ximena Dávila é como responde aos que lhe pedem ajuda com uma conversação que se comprova liberadora da dor e do sofrimento cultural na poética do amar.

Ao assumir a dor e o sofrimento pelo qual se pede ajuda desde a negação cultural, Ximena Dávila faz algo que eu intuía e não havia podido fazer: mostra a dinâmica relacional da Biologia do Conhecer e da Biologia do Amar no conviver, amplia meu entendimento desta dinâmica, revela que o efeito liberador da dor e do sofrimento cultural ocorre desde o silêncio reflexivo íntimo do operar relacional da Biologia do Conhecer e da Biologia do Amar e mostra também que este operar se pode guiar de maneira emocional consciente se não se usa como um método para obter um resultado.

---

[63] Ibid.
[64] Ibid.

A MODO DE EPÍLOGO

A grande dificuldade
A cultura *patriarcal-matriarcal* que vivemos tem-se mantido desde seus inícios, uns doze mil anos atrás, orientada para a busca de procedimentos efetivos para conseguir torcer o curso dos acontecimentos do mundo que se vive no pressuposto implícito crescente de que este é externo ao ser humano e, portanto, manipulável. Assim, desde esta atitude cultural, quando uma pessoa aplica um procedimento ou um método, faz isso na confiança de que este tem a capacidade de produzir ou assegurar o resultado que se deseja obter. Por isso mesmo, a busca de uma metodologia de ação terapêutica efetiva traz consigo a crença implícita inconsciente de que é possível especificar através dela o que ocorrerá no pensar e no sentir da pessoa que pede ajuda. Contudo, a eficácia de qualquer método ou procedimento requer que o espaço operacional onde se aplica preencha certas características fixas ou constantes, e isto nunca se pode assegurar no âmbito do viver e conviver humano. E é assim porque as pessoas sempre podem mudar de parecer ou sentir sobre o que está ocorrendo com elas ou o que estão fazendo ou pensando, e qualquer tentativa de tornar eficaz a aplicação de um método ou técnica relacional para obter uma mudança condutual sem assumir isto gera cegueiras que limitam a reflexão. É por isso que Ximena Dávila e eu pensamos que o fundamental ante um pedido de ajuda relacional é escutar e atuar desde o entendimento da dinâmica que entrelaça a Biologia do Conhecer e a Biologia do Amar de modo que seja este entendimento o que guia a conversação reflexiva sem ter a atenção posta num resultado terapêutico. Pensamos que é somente desde a liberdade de reflexão que esta atitude traz que é possível contribuir para que se abra o espaço relacional que permitirá à pessoa que solicita ajuda tomar consciência de que ela própria é a origem de seu *bem-estar* ou de seu *mal-estar* e, assim, redescobrir a si mesma achando que ela em seu presente, e desde seu presente como ser biologicamente amoroso, é a fonte e realização de sua saída da armadilha

cultural de sofrimento psíquico e fisiológico em que se encontra. E é por isso mesmo que no Instituto Matríztico procuramos dar autonomia reflexiva a nossos alunos com a formação no entendimento da Matriz Biológica da Existência Humana,[65] através da Biologia do Conhecer e da Biologia do Amar, ensinando o que chamamos de o *pensar ontológico constitutivo* desde a consciência do entendimento biológico de que o mundo que vivemos surge com nosso fazer em nosso viver e conviver cotidiano.

---

[65] Ibid.

Enlace v

"Toda dor e sofrimento pelos quais se pede ajuda são sempre de origem cultural." Não é fácil entender plenamente neste presente cultural o que tal afirmação implica para o entendimento do viver e conviver humano em geral e para a compreensão dos mundos que geramos nós, seres humanos, desde a intimidade de nosso entorno até o cosmos que vivemos. É esta a compreensão da intimidade dinâmica de nosso âmbito de existência na geração dos mundos que vivemos a que se refere neste fundamental ensaio ao se falar da *Matriz Biológico-Cultural da Existência Humana*.

O dar-se conta de que *"a dor e o sofrimento pelos quais se pede ajuda relacional são sempre de origem cultural"* cria um novo e profundo giro *sistêmico-sistêmico* da compreensão da Biologia do Conhecer e do Amar incluindo de maneira explícita o mais fundamental do viver humano que é seu viver cultural e sua presença individual nesse viver, coisa que só se pode ver e entender desde o olhar da biologia cultural.

Quando surge a linhagem humana na conservação do viver no conversar como o modo de viver e de conviver que o define, surge também o âmbito *biológico-relacional* do viver humano como o âmbito de um viver e conviver em redes de conversações que constituem a matriz relacional ou *matriz biológico-cultural da existência humana* na qual fazemos e desde a qual fazemos tudo o que fazemos e podemos fazer nós, seres humanos, e cuja dinâmica operacional chamamos de *biologia-cultural*.

O viver humano como um conviver cultural em redes de conversações inicia um devir evolutivo e ontogênico que, ao ser guiado pela contínua geração recursiva de diferentes redes de conversações, dá origem aos distintos modos de viver e conviver que constituem os diferentes mundos *biológico-culturais* que vivemos como diferentes realidades ou matrizes *biológico-culturais* do viver.

A *biologia-cultural* é então o âmbito em que as redes de conversações que constituem o viver cultural modularam e modulam o curso do fluir do viver biológico do viver humano, e o fluir biológico da realização do viver do ser humano modulou e modula o curso do viver cultural do humano, no entrelaçamento recursivo que surge com a linhagem humana na conservação do conversar de uma geração a outra ao surgir este na família ancestral. Portanto, a *biologia-cultural* é o peculiar da linhagem humana, e é nela que todo o humano ocorre.

Tudo o que nós seres humanos vivemos, vivemos em e desde a *biologia--cultural*, seja a ciência, a arte, a religião, a tecnologia, a filosofia ou somente o viver cotidiano nos afazeres da conservação do viver. É desde o operar da *biologia-cultural* que é possível o viver humano no *linguajear* como um viver gerador de mundos abertos à compreensão humana porque, ao serem gerados a partir dela, surgem como expansões do operar da *matriz biológico--cultural da existência humana*. E, como este ensaio revela, não se trata de uma matriz *biológico-cultural* que exista como um em si, independente do operar do observador, mas de uma matriz que só pode ser distinguida desde o viver mesmo de quem o faz, num olhar *sistêmico-sistêmico* que ao mesmo tempo que surge em seu operar nos mostra sua dinâmica gerativa. E, posto que vivemos num presente cultural *patriarcal-matriarcal*, tal dinâmica gerativa só pode ocorrer no ver desde a própria dor, num fazer reflexivo que a Biologia do Amar faz possível como dinâmica relacional fundamental de onde todo viver surge como legítimo, convidando-nos a ampliar nossa consciência sobre o que queremos conservar em nosso viver e sobre as consequências que esse viver tem para nós, para os outros e para o mundo natural que habitamos.

V
Matriz biológico-cultural da existência humana e conversar liberador

Matriz biológico-cultural da existência humana e conversar liberador

Ximena Dávila Yáñez

Reflexão sobre minha história

Antes de mais nada, desejo agradecer a todas aquelas pessoas que têm sido parte de minha experiência de vida. Agradecer tanto àquelas pessoas com que tenho compartilhado belos e felizes momentos cheios de ternura, sensualidade e cuidado, como agradecer ao mesmo tempo a todas as pessoas que têm feito parte de minha história e deste presente, e às quais posso ter provocado alguma dor, pelo que sinceramente me desculpo.

  Tem sido e é uma experiência de vida cujo curso impulsionado pela reflexão a partir da dor e do sofrimento cultural me tem permitido tomar consciência de que em toda minha vida tenho me movimentado fundamentalmente na Biologia do Amar e no respeito por mim mesma, modo de viver no qual me transformei desde minha infância ao lado dos adultos com os quais cresci. Especialmente o amor incondicional, cheio de ternura, de meus pais, que até hoje dizem: "você é filha do amor". Este impulso amoroso que me tem levado em minha vida a buscar respostas cada vez que surgiu em meu viver a dor existencial permitiu, por um lado, que surgisse um modo de me relacionar a partir do qual se conjugaram tanto a alegria da liberdade como a dor da solidão e, por outro lado, ampliou a consciência *sistêmica-sistêmica* de meu presente, para não ficar presa no círculo interminável do sofrimento cultural *patriarcal-matriarcal*.

  É, pois, desde minha própria experiência que digo o que digo, evocando a partir daí a dinâmica *sistêmica-sistêmica* que abre a possibilidade de abstrair, numa dança interminável de curiosidade, alegria e dor, a matriz *biológica-cultural* da existência humana através da reflexão que só a Biologia do Amar faz possível.

E desde onde digo o que digo a seguir? *Desde o entendimento da Biologia-Cultural.* E o que é a Biologia-Cultural? Como surge? Acaso é um pensar filosófico, por acaso vem da política, é uma nova ideologia ou uma nova religião ou uma nova evangelização? Nenhuma dessas coisas.

O entendimento da Biologia-Cultural e de seus frutos tem suas raízes no entendimento da Biologia do Conhecimento e da Biologia do Amor proposta por Humberto Maturana desde o seu ser e fazer como biólogo a partir de 1960 para a compreensão dos fundamentos do humano.

Em fins do ano 1999, conversando com Humberto Maturana Romesín, *el Doc*, como carinhosamente o chamamos, ele me disse: *"Sabe, Ximena? Quero deixar de falar do amor; em numerosas ocasiões eu tenho dito que o caminho para recuperar a saúde fisiológica e a saúde psíquica é a biologia do amor, e, frente à pergunta "como se faz?", minha resposta sempre foi igual: "amando". E, frente à pergunta "como, que devo fazer?", respondia novamente "amando", sem poder descrever um como. Naturalmente a crítica é que a biologia do amor não proporciona uma visão adequada da ação oportuna frente a um pedido de ajuda, crítica que eu escutava, mas não aceitava como válida, pensando que o amar era óbvio".* E neste fluir de conversações, que, assim como ao olhar um rio desejando ser suas bordas não as vemos em seu ser uma totalidade em contínua mudança, tomamos consciência de que a dinâmica reflexiva que o conversar e o perguntar *trazem à mão*,[66] movendo-se também como uma unidade infinita e fascinante, não tem bordas que a limitem, embora surja autocontida em si.

Contei ao *Doc* o que fazia *a partir do meu entendimento da natureza relacional da biologia do conhecimento e da biologia do amor como aspectos cotidianos do conviver* em minhas conversações com as pessoas que me solicitavam *ajuda* **diante da dor e do sofrimento relacional que surgia em seu conviver**, tanto no âmbito pessoal como no organizacional. "Ximena, me disse, você tem feito o que ninguém tinha feito até hoje, e que é pôr em movimento a dinâmica da Biologia do Conhecimento e da Biologia do Amor". O que apresento neste ensaio é o que descobri, e que descobri em função de olhar meu próprio viver e conviver, a partir de ver minha própria

---

[66] Trazem ao existir.

dor e meu próprio sofrimento, desde minha própria experiência de desamar; e ao falar de *experiência* me refiro ao que a própria pessoa distingue que lhe acontece no espaço de seu viver, que é o único espaço a partir de onde você, eu, os outros, as outras podemos falar.

E, pouco a pouco, como parte de um processo vertiginoso que surge momento a momento em meu viver de maneira consciente e inconsciente, a Biologia do Conhecer e a Biologia do Amar se encarnaram em mim, transformando minha configuração de *sentires*, minha corporalidade, e adquirindo, em minha experiência, volume, como um âmbito reflexivo em que surgiam, como uma cascata interminável, reflexões e perguntas e mais reflexões e perguntas, ao infinito, e, como consequência, um redemoinhar de meu viver e de meu habitar. Um modo de habitar cotidiano, ordinário, no entanto consciente da classe de seres que somos, falíveis, finitos, ternos e agressivos, geradores de mundos horríveis ou de mundos fascinantes, e eu também era essa, geradora de mundos, de meu mundo do qual eu era o centro e era responsável por viver e conviver no *bem-estar* ou no *mal-estar*. O vivido não é trivial, já não posso culpar o outro, a outra, os outros, cada um gera o mundo que vive. Tudo isto que estou entendendo será uma religião, ou uma nova filosofia? E desde onde não é? Não, não é à medida em que reflexiono sobre o viver a partir de seus próprios fundamentos biológicos!

Tomei consciência, e ainda sinto isso em minha *sensorialidade* quando o recordo como um lampejo comovedor, de que, *"se toda dor e sofrimento pelos quais se pede ajuda são de origem cultural"*, estamos, então, diante dos fundamentos culturais do humano... biologia e cultura... juntas numa dança cambiante e embriagadora. O vivo, o humano, a vida, a morte, o existir, a existência, o espiritual, a alma, a transcendência, o que nos constitui, as crenças, as explicações, a cultura, o ético, o bem e o mal que não têm presença no mundo natural, mas têm, sim, no humano, em nosso mundo, em seu mundo, senhor leitor ou senhora leitora, no mundo de cada um de nós. Biologia e Cultura unidas pela primeira vez não em um delírio alienante de uma nova Verdade, mas antes a partir de seus próprios fundamentos *biológico-culturais*.

A dor e o sofrimento

Toda dor e todo sofrimento pelos quais se pede ajuda são de origem cultural na cultura patriarcal-matriarcal *que vive a maior parte da humanidade atualmente.*

Disso tomei consciência no curso de minhas conversações com pessoas que Daniel,[67] um médico amigo, me mandava, dizendo: "Você conversa de um modo que faz bem". Seu comentário me surpreendeu e intrigou, de modo que comecei a observar o que acontecia em meu encontro com as pessoas que ele me enviava e vinham conversar comigo. Eu as recebia no *living* de minha casa, procurando um lugar aconchegante, sem artifícios, acolhedor, um lugar em que nos sentíssemos bem. E o fiz sem intenção de fazer terapia, somente na aceitação da pessoa que vinha me ver como outro ser humano tão inteligente e sensível como eu, dando-nos mutuamente confiança, num encontro no mútuo respeito.

Tinha estudado *Orientação em Relações Humanas e Família* com referência em *Relações Laborais* e, no processo de minha formação, tive contato com as ideias de Humberto Maturana Romesín, despertando inicialmente minha curiosidade, uma em especial: o *Multiverso*. Então, não existe um só universo? O que está querendo dizer? Que não existe um só Universo para nós, que há tantos universos quantas pessoas?

Eu vivia imersa nesta cultura pensando e sentindo que "existe uma só realidade comum para todos, imutável, indiscutível". Surgiram então muitas perguntas abertas em minha reflexão. Aproximei-me mais de suas ideias através de minha tese, surgindo ainda mais perguntas. Aprofundei então minhas conversações com o Dr. Humberto Maturana Romesín em diferentes espaços formativos ou reflexivos. Entre eles, a maravilhosa oportunidade de conhecer e compartilhar alguns momentos com a mãe de Humberto Maturana, Olga Romesín, Goguita. Uma mulher que viveu sua vida como um testemunho constante de autonomia reflexiva e de ação, convidando-me

---

[67] Dr. Daniel Fernández Dodds.

a me dar conta de que, ao ter vivido dois anos numa comunidade Aymará, teve a possibilidade de aprender uma cosmovisão centrada no colaborar e compartilhar com um olhar *sistêmico-recursivo* (ou *sistêmico-sistêmico*, como eu muitas vezes prefiro dizer, querendo insistir na dinâmica do fluir do viver) que podia ser apreciada em sua defesa dos direitos da mulher e dos mais pobres, desde o respeito por si mesma. Inclusive recordo como, em seus últimos dias, ao acompanhá-la numa ocasião dando-lhe o braço para que pudesse caminhar segura, me disse: "*Não. Não me segure. Seu caminhar não é o meu caminhar e pode fazer que eu caia. Deixe antes que eu segure o seu braço e que meu caminhar guie seu caminhar*".

Não é de estranhar, então, que em meu escutar faça um profundo sentido o convite de Humberto Maturana Romesín a entender que nós seres humanos somos primariamente seres amorosos desde a história evolutiva que nos deu origem. O fato de que, como todo ser vivo, o bebê humano nascesse na confiança, de uma maneira implícita em nossa anatomia e fisiologia, de se encontrar num âmbito acolhedor para a realização de seu viver e *bem-estar* era uma ideia estremecedora.

O que acontece, então, que ao longo da vida humana há tanta dor e sofrimento?

Ao escutar as pessoas que vinham me ver, eu o fazia criando um âmbito acolhedor, um *útero extra uterino* onde pudéssemos estar no *bem--estar* como a coisa mais natural da vida pelo único fato de estar aí juntos. Então, nessas circunstâncias, conversávamos. Eu a ou o escutava ao tempo que escutava meu escutar consciente também de que existimos num presente cambiante contínuo e de que o mais importante em meu viver e no viver da pessoa com a qual conversava se realizava ali, nesse presente em que se estava realizando nesse momento o viver de ambos, e consciente também de que, quando a pessoa me falava de sua história, o que fazia era me mostrar uma dimensão fundamental de seu presente, e não evocar algo de um passado ausente.

Mais ainda, tomei consciência de que o que a pessoa fazia era me mostrar a *matriz-relacional* em que se movia e desde onde realizava, gerava e conservava sua dor e seu sofrimento de maneira consciente ou inconsciente como uma dimensão de seu presente entrelaçado com todas as dimensões de seu viver; quase como um poema que se repete sob diferentes formas para não ser esquecido, misturando seu sentido com as diferentes circunstâncias do presente cambiante contínuo que se vive.

E me dei conta também de que isto nós o fazemos sem intenção, sem percebermos, na inconsciência do presente do viver e conviver desde o qual conservamos nossas dores e sofrimentos, levando-os conosco no viver a matriz *biológica-cultural* que gera, realiza e conserva nosso nicho *biológico--cultural*.

No começo de minhas conversações com o Dr. Humberto Maturana Romesín sobre o que acontecia em minha prática como Orientadora Familiar e Organizacional, chamei minha prática de Conversações de Orientação Matrística. Contudo, ao perceber que as próprias pessoas como resultado de nosso conversar me diziam "cada vez que converso com a senhora fico em ordem e me sinto mais liberado", mudei e as chamei de *Conversações Liberadoras*.

É por isso mesmo que a pessoa que faz uma consulta, ao evocar a matriz relacional *biológico-cultural* em que vive e em cujo suceder se gera, realiza e conserva sua dor e seu sofrimento no presente, evoca também que o caminho de saída dessa dor e desse sofrimento é de origem cultural. Caminho de saída que surge como um ato *reflexivo-relacional-operacional* em que ao soltar, no presente que se vive e convive, a aceitação inconsciente de legitimidade da *autodepreciação*, da desvalorização, ou da negação, como dimensões *relacionais--operacionais* do *desamar* em que viveu na cultura *patriarcal-matriarcal*, abre-se ou amplia o recuperar o amar e o respeito por si mesmo. Um ato reflexivo como este só é possível quando a pessoa que o realiza está aberta a escutar, a escutar-se e a se dar conta de sua dor existencial, mostrando, sem se dar conta, a matriz *biológico-cultural* que gera, realiza e conserva o nicho psíquico que habita, aceitando o convite reflexivo de quem a escuta, vê e sente na geração por si mesma do caminhar liberador que deseja.

Qual é o fundamento?
Todas as pessoas somos seres humanos. Todos os seres humanos somos seres vivos. Todo ser vivo no presente planetário que vivemos é o presente de um devir evolutivo em que os seres vivos e as circunstâncias em que se realiza seu viver se transformaram juntos de uma maneira congruente, num devir de mudanças estruturais em torno da conservação de seu viver e da conservação de sua relação de acoplamento com o meio que os faz possíveis.

Estas relações de acoplamento estrutural entre o ser vivo e o meio em seu nicho envolvem todas as dimensões de interações possíveis em cada ser vivo em seu operar como organismo e, simultaneamente, todas as distintas formas das interações que estes podem adotar segundo seus distintos modos de operar de acordo com as diferentes arquiteturas dinâmicas que os constituam como as distintas classes de seres vivos que são em seus distintos modos de operar como totalidades no fluir de seu viver em contínua mudança.

Disso se segue que a forma da arquitetura dinâmica de cada organismo implica em cada instante de sua contínua mudança um entorno estrutural dinâmico que faz possível seu viver de modo que ele conserva seu viver como totalidade só na medida em que suas interações ocorrem num meio que é dinamicamente congruente com ele em todas as dimensões da realização de seu viver.

Esta trama relacional e operacional implicada pela arquitetura dinâmica de um ser vivo como seu campo de existência, e que existe como o domínio de possibilidades relacionais e operacionais de seu viver como organismo, e que um observador pode ver *se sabe olhar* esse viver, e não preexiste ao seu ver, eu chamo de a *matriz biológica da existência do organismo*.

A *matriz biológica da existência de um organismo* não é fixa, muda com o fluir de sua arquitetura dinâmica nas contingências de sua *epigênese* ou história individual, em seus encontros com um meio que não preexiste ao seu vivê-lo e em que se move guiado por sua *sensorialidade* e seu *emocionear*, no *entrejogo* de seu sentir e do fazer em seu viver. A *matriz biológica da existência de um organismo* guia seu viver nas dimensões operacionais e relacionais que como o fluir de suas *sensorialidades* vão fazendo o presente que vive conforme tenha sido e esteja sendo o devir do presente cambiante que sempre lhe está dando origem num contínuo agora.

Nós, os seres humanos, como seres que existimos no contínuo **conversar como** entrelaçamento do *linguajear* e do *emocionear*, vivemos numa *multidimensionalidade* de *sensorialidades*, de emoções e de *fazeres*, gerando mundos culturais, ao mesmo tempo reflexivos, práticos ou teóricos, sistemas filosóficos, científicos, artísticos ou religiosos, que constituem nossos nichos como os âmbitos invisíveis de possibilidades de viver que são gerados, realizados ou conservados no suceder da *matriz biológico-cultural da existência humana* em todas as dimensões de sua diversidade. Dimensões todas estas que, entre outras coisas, permitem-nos distinguir o que distinguimos com relação aos outros seres vivos e a nós mesmos desde nosso viver e conviver no presente cultural que geramos, realizamos e conservamos em nosso viver e conviver.

A grande dificuldade, então, para entender o que foi dito está em que a *matriz biológico-cultural de nossa existência* fica oculta com nosso viver, já que só podemos vê-la quando num ato reflexivo, movidos pela curiosidade, surpreendidos pelo que nos acontece, ou movidos por uma ferida que nos dói no viver que vivemos, dispomo-nos a soltar nossas certezas quando a vida nos oferece o presente da possibilidade, de um conversar liberador.

O olhar reflexivo, seja por curiosidade, seja pela dor, é um ato poético de amor por si mesmo na confiança da própria legitimidade, que surge como uma inspiração de ampliação da consciência estética ou de pertença a um âmbito mais amplo da existência biológica ou espiritual.

A *matriz biológico-cultural da existência humana* é a trama relacional do viver biológico em que surge, se realiza e conserva o humano e aparecem todos os mundos que vivemos como as distintas dimensões de nosso viver cultural. Como dinâmica operacional relacional de nosso viver e dos mundos que vivemos, sua compreensão requer o entendimento de nossos fundamentos biológicos no entrelaçamento das dinâmicas da Biologia do Conhecer e da Biologia do Amar e se projeta numa nova dimensionalidade *sistêmica-sistêmica* que se evoca no que temos chamado *biologia-cultural*.

Como seres humanos, podemos ver que em nosso viver não distinguimos na experiência entre ilusão e percepção e que o sistema nervoso opera como sistema fechado para o qual tudo ocorre no mesmo domínio sem dentro nem fora. Somente nós, os seres humanos, somos os que em nosso operar como observadores podemos ver um organismo em seu espaço relacional e simultaneamente ver-nos a nós mesmos e todo ser vivo como uma totalidade que tem um dentro e um fora. Ou seja, é no espaço relacional em que operamos como observadores que distinguimos tanto a existência de qualquer ser vivo em seu espaço relacional como nossa própria existência humana num operar reflexivo no *linguajear* que consiste em nos darmos conta de nosso próprio operar e da dinâmica de suas coerências *relacionais-operacionais sistêmicas-sistêmicas*. É nesse tomar consciência de nosso entender e compreender nosso operar *sistêmico-sistêmico* que podemos ver, *se sabemos olhar*, a matriz relacional biológica do conviver humano e sua expansão na dimensão cultural como a *matriz biológico-cultural da existência humana* que gera, realiza e conserva o âmbito *operacional-relacional* de todo o possível no viver e conviver humano.

Por fim, este *saber olha*r surge somente quando surgem a visão e a compreensão da *biologia-cultural* ao surgir a consciência *operacional-relacional* que amplia o humano na distinção do dentro e fora que eventualmente, num ato reflexivo que entrelaça a curiosidade e a dor de nossa existência presente, deixa-nos ver a natureza cultural da epigênese humana.

Assim, é desde este *saber olhar* que sabemos que os seres vivos e o cosmos em geral existimos como um presente em contínua mudança, como uma frente de onda histórica que ocorre em seu contínuo desaparecer, como uma arquitetura multidimensional em que tudo nela acontece como uma rede de processos cambiantes. E é também desde este *saber olhar* que sabemos que nós seres humanos não somos nossa corporalidade, mas antes existimos em seu fluir relacional no entrelaçamento de nosso dentro e nosso fora num conviver em que os outros são desse fora num existir em redes de conversações que fluem seguindo algum caminho da *matriz biológico--cultural da existência humana*.

É desde este *saber olhar* que vemos que tudo o que acontece em nosso viver ocorre como um fenômeno histórico em que cada instante surge numa transformação do anterior, de modo que o que vemos como a memória desse acontecer histórico é o contínuo viver na trama do presente cambiante, na trama de um sentir que um observador diz que já se viveu antes como um operar no presente da *matriz biológico-cultural da existência humana* que agora não é. A memória e as recordações não são conexões imaginadas com um passado, e sim modos de viver o contínuo presente cambiante que se vive.

Saber olhar: os três olhares do fundamento epistemológico unitário

Vivemos uma cultura de opostos, a guerra e a paz, o bem e o mal, o obscuro e o luminoso, como se fossem duas caras da mesma moeda, mas não vemos a moeda. Talvez essas reflexões não sejam novas, contudo nos põem diante de uma encruzilhada emocional que já tem história. Mudaram os tempos, os momentos culturais e de pensamento; não obstante, o dualismo continua exercendo seu poder desde as sombras, obscurecendo-nos a visão da unidade, constituindo-se a base do pensar ocidental analítico, mesmo neste presente. Faz parte de nosso viver cotidiano: qual será o caminho correto?, será bom ou mau?, gerando insegurança para nós e confiando a outros e outras nossas decisões.

A que nos leva o entendimento da *biologia-cultural* neste sentido? Vejamos: a afirmação *saber olhar* faz referência a como observamos o que observamos, a como distinguimos o que distinguimos sem perder a visão das relações entre os componentes e a totalidade que compõem, em sua dinâmica gerativa, isto é, sem perder o sentido de unidade. Se o biológico faz referência à realização do viver e à conservação do viver como condições fundantes de todo o possível no existir humano, e se o cultural faz referência ao curso que segue o viver segundo a forma particular do viver humano em redes de conversações, então o biológico-cultural faz referência ao entrelaçamento dinâmico, operacional-relacional do biológico e do cultural na realização e conservação da unidade do viver humano. Portanto, o cultural é biológico enquanto ocorre na realização do viver e conviver dos seres humanos, e o biológico humano é cultural enquanto ocorre na realização do fluir do conviver cultural que guia o suceder da realização de seu viver biológico, e o humano enquanto humano é o viver gerador de tudo.

Em tais circunstâncias, o que fazemos é *conversar reflexivo liberador*, a partir da compreensão da *biologia-cultural* em sua condição de fundamento do viver humano, a partir do que surge o *substrato epistemológico* que funda em cada um de nós a unicidade de nossa existência, como geradores dos mundos que vivemos que às vezes nos aprisionam no sofrimento e às vezes nos aprisionam na exaltação do bem-estar. Fazemos isto ao *saber olhar* desde o que chamo de *fundamento epistemológico unitário* que nos proporciona nossa compreensão da natureza amorosa do humano, juntamente com o entender a liberação das alienações que nos aprisionam que essa compreensão gera.

Este entendimento guia a reflexão-ação e os *sentires* no *conversar liberador*. O operar a partir de nossa configuração de *sentires* que constituem o *substrato epistemológico unitário* impede a fragmentação do fazer sem interferir com a diversidade de sua realização nas diferentes ocasiões e circunstâncias em que este conversar se dá. Os três olhares – o que olha os componentes, o que olha suas relações e o que olha a totalidade destes – integram e constituem o *saber olhar*.

Onde estamos? Onde você está? Estamos inteiros onde estamos?
Cultura
O humano existe e se vive em redes fechadas de conservações que determinam, instante a instante, tudo o que se pode pensar, fazer ou sentir no viver nelas. E, em especial, determinam inclusive o como ampliar ou sair do âmbito cultural que se vive na reflexão. Uma cultura se realiza, conserva

e existe no ser vivida e convivida e ocorre como o fluir de uma trama de *fazeres*, relações e *sentires* possíveis que vão surgindo ante um observador como escolhas feitas desde o fluir emocional próprio da cultura frente às encruzilhadas que o curso do viver oferece, mas que no fluir do viver são aspectos do presente cambiante contínuo que se vive.

A cultura não predetermina o viver que se viverá, mas quem cresce nela a *in-corpora*, e sua corporalidade se transforma de modo que, a menos que ante uma disjuntiva ele ou ela reflexione sobre o que faz, escolhe sem escolher viver o que o viver a cultura que vive implica. É um saber que sabemos que o que um observador vê é que como membro de uma cultura segue as tramas relacionais que aquela define, numa dinâmica que conserva o *emocionear* que aprende a viver nas diferentes circunstâncias relacionais de sua história *epigênica* individual nela.

Assim, um observador pode distinguir distintas classes de culturas, segundo o *emocionear* básico que ele ou ela vê que define o conviver nelas, e pode distinguir algumas culturas centradas em relações de colaboração, participação e proximidade, simultaneamente com outras centradas em relações de luta, competição e separação. Pode também distinguir nelas distintos modos de viver e conviver, alguns que geram dor e sofrimento conservando a negação do amar entre seus membros, e outros que geram *bem-estar* na conservação do amar.

Nós, no presente, vivemos imersos, de maneira consciente e inconsciente, numa cultura centrada em relações de dominação e sujeição e, ao mesmo tempo, de desconfiança e controle, de expectativas, exigências e frustrações, ambição e discriminação; cultura que gera dor por não ser visto, por não ter presença, num processo que, por exemplo, pode dar origem à autodepreciação como uma dinâmica que transforma a dor em sofrimento na conservação da desconfiança em si mesmo e na tentativa de superá-la desde o controle.

A cultura que, como transfundo fundamental do conviver, vivemos praticamente em toda a terra no momento histórico presente é a cultura *patriarcal-matriarcal*. Esta cultura é um modo de conviver, e não está associada a um sexo ou a outro, por isso com Humberto Maturana a chamamos de cultura *patriarcal-matriarcal*.

Por outro lado, uma espécie é um modo de viver que se conserva como linhagem de geração em geração de maneira *sistêmica-sistêmica*. Como tal, constitui um espaço de condutas e relações fechado em si mesmo.

No viver humano, as distintas linhagens *Homo sapiens-amans* surgem como distintas redes fechadas de conversações que adquirem identidade ao se conservar de uma geração a outra na aprendizagem dos meninos, das meninas e dos jovens e que já existem, ao menos como formas particulares de viver humano, no seio da cultura *patriarcal-matriarcal* que vivemos. Se esses modos de viver se conservam no devir histórico humano como redes fechadas de conversações no viver de nossos meninos, nossas meninas e nossos jovens, podem vir a formar distintas linhagens *biológico-culturais* que eventualmente se verão como diferentes espécies.

Embora a cultura *patriarcal-matriarcal* como modo de conviver enfatize e cultive o caminho evolutivo que leva a linhagens *biológico-culturais* como *Homo sapiens-amans agressans* e *Homo sapiens-amans arrogans*, eu concordo com Humberto Maturana Romesín em que o conviver que nos deu origem na evolução de nossa linhagem não pode haver estado centrado na agressão ou na arrogância, mas, antes, no amar. E penso, como ele, que a forma humana primária, que surge com o surgimento do viver em conversações, tem que ter sido *Homo sapiens-amans amans*. E penso também, como já tenho dito, que o fundamento do efeito liberador das conversações liberadoras está na Biologia do Amar e que isto não seria possível se não fôssemos *Homo sapiens-amans amans*, em nosso fundamento biológico.

Há amar na cultura patriarcal-matriarcal?

Não há amar. Na cultura *patriarcal-matriarcal* não há amar. Fala-se de *amor* com adjetivos. A palavra *amor* surge como um referente no discurso, mas não há amar e, por isso, aparecem os adjetivos que qualificam o que alguém diz quando fala de amor, para que o que é dito como amor, que não há, tenha presença através de outras noções, de outros conceitos, de outras emoções. Assim se fala de amor solidário, compassivo, generoso, caritativo, bondoso, verdadeiro, dedicado, doado, sincero.

Como aparece o amar, se é que aparece o amar, no viver da cultura patriarcal-matriarcal?

O amar aparece como uma irrupção nos momentos de liberação quando há uma contradição que ameaça a conservação do viver biológico, ou quando por alguma circunstância uma pessoa solta suas certezas, amplia o olhar e ela mesma, o outro, a outra ou tudo o mais aparece visível em sua legitimidade onde antes não era.

Fala-se de amar na cultura *patriarcal-matriarcal* como uma reminiscência histórica, porque, embora seja negado nela ao longo da vida, pôde estar presente na infância na relação de jogo com a mãe com seu bebê antes que esta relação fosse negada na dinâmica de autoridade e obediência que se cultiva no viver imerso nesta cultura.

Homo sapiens-amans amans: o modo de conviver que nos dá origem

É desde a ampliação do olhar do amar que o *Homo sapiens-amans amans* pode ver os outros distintos *Homo sapiens-amans*. É o olhar amoroso, o olhar que surge no âmbito das condutas relacionais através das quais uma pessoa, o outro, a outra, tudo o mais, surge como legítimo outro em convivência com essa pessoa, o olhar que permite ver a própria circunstância e ampliar a reflexão e o entendimento. A partir do olhar da biologia do amar, o ver a própria circunstância permite escolher livremente se se quer permanecer nela ou se se quer mudar.

A rede fechada de conservações de colaboração, *coinspiração*, respeito por si mesmo e pelo outro na mútua confiança que permite a abertura reflexiva constitui o modo de conviver que constitui e conserva o *Homo sapiens-amans amans*.

Conversar e conversações

Sabemos que sabemos que nós seres humanos como seres vivos existimos em duas classes de âmbitos relacionais, nos âmbitos em que somos animais e nos âmbitos em que somos seres humanos. Nosso viver humano ocorre no fluir relacional de nosso conviver no *linguajear* entrelaçado com nossas emoções em redes de conversações, como âmbitos de coordenações de coordenações de *fazeres* e emoções nos quais podemos ser conscientes do que fazemos e conversar sobre nosso viver e conviver como aqui temos estado fazendo. O que distinguimos como nosso viver animal ou biológico, ao contrário, ocorre fora do *linguajear* num fluir do viver que ocorre alheio à possibilidade de reflexão como parte ou aspecto de seu acontecer.

Sem dúvida, nosso viver e conviver humano só é possível através de nosso viver animal, e tudo o que fazemos como humanos de fato implica o viver *biológico-animal* que o torna possível, mas ocorre no espaço relacional particular do que é o viver e conviver no conversar que é o viver humano. E é a partir daí que é distinguido como tal.

É por isso que falamos de um viver *biológico-cultural* para referir-nos a nosso viver *sistêmico-sistêmico* como animais e seres humanos num duplo olhar que não separa nossa identidade, mas, ao contrário, gera uma compreensão da mesma que só é possível desde o evitar o reduzir qualquer delas uma à outra.

Ver a matriz biológico-cultural da existência humana

A matriz biológica da existência do viver dos seres vivos e a matriz *biológico-cultural* dos seres humanos, desde a qual ambas são distinguidas, não são um em si. Ocorrem no ver de um observador no presente tanto o suceder da *operacionalidade* do fluir de seu viver e conviver na matriz *biológico-cultural* de sua própria existência como o surgir dos diferentes mundos que os seres vivos geram em seu viver e conviver.

Cada um de nós, como seres humanos, é observador em nosso existir em redes de conversações, gerando o conversar reflexivo *sistêmico-sistêmico* no qual distinguimos a matriz *biológico-cultural* da existência humana que implica seu operar num presente cambiante contínuo. A matriz *biológico--cultural da* existência humana como a matriz biológica da existência de qualquer ser vivo não é fixa, e seu dinamismo inclui a *multidimensionalidade* dinâmica das redes de conversações simultaneamente com os mundos que com elas geramos.

O observador que se vê, *se sabe olhar* a *matriz biológico-cultural da existência humana,* não olha as circunstâncias particulares, embora as veja. Olha a trama de relações em que as circunstâncias particulares fazem sentido no fluir dos processos aos quais elas pertencem como instantes históricos e a abstrai como rede de relações possíveis para a construção de um passado e de um futuro.

Neste *saber olhar,* sabemos que sabemos que a matriz da existência de um ser vivo não é um mero suceder lógico. É um suceder, de correlações históricas de processos que, em seu ocorrer, são disjuntos e que se conectam no ocorrer do devir da arquitetura do viver que se vai construindo no fluir do viver mesmo como algo novo, que visto como o presente de uma história dá sentido ao passado como fonte poética e não lógica do presente.

A *matriz biológico-cultural da existência humana* acrescenta ao anterior a *multidimensionalidade* relacional das redes de conversações que constituem o viver humano como uma arquitetura dinâmica no espaço molecular onde ser realiza como um ocorrer *biológico-cultural* nas coordenações de *fazeres* e emoções do *linguajear* e do *emocionear.*

O *saber olhar* a *matriz biológico-cultural da existência humana* não se deduz nem se pode deduzir do relato de uma vida; surge num ato poético reflexivo como uma abstração que o observador faz das coerências históricas de processos disjuntos que constituem a deriva *epigênica* do viver humano.

O devir histórico surge numa dinâmica de encontros de processos independentes que se entrelaçam numa arquitetura de *sucederes* que permanecem disjuntos dando origem a sistemas de processos correlacionados e coerentes sem relações de interdependência lógica entre eles como variações em torno da conservação de um modo ou estilo de sentir na *epigênese* do viver. Nessas circunstâncias, a *matriz biológico-cultural da existência humana* é uma abstração no presente das correlações histórias que surgem no fluir *sistêmico-sistêmico* da *epigênese* humana.

Será só então que o observador que vê essa trama pode tomar consciência de que o presente que um ser humano vive implica essa trama no fluir emocional que guia todo o seu fazer e todo o seu sentir em cada instante do agora que vive. E também pode tomar consciência de que o *emocionear* do passado é o *emocionear* do agora que se conservou como configuração de *sentires* relacionais íntimos do *emocionear* no viver, não importa o quanto sejam distinguidos os acontecimentos do agora em relação aos relatos do passado. As dores do passado ao serem conservadas depois de acontecer pela primeira vez como configuração de *sentires* relacionais íntimos no contínuo presente cambiante do viver são dores do agora, são dores do contínuo presente que se vive, não lembranças do que se viveu. Se uma pessoa toma consciência disso, descobrirá que é no conversar liberador em torno da dor e do sofrimento que se vivem no presente onde se encontrará o caminho para a liberação da dor e do sofrimento que vive no presente, e não no reviver o passado.

Conversar doloroso

Desde o *saber olhar*, sabemos que sabemos que o passado e o futuro não existem em si mesmos, são modos de viver o presente. O passado é nossa maneira de explicar o presente que vivemos e, ao fazer isso, propomos uma dinâmica histórica que poderia ter-lhe dado origem usando as coerências operacionais do presente que vivemos. Desde a compreensão de como ocorre o viver sabemos que nós seres vivos existimos num contínuo fluir de mudanças estruturais tal que cada instante estrutural desse contínuo fluir de mudanças estruturais surge como modificação de um instante anterior num presente cambiante contínuo. Nesse fluir de mudanças estruturais do viver de um ser vivo, cada instante surge diferente do anterior como uma modificação em torno das configurações do viver relacional que este conserva e que aparecem em seu presente contínuo como uma maneira, um estilo ou um hábito relacional que dá ao seu viver seu caráter individual.

É assim como o presente do viver de todo ser humano sempre se vive de uma maneira ou estilo *emocional-relacional* individual que se configurou no viver *emocional-relacional* vivido e que se conservou como um aspecto do contínuo presente cambiante do viver que se vive como uma configuração de *sentires* relacionais íntimos. É precisamente por isso que em seu viver particular todo ser humano se acha conservando de maneira espontânea e inconsciente em seu presente cambiante contínuo o modo *emocional--relacional* que aprende a viver desde sua infância ao viver a cultura que lhe é dado viver. E se esse viver tiver sido gerador de sofrimento e dor, acha-se conservando o viver *emocional-relacional* no qual ele ou ela mesma conserva inconscientemente essa dor e esse sofrimento ao conservar na espontaneidade de seu viver a rede de conversações que seu viver sofredor e doloroso gera e realiza, guiada por sua própria configuração de *sentires* relacionais íntimos e da qual não pode sair sem pedir ajuda.

Desde o *saber olhar* sabemos que sabemos que, quando uma pessoa pede *ajuda* ante uma dor que a atormenta em seu viver relacional, mostra onde se acha no presente de seu existir na *matriz biológico-cultural* de seu viver e, com isso, revela a quem *sabe olhar* um escutar-se tanto na origem de sua dor como no caminho de saída dele.

Percebi, então, que, no espaço do conversar liberador ou de qualquer conversar que escuta o outro ou a outra, a pessoa não *ajuda* o outro ou a outra. Pedimos *ajuda* desde a consciência de que nossa dor e sofrimento constituem um viver psíquico, físico, corporal que não queremos viver. Se não temos consciência de que vivemos numa dor e sofrimento que não queremos viver, não pedimos ajuda. Assim, o pedir *ajuda* é não tanto um convite a *ajudar*, mas antes um convite a encontrar-se no amar. É por isso que em meu trabalho me dei conta de que a dor pela qual as pessoas que vinham a mim me pediam *ajuda* era gerada pela rede de conversações que a cultura *patriarcal-matriarcal* em que vivemos define e constitui.

Todas as dores humanas são dores da alma, e as dores da alma são dores que surgem do desamar que se vive ao não ser visto, ao não ser escutado, ao ser negado diretamente num espaço relacional no qual a pessoa espera ser vista, ser escutada e/ou ter presença desde a legitimidade da própria existência. Quando isso acontece, pode-se cair numa dinâmica de *autodepreciação* consciente ou inconsciente de que a pessoa somente sai a partir da restituição do amar negado no fluir dos *sentires* de seu viver.

Como já disse, sabemos que sabemos que nós seres vivos surgimos ao viver confiando implicitamente desde nossa anatomia e fisiologia em que encontraremos um âmbito relacional acolhedor que tornará possível nosso viver. Isto significa que nós seres humanos em particular nascemos como bebês amorosos, não indefesos ou desvalidos, e que essa é a condição que constitui o início de nossa vida, qualquer que seja o devir *epigênico* que depois nos caiba viver. É desde esta confiança primária que nós seres humanos começamos nossa epigênese, entrando alguns num devir cultural de *bem--estar* que a confirma, ou entrando outros num devir cultural que a atraiçoa e nos mergulha em fossos de negação e depreciação que conservamos, sem tomarmos consciência de que fazemos isso, em nosso viver *biológico-cultural*, como se essa fosse nossa forma natural de viver e conviver.

Quando isso acontece, vivemos um viver doloroso e/ou sofredor que acreditamos próprio da existência humana e que conservamos, sem nos darmos conta, com nosso próprio viver, e do qual não podemos sair pois pensamos que tem a ver com a particularidade dos acontecimentos da vida que temos vivido, e não é assim.

Como surgem a dor e o sofrimento numa cultura?

A dor e o sofrimento surgem como uma dor cultural quando vivemos imersos numa cultura que nos aprisiona em nosso conviver cotidiano numa rede fechada de conversações que nos nega continuamente por estar centrada no medo e na insegurança, na desconfiança e no controle e na dominação e na subjugação cotidiana.

Isto é, a dor e o sofrimento surgem em nosso viver cotidiano quando vivemos alguma forma de cultura *patriarcal-matriarcal* que nos nega, e que nós contribuímos *recursivamente* para conservar com nosso conviver nela. A maioria de nós seres humanos vivemos no presente numa ou noutra classe de cultura *patriarcal-matriarcal* e vivemos num transfundo de dor porque não sabemos viver de outra maneira já que surgimos vivendo assim desde a infância e não temos os elementos reflexivos e de ação para sair dela. "*A vida me dói por todos os lados*" é uma queixa que ouvimos frequentemente em nossa cultura.

A dor mantida gera sofrimento, e o sofrimento vivido se expressa desde nosso ser biológico em que adoecemos física e psiquicamente. Na cultura *patriarcal-matriarcal* vivemos gerando dor a outros e a nós mesmos, e nela é como se a vida tivesse sido dolorosa desde sempre, e como se fosse parte de nossa identidade humana o viver na dor ou gerando dor. Sem dúvida, a história mostra que a vida tem sido e é dolorosa num viver *patriarcal-matriarcal* centrado em exigências e expectativas que nos negam num contínuo desamar. Mas tem que ser assim, ou é possível liberar-se da armadilha que gera a dor?

As dores e o sofrimento pelos quais se pede *ajuda* sempre surgem numa negação cultural que se gera e conserva no conversar da cultura de maneira inconsciente, como se fossem próprios dos tempos que se vivem. Por isso mesmo, a saída das dores e dos sofrimentos culturais também ocorre num suceder conversacional que dissolva a rede de conversações que lhes dá origem. Tal conversar é o conversar liberador.

O que são as condutas relacionais? Na medida em que as condutas relacionais ocorrem no fluir relacional, é possível caracterizar as distintas emoções que distinguimos em nosso conviver segundo as condutas relacionais que as constituem. Assim, por exemplo:

O amar

O amar é a classe das condutas relacionais através da qual um alguém, a outra, o outro ou o tudo o mais surge como legítimo outro na convivência com esse alguém. O amar amplia o olhar, expande o ver e solta o apego à certeza porque implica aceitar a legitimidade da circunstância que se vive. É só depois de ver o que se vive que se pode querer ou não querer esse viver. E é só depois de ver, sentir, escutar, cheirar meu querer que posso me perguntar: quero o querer que quero?, quero meu querer?; e é desde as respostas a estas interrogações que surge, sem notarmos, a experiência de liberdade como uma experiência ao distinguir, a partir de mim, meu escolher o *querer que quero*.

O amar como um acontecer biológico surge de maneira espontânea, sem esforço, é unidirecional, não pede nada em troca. No amar uma pessoa, o outro, a outra têm presença, vive-se o ser visto, e a queixa frente ao desamar é por não ter presença, por não ser visto, e pode ter as formas mais sutis: "*Você já não me quer, não me pergunta como me sinto, se estou contente ou triste. Parece que já não sou importante para você*"; "*Mamãe, papai, não gosto do colégio, as professoras não gostam das crianças. Filha, se os professores gostam das crianças, por que você diz isso? Eu e minha amiga, nunca nos deixam colaborar nas aulas, sempre se tem que estar sentados, calmos, quietos, e nós queremos ajudar a professora, como faço com você, mamãe, que deixa que eu ponha a mesa e ajude com a salada*".

No amar nos achamos no *bem-estar* psíquico e corporal, o que nos produz alegria e harmonia no viver e conviver.

A agressão

A agressão é a classe das condutas relacionais através da qual um alguém, a outra, o outro ou tudo o mais surge negado como legítimo outro na convivência com esse alguém. Na agressão se restringe o olhar ao se considerar somente o que se nega. Na agressão não se tem presença, não se é visto. "*Filho, curta a festa mesmo que eu fique só*". A queixa do agredido é por não ter presença, e pede para ser visto. A negação pode adotar muitas formas, como não ser escutado, como desconfiança e controle, como culpabilização. A mãe: "*Filho, por fim você chegou. Já era hora!*". O filho: "*Mas, mamãe, por que você não se deitou, se combinamos que eu chegaria a esta hora?*" A mãe: "*É que eu tinha que ter certeza de que você chegava bem*". Outro exemplo: "*Meninos, não sejam bobos, não façam perguntas bobas*". "*Isso está péssimo, você sempre faz mal, eu tenho que fazer todas as coisas!*".

Na agressão estamos no *mal-estar* psíquico e corporal que nos torna doentes do corpo e da alma, gerando um viver e conviver na luta, na confrontação e no mau humor.

A inveja

A inveja é a classe das condutas relacionais através da qual uma pessoa se comporta de modo que outro vê que ela despreza o que tem com ressentimento por não possuir o que outro tem. Na inveja a pessoa não cstá no centro de si mesma ou si mesmo ao desprezar o que tem. E o que é "o que tem"? Os talentos, a história, o devir do viver. A pessoa se acha num espaço emocional de ressentimento que provoca insegurança e raivas. Fala-se nesta cultura da "inveja saudável"; no entanto, como domínio de conduta relacional, a inveja é uma só: não gosto de mim, não estou conformado com o que sou e como faço o que faço. "*Você é maravilhosa, olhe como dão certo as coisas para você; para mim, ao contrário, nada dá certo*". A emoção é a de *autodepreciação* e de falta de respeito por si próprio. "*Como eu sou nunca poderei alcançar o que você é e, no fundo, eu gostaria de ser como você.*" Cabe fazer notar uma diferença entre o admirar o outro ou outra e a inveja. *Ad-mirar* implica voltar o olhar a outro ou a outra porque me agrada e me surpreende seu fazer, seu viver, sua beleza seu modo de gerar o mundo que vive. Não obstante, a inveja não é *ad-mirar* outro ou outra, é desprezar o que se tem numa falta de respeito por si mesmo desde a *autodepreciação* e a insegurança, e isso dói e se está numa constante luta consigo mesmo.

Na inveja nos achamos no *mal-estar* psíquico e corporal que nos torna doentes do corpo e da alma. Não nos achamos no centro de nós mesmos.

A vaidade

A vaidade é a classe das condutas relacionais através da qual uma pessoa se comporta de modo que outra vê que ela exibe o que tem com desprezo pelo outro. "*Espelho, espelho meu, existe alguém no reino mais bela do que eu?*", como num conto de fadas. Estou na constante comparação com outro ou outra desde a emoção da arrogância. Esta comparação mostra como emoção fundamental a dependência que tenho com os outros e as outras de mostrar o quanto sou fantástico. A emoção *fundante* da vaidade é a insegurança buscando independência dos outros e das outras na cegueira da onipotência que ao longo do tempo se transforma em dependência dos outros e das outras no contínuo exibir o que se tem.

Na vaidade nos achamos no *mal-estar* psíquico e corporal que nos torna doentes do corpo e da alma ao não encontrarmos nossa autonomia reflexiva e de ação.

A superficialidade

A superficialidade é a classe das condutas relacionais através da qual uma pessoa se comporta de modo que outro vê que ela aprecia as aparências de algo na cegueira sobre o que o constitui. E tem a ver com nosso modo de viver na cultura *patriarcal-matriarcal*, ter um cheiro característico, vestir de certa maneira, comportar-se de certa maneira que satisfaça a imagem esperada no viver cotidiano desta cultura. Perguntas e respostas mecânicas, digo bem ainda que não esteja tão bem. O sucesso, o ganhar a todo custo são consequências de um viver dando uma imagem que concorda com o demandado socialmente. Não estamos dispostos a reflexionar sobre os fundamentos de onde dizemos o que dizemos. Viver e conviver na superfície, sem nos fazer perguntas.

Na superficialidade nos achamos no *mal-estar* psíquico e corporal que nos torna doentes do corpo e da alma ao não nos encontrarmos em nossa autonomia reflexiva e de ação.

A hipocrisia

A hipocrisia é a classe das condutas relacionais através da qual uma pessoa nega o outro, a outra na aparência de acolhê-lo. Enquanto está ocorrendo, essa emoção é perfeita em sua invisibilidade. No entanto, causa uma imensa dor naquele que a descobre. *"Mas era meu amigo, saíamos juntos, eu o convidada à minha casa com sua família nos fins de semana para estar juntos com os meus! Como pôde falar mal de mim, não percebi que tinha tanta raiva de mim. Como pôde me agredir dessa maneira?"* A hipocrisia é uma mentira na emoção. Ocorre no presente do viver com o outro, a outra ou os outros. A pessoa está consciente de que se está sendo hipócrita no momento de o ser, embora para o outro, a outra ou os outros a hipocrisia somente possa aparecer depois. Cabe aqui uma pergunta reflexiva: o que nos leva a nos comportarmos de maneira hipócrita? Pode ser o medo, a desconfiança, a ojeriza, a inveja, o ressentimento, ou todas as coisas passadas. O que é claro é que as pessoas que se comportam de maneira hipócrita se acham no *mal-estar* em seu viver, pois se afundam no fosso que vai crescendo sem saída digna. Sofre quem está sendo hipócrita, pois não vive na espontaneidade da honestidade, deixando-se cair *recursivamente* na armadilha do engano, como um modo de viver quase natural.

A hipocrisia, quando se transforma num modo de vida, aprisiona-nos e nos torna doentes do corpo e da alma. A única saída é o desejo consciente de não querer mais viver de aparências, numa conversação consigo mesmo, com o outro, a outra ou os outros em que se recupere a dignidade no respeito por si mesmo.

A certeza
A certeza é a classe das condutas relacionais através da qual uma pessoa se comporta de modo que outro vê que ela não está disposta a reflexionar sobre os fundamentos do que diz ou faz.

Talvez esta seja uma das emoções mais arraigadas nesta cultura *patriarcal-matriarcal*, de maneira consciente e inconsciente: o sentir que temos acesso à realidade do mundo que vivemos. Este é o substrato da certeza. Na certeza, não estamos conscientes da possibilidade de reflexionar sobre os fundamentos que dão origem ao que fazemos e ao que pensamos e entramos num viver e conviver que corre o risco de se tornar delirante. Desde as certezas, vivemos na possibilidade da tentação da homogeneização que nega a diversidade, sem abrir de todo o espaço aos outros, num conversar que se sustenta na verdade, num conversar que deseja convencer o outro, a outra, porque eu sinto que possuo a verdade, que com meu viver eu me responsabilizo por como as coisas são. Surge daí, então, a possibilidade de que geremos um conversar de forças de poder, de convencimento, em que podemos estar impondo nossa verdade e, sem querer ou querendo, dominar o outro e a outra. Se queremos que no encontro prevaleça a verdade, o que dizemos que é a verdade como único modo de pensar, de viver ou de conviver, não estamos nos escutando. E se alguém cede buscando coincidir com o outro ou a outra, mesmo que não esteja de acordo, e o faz para ter presença, fica com um sabor amargo de perda de dignidade: "*Tive que me submeter, não quero perder meu amigo*". A partir da certeza geramos insegurança, ressentimento, porque o outro ou a outra ao não ser escutado sente-se não visto, não respeitado. Desde a certeza aparecem as discussões, as brigas, as raivas, as faltas de respeito, o desamar. O viver nas certezas pode converter-se em refúgios para a alma. Me dá segurança ter certezas. Nesta cultura, o habitar nelas torna-se um modo de viver natural e, quando não as tenho, fico angustiado e as busco fora de mim, busco em que acreditar, em que afirmar meu viver. Desde a constante luta, achamo-nos aprisionados em nossas certezas, as quais se tornam nossa própria prisão.

Ao viver e conviver com base nas certezas, achamo-nos no *mal-estar* psíquico que nos torna doentes do corpo e da alma.

A ternura

A ternura é a classe das condutas relacionais através da qual um acolhe o outro e a outra desde o domínio do amar. *"Olhe, mamãe, que fofa é essa gatinha com seus gatinhos recém-nascidos, como cuida deles, como os lambe!"*; *"Amor, que fofo é nosso filho, como cuida da gente!"*; estas e outras evocações ecoam em nós quando distinguimos ternura, em qualquer domínio de nossa existência. A ternura evoca amar, e o amar evoca ternura. Acolher o outro e a outra, sem expectativas, sem exigências, sem querer mudá-lo ou mudá-la, somente aceitando a legitimidade de sua existência. Acolher, acalentar, acariciar, contemplar, dede o domínio do amar, no fluir no encontro com ele ou ela ou eles, sem esforço, sem preconceitos, somente na unicidade da própria existência no encontro.

A ternura gera em nós *bem-estar* psíquico e corporal, cura as feridas da alma e do corpo e nos devolve sem que notemos o incomensurável *bem-estar* da alegria de nos encontrarmos com o outro ou a outra.

A sensualidade

A sensualidade é a classe das condutas relacionais através da qual se amplia a *sensorialidade* que acolhe o outro na ternura. Ao expandir nossos sentidos no encontro, expande-se nosso amar num abraço que acolhe, que ampara, no silêncio e que muitas vezes não necessita de palavras. Uma mão feita na carícia e feita para a carícia. *"Estou aqui inteiro ou inteira frente a você." "Sinto você, gosto do seu acolher-me, seu abraçar-me sem condições só na maravilhosa sensação de ser alguém."* Na amizade, na relação de casal, na relação familiar, a ternura é o que nos faz desejar voltar e estar ali no prazer de estar juntos no amar, no amar-nos, ampliando o alcance de nossos sentidos num sentir que gera em nós *bem-estar* psíquico e corporal. *Desencadeia* em nós o mais fundamental da linhagem humana *Homo sapiens-amans amans* e que ainda conservamos: que sejamos seres amorosos que nascemos nessa confiança fundamental de ser acolhido com ternura na proximidade e total aceitação corporal com outra ou outro. Na explicação das dimensões do encontro, no brincar de ser o que somos. Na soltura e alegria do amar sem intenção.

A sensualidade na expansão de nossos sentidos é o sal do viver que faz deste uma contínua experiência estética, acalentadora de alegria e de *bem-estar* no encontro com a harmonia do cosmos que geramos com nosso existir.

Configuração de *sentires* relacionais íntimos

O *emocionear* como suceder relacional da pessoa surge das configurações de *sentires* relacionais íntimos no fluir do viver que estes guiam. Em tais circunstâncias, o que estou dizendo quando falo de configurações de *sentires* íntimos como guia do viver relacional?

O central para o compreender e o entender o operar do conversar liberador é tomar consciência da conservação das configurações de *sentires* relacionais íntimos que guiam ao longo da vida o modo de estar na relação em todos os aspectos do viver da pessoa ou das pessoas que fazem uma consulta. Sua conservação é a que define o caráter do viver que se vive e essa conservação é a que se interrompe ou se fortalece na reflexão que traz à consciência o viver relacional que se vive. Esta conservação ocorre na dinâmica de um fluir estacionário (conservador) que faz possível que mude se muda a natureza desse fluir estacionário. A pessoa que guia o conversar liberador vê isto desde sua compreensão da Matriz Biológico-Cultural em que se dá a Existência Humana.

"As dores do passado ao serem conservadas depois do suceder por primeira vez como configuração de sentires *relacionais íntimos no contínuo presente cambiante do viver são dores do agora, são dores do contínuo presente que se vive, não recordações do que se viveu. Se uma pessoa se dá conta disso, descobrirá que é no conversar liberador em torno da dor e do sofrimento que vive no presente que se encontrará o caminho para a liberação da dor e do sofrimento que vive no presente, e não no reviver o passado."*

Ao nos aprofundarmos na noção da conservação na *epigênese* de configurações de *sentires* relacionais íntimos como a trama sensorial desde onde surgem neste presente nossas emoções, damo-nos conta de que o presente que vivemos é consequência de nossa história individual, e não pode ser de outra maneira, numa transformação na convivência no amar e desamar de nosso viver. Quanto mais cedo esta trama de configurações de *sentires* íntimos tiver sido gerada tanto mais potência tem em sua presença no viver e conviver presente e se expressa tanto através de nossas dores e desarmonias em nosso viver como em nosso *bem-estar* psíquico e corporal através de um viver desde o centro de nós mesmos. Nem todo o vivido é maravilhoso ou inarmônico; a configuração de *sentires* relacionais de nosso agora é cambiante, e podemos, se somos conscientes disso na reflexão ao *olhar-sentir* como estamos vivendo nosso viver presente, mudar seu curso se assim o desejamos.

Conversar liberador:
um viver humano ético

Desde o *saber olhar*, sabemos que sabemos que o viver humano ocorre no espaço relacional como viver cultural no fluir do conviver em redes de conversações abertas à consciência do viver que se vive.

Também sabemos que sabemos que o viver biológico que sustenta o viver humano acontece no fluir dos processos do viver que não implicam o conversar para seu ocorrer, embora sejam do ocorrer do conversar, e que, por isso, ocorrem fora da consciência.

Sabemos que sabemos que estes dois *viveres* são disjuntos, embora se realizem no operar da mesma corporalidade. O viver biológico ocorre na dinâmica *fisiológico-estrutural* que constitui o organismo ao operar como totalidade, qualquer que seja o seu viver relacional. O viver cultural humano, entretanto, ocorre no fluir da *sensorialidade* do organismo como o fluir das configurações de *sentires* relacionais íntimos próprios de seu operar relacional como totalidade no conversar. Tudo o que do viver biológico aparece no âmbito das distinções do conversar é parte do viver humano, e tudo o que do viver humano deixa de aparecer no conversar deixa de ser do viver humano e pode desaparecer ou passar a ser do viver biológico.

Estes dois modos de operar no viver de um ser vivo humano, embora pertençam a domínios relacionais disjuntos, entrelaçam-se em suas dinâmicas estruturais ao realizarem-se na mesma corporalidade. De acordo com isso, as configurações dos *sentires* do viver cultural que deixam de se viver na dinâmica relacional desse viver, e ficam como *sentires* do viver biológico do organismo humano, ficam como formadoras ou moduladoras biológicas inconscientes do fluir do presente cambiante cultural que se continua vivendo, de modo que, mesmo quando o configuram e modulam, não são ele.

Quando isso acontece com as negações culturais do amar vividas, as configurações dos *sentires* do desamar que deixam de ser do viver humano relacional consciente mas ficam na dinâmica corporal como configurações do sentir biológico do organismo passam a ser parte das configurações inconscientes de *sentires* que conservam estilos ou maneiras de pensar e sentir no viver humano relacional que conservam os *sentires* do *desamar* a si mesmo, como as configurações relacionais de *sentires* íntimos que guiam de fato o curso de seu conversar.

A conservação recursiva destas configurações de *sentires* relacionais íntimos geradores de conversações de *desamar* a si mesmo só podem desaparecer quando ocorre um ato reflexivo no presente que dissolve a aceitação inconsciente da validade ou legitimidade desse *desamar*.

O conversar que faz isto possível acontece quando como observadores vemos e compreendemos a natureza de seu ocorrer, evocando o olhar reflexivo no viver humano que solta o apego à certeza da legitimidade da negação de si mesmo que se vive. É este conversar que chamo de *conversar liberador*.

O *conversar liberador* não suprime nem muda as dores que a pessoa que pede ajuda viveu, mas de sua realização surge espontaneamente um ver--ver-se que *traz à mão*[68] o como existiu, conservando no presente cambiante contínuo de seu viver a aceitação inconsciente da legitimidade cultural da configuração de *sentires* relacionais íntimos de negação e desvalorização de si que viveu alguma vez em seu passado.

O entender, conhecer e fazer adequado eficaz que a *biologia-cultural* traz consigo convida a um olhar de modo que se vê a dinâmica emocional e *condutual* que constitui momento a momento o viver e conviver cotidiano. E mais ainda: o fato de que as emoções não sejam dinâmicas internas dos organismos, e sim que ocorram no fluir relacional destes, é visível em nossa vida cotidiana nas queixas que formulamos frente às discordâncias emocionais que vivemos em nossa convivência. *"Por que você se esconde assim? Tem vergonha?"*; *"Por que não me saúda? Está chateado comigo?"*; *"Você nunca me escuta."* Todas essas são queixas que mostram em que âmbito relacional alguém não está no *bem-estar*.

É mais: neste processo reflexivo, o conversar liberador mostra como a pessoa conservou e ainda conserva em seu viver biológico inconsciente a configuração de *sentires* relacionais íntimos que opera como o gerador recursivo do *emocionear* de *desamar* a si mesmo, que modula continuamente a gênese de seu conversar.

---

[68] Faz consciente.

A ciência e a arte do conversar liberador

O que descrevo a seguir não é um método ou procedimento a seguir na realização do conversar liberador porque só revela o que pode ocorrer na conversação, sem dizer como fazer o quê.

O que torna possível o conversar liberador? São várias as dimensões *psíquicas-relacionais-sensoriais-operacionais* que tornam possível o conversar liberador:

I. Orientação da atenção

Orientação ao escutar e ver o viver relacional das pessoas em seu âmbito psíquico, sem opinião no ânimo que acompanha sem expectativa, na confiança em que as pessoas sempre revelam seu viver desde a honestidade quando se sabem escutadas.

Para que isto ocorra, no conversar liberador é fundamental, no encontro com o outro, a outra, os outros, o encontrar-se no próprio viver e conviver no centro de si mesma ou si mesmo, desde a autonomia de reflexão e de ação.

II. Escutar, escutar-se, escutar-nos

No viver cotidiano, configuramos o escutar como parte de nossos sentidos; contudo não escutamos de qualquer parte, escutamos com toda nossa corporalidade. A partir do que foi dito antes, adotamos em cada instante um escutar que está ligado à nossa epigênese ou história particular, o que implica o ou os **critérios de validez** que aprendemos desde nossa infância, o que tem a ver com os adultos com os quais temos convivido já que, segundo os adultos com os quais temos convivido, nosso viver seguiu um curso ou outro, na conservação da ressonância com o vivido ou da rejeição disso. Portanto, não é trivial o dizer de que alguém aprende o escutar que vive em sua infância no âmbito familiar em que vive, já que esse modo de escutar tem validade no presente que vivemos de maneira consciente ou inconsciente. Uma pessoa conserva esse escutar que vive na cultura que vive e gera com seu viver. Escutavam nossas perguntas? Nós nos sentíamos vistos no escutar? Quais eram os critérios que eram válidos em minha casa e quais não?

Nesta cultura patriarcal-matriarcal, na medida em que existe uma realidade em si, uma verdade, o escutar se torna surdo, o ver se torna cego, o sentir se torna frio e distante ao estar com o outro ou a outra. Escutamos para ver se o outro ou a outra coincide ou não com o que pensamos. Esta cultura gera um viver dual, que nos divide. O mau ou o bom não têm presença no mundo natural, o bem ou o mal surgem no mundo humano. Desde este modo de escutar, o outro, a outra, os outros ficam fora, não têm presença, não os vemos, conservando nossas surdezes e cegueiras em nossa configuração de sentires relacionais. *Ao aparecerem as expectativas, aparecem as exigências de querer mudar o outro, a outra, os outros, e estes desaparecem, tornam-se invisíveis na relação, não os amamos. Em nosso conversar desde este escutar, não estamos dançando com o outro, a outra, os outros, estamos escutando a nós mesmos, aprisionados em nossa verdade ou realidade, numa dança íntima de coincidir ou rejeitar. A partir deste ouvir, fecham-se as conversações reflexivas e* colaborativas, *achando-nos em relações de dominação e sujeição. "Viu que eu tinha razão?"; "Por favor, seja objetivo"; é um pedir ao outro, à outra, aos outros que pensem como eu penso.*

  Desde o amar, desde o aceitar-nos, desde aceitar o outro, a outra como legítimos outros na convivência com a gente, abre-se o caminho ao escutar que vê e sente com toda nossa corporalidade, despojando-nos de nossos apegos aos saberes, às verdades, à nossa própria realidade. Emergindo a pessoa ou as pessoas como seres humanos únicos e cuja história é irrepetível. É escutar com a pergunta: desde onde o outro, a outra, dizem o que dizem? Já que sempre o outro e a outra dizem o que dizem desde um domínio que é válido para eles desde seu próprio viver. Desde onde eu ou você podemos negar ou invalidar o dizer dos outros e outras? O conversar se torna uma dança dinâmica no entrejogo de escutar-sentir-reflexionar-estar inteiros aí. *É somente desde este conversar que surgem as relações* colaborativas e coinspirativas *no* mútuo *respeito pelo outro ou pela outra num estar no bem-estar,* nas ganas, no amar. *É neste conversar que o escutar é possível, porque não há ameaça possível, porque estamos no centro de nós mesmos, de nosso cosmos, de nosso viver e conviver. Podemos deixar-nos levar pelo presente sempre cambiante que vivemos, sem querer reter o momento, o passado, a história. Sem querer antecipar o momento, o suceder, o futuro. Podemos escutar sem deixar de escutar, abertos à maravilhosa presença sempre cambiante de si próprio, do outro, da outra, de tudo o mais.*

III. Ver é amar, amar é ver

É desde o espaço psíquico de ver e ver-se, de escutar e escutar-se, de amar e amar-se a si mesmo desde onde se pode ver e escutar o outro ou a outra. Se a pessoa não se respeita não pode respeitar os outros e outras. O amar evoca amar, o respeito traz respeito. Amar é ver, ver é amar.

O conversar liberador não é uma técnica, é um encontro de dois ou mais seres que vivem nesta cultura, gerando-a, realizando-a e conservando-a no próprio vivê-la e que, quando se encontram no mútuo respeito, se veem e se escutam e podem se perguntar se gostam do mundo ou dos mundos que constroem em seu viver e conviver. Gostamos do que desejamos? Desejamo-lo? Se alguém consegue responder a estas perguntas desde o respeito por si mesmo ou si mesma abre-se o caminho liberador da dor.

IV. Encontro com o outro ou a outra

Nascemos, você, eu, o outro, a outra, os outros, como seres amorosos; essa é nossa condição constitutiva como seres humanos. Condição que não é própria de alguns, mas que é própria de todo ser humano. Se sou um ser humano, nasci como um ser amoroso. Conservo neste presente essa amorosidade mesmo em meu viver cotidiano? Estar conscientes destes fundamentos no amar no encontro com o outro, a outra ou os outros é o que torna possível o conversar liberador.

No amar que nos traz bem-estar *ao viver, estamos em nossa condição primária como* Homo sapiens-amans amans; *estamos em nosso lar; sentimo-nos em conforto; estamos em casa, em confiança, seguros, quentinhos e livres em nossa autonomia. E é desde esta autonomia reflexiva e de ação e desde a compreensão e o entendimento da* biologia-cultural *que posso e desejo soltar minhas ojerizas, minhas odiosidades, meus medos, meus ressentimentos, minhas lutas e meus acertos para encontrar-me com as pessoas abertas a escutar e a escutar-me com a alma disposta ao habitar que escuto.*

V. Soltar as certezas

O soltar certezas é um processo constantemente necessário no escutar e *escutar-se*. Soltar os *saberes* atávicos, as verdades últimas, e, se aparecem, sentirem-se convidados a reflexionar: a que estou apegado ou apegada? E, se tenho apegos, desde onde poderia escutar o outro a outra, e a mim mesmo ou mesma?

Se estamos amarrados a uma certeza, a uma verdade, escutamos na espera eterna de que o outro, a outra coincida com o que pensamos, pois somos absolutos possuidores da verdade, da realidade, ou desta nova compreensão da biologia--cultural. *Esta compreensão e este entendimento podem ser tratados como uma nova verdade quando não soltamos o apego ao crer saber que sabemos que sabemos. Quando isto ocorre, não há compreensão nem entendimento.*

VI. Assumir

Ao assumir, desde a compreensão e o entendimento da *biologia-cultural* que todos os seres humanos somos igualmente inteligentes, a não ser que tenha um dano, produto de uma má nutrição na infância ou um dano no sistema nervoso, traz imediatamente a pergunta, desde uma emoção de incredulidade nesta cultura: como havemos de ser todos igualmente inteligentes!

A inteligência nos dá poder na cultura atual, ao estar relacionada aos saberes. *Como reflexionar se sei? O que é, então, a inteligência? O que um observador distingue como inteligência é a plasticidade condutual ante um mundo que está em contínua mudança. Esta observação do observador nos devolve uma pergunta: quão plásticos somos, cada um de nós, no viver e conviver? Se conservamos rigidezes, conservamos apegos a verdades, ou nos sentimos mais inteligentes do que os outros e outras, ou estamos no domínio de arrogância, ou da onipotência, da soberba.*

VII. Ato de humildade

Entender tudo isto requer um ato de total humildade e alegria no respeito por si mesmo. O entender que a pessoa não ajuda o outro ou a outra, que os outros aparecem diante de uma pessoa como um presente na confiança que surge do encontro em mútuo respeito libera-nos da tentação da onipotência já que as pessoas sempre encontram seu próprio caminho desde a reflexão.

O ato de reflexão ocorre quando soltamos nossas certezas e, no respeito por nosso viver, abrimo-nos a olhá-lo sem expectativas nem exigências, na liberdade psíquica de aceitar ou rejeitar o viver que vivemos segundo queiramos ou não o viver que vivemos.

VIII. Tudo ocorre somente como pode ocorrer

Entender que todo ocorrer ocorre perfeito em seu ocorrer e todo sistema opera perfeito em seu operar. Nada é bom ou mau em si. A distinção de disfuncionalidade dos sistemas é a opinião do observador quando o sistema não é o sistema que ele ou ela deseja que seja.

As distinções de bom ou mau, de sadio ou doente, de funcional ou disfuncional são opiniões de um observador sobre o que ocorre com os sistemas ou as situações relacionais quando estas não correspondem ao desejado por ele ou ela. Muitas vezes, as teorias sobre a saúde ou sobre a doença cegam o entendimento desta condição dos acontecimentos naturais, e, em nosso escutar, impedimos a reflexão que pode liberar-nos de um viver não desejado. Também acontece que o pressuposto de que as coisas podem ser em si boas ou más nos leva a um viver e conviver de discriminações que negam a possibilidade de compreender as circunstâncias e as saídas ante as dores pelas quais se pede ajuda.

O que faz possível o conversar liberador é o entendimento e a compreensão da *biologia-cultural* como a reviravolta *sistêmica-sistêmica* que surge de entender o entrelaçamento dinâmico da Biologia do Conhecer e da Biologia do Amar, na *matriz biológico-cultural da existência humana*, e que leva a seguir espontaneamente o caminho reflexivo e de ação ética natural que o realiza.

Quando falo da ciência e da arte de conversar liberador, quero evocar que a ciência é o *saber que* e a arte é o *saber como*. Daí as reflexões que faço a seguir.

A *ciência do conversar liberador* da dor e do sofrimento cultural está em saber que a dor e o sofrimento cultural surgem quando se vive o ser negado e se crê na legitimidade cultural dessa negação; em saber que todo viver cultural pode gerar ou gera dinâmicas relacionais na negação do amar, nas quais a pessoa negada vive essa negação como válida porque crê em sua legitimidade cultural; em saber que a negação do respeito por si mesmo que surge na negação cultural do amar se vive e conserva na aceitação, consciente ou inconsciente por parte da pessoa que é negada, da validade dessa negação, porque ela crê que essa negação é culturalmente legítima; em saber que o crer na legitimidade cultural da negação do amar gera um sentir de não respeito por si mesmo que opera como conservador recursivo desse não respeito por si mesmo em todas as dimensões relacionais do contínuo presente cambiante do viver humano; em saber que o caminho de saída da geração recursiva de não respeito por si mesmo está no olhar reflexivo que revela que a crença na legitimidade do não respeito por si mesmo que se vive não é, nem foi nunca, culturalmente válido.

A *arte do conversar liberador* que abre o caminho de saída da dor e do sofrimento cultural está em saber como olhar a matriz relacional que realiza, conserva e gera *mal-estar* no próprio viver e conviver e, assim, descobrir em conjunto com a pessoa que solicita ajuda a forma da negação cultural que gerou esse *mal-estar* em seu viver; *mal-estar* que surgiu no desamar ao ter vivido e convivido na falta de respeito por si mesma; está em *se encontra*r vendo como gerou, realizou e conservou de maneira consciente e inconsciente a falta de respeito por si mesma no contínuo presente cambiante que é seu viver cotidiano; está em *se perguntar* como e quando se aprendeu a viver na falta de respeito por si mesma que constitui hoje o viver no sofrimento e na dor pelos quais pede ajuda; está em *convidar-se* ao ato reflexivo que solta a certeza de saber o que se crê que se sabe sobre si mesmo, ato que ao ocorrer abre a possibilidade de descobrir que a falta de respeito por si mesmo em que se vive não é culturalmente válida.

O, que é o espelho dirigido? Esta noção nasceu a partir do que um consulente me disse: *"Você é como um espelho para mim"*, ao constatar que se via a si mesmo em seu *emocionear* (no fluir de sua configuração de *sentires* relacionais íntimos), ao olhar sua conduta relacional presente e que através de nossas conversações ficava revelada na consciência de onde ele se encontrava nos distintos momentos de seu viver segundo o relato que fazia de sua história.

Neste tipo de conversações só estou em minha compreensão do entendimento da *biologia-cultural* no fluir do conversar da pessoa. Uma das consequências mais importantes dessas conversações tanto para a pessoa que pede uma consulta como para mim mesma é que se amplia em ambas o entendimento da dinâmica condutual relacional, num processo que pode redundar numa transformação da configuração de *sentires* relacionais íntimos e, portanto, de seu viver cultural.

Este entendimento ampliado revela-se uma ferramenta reflexiva que a pessoa que faz uma consulta leva consigo na *multidimensionalidade* consciente e inconsciente de seu viver e conviver como algo que a mantém numa postura reflexiva sobre seu *emocionear* e que permite entrar num processo transformador de seu espaço psíquico a partir de si, isto é, de seus espaços emocional e condutual cotidianos. A dinâmica relacional que tenho chamado de o *espelho dirigido* parece simples de realizar, mas não é. Não se trata de uma técnica, e sim da realização nas conversações liberadoras a partir do olhar que vê e entende o humano em suas dimensões *biológico-culturais* desde o entendimento da *biologia-cultural*. O valor deste operar reflexivo desde o entendimento *biológico-cultural* está em como se vive. A verdadeira dificuldade, contudo, está em que vivemos imersos na cultura *patriarcal--matriarcal* que, à maneira de uma armadilha psíquica, nega a reflexão ao estar centrada em relações de dominação e sujeição, condutas relacionais geradoras de insegurança e medo. Por isso, é tarefa das conversações liberadoras ampliar o entendimento da *biologia-cultural*, até o ponto em que a pessoa que solicita ajuda possa liberar-se ou sair desta armadilha desde si, desde seu próprio domínio reflexivo.

É no entrelaçamento da ciência e da arte de conversar liberador que podemos, então, entender que o conversar liberador é um conversar na Biologia do Amar. Se não é o amar o que comove os que conversam, o conversar pode vir a ser interessante, mas não terá resultado liberador. O que libera é uma mudança de consciência emocional na recuperação do respeito por si mesmo no âmbito cultural, não uma mudança no raciocinar, mesmo quando o raciocinar muda quando muda o sentir relacional. E o que se libera é ao mesmo tempo o corpo e a alma.

Em consequência, as *conversações liberadoras*, ao guiarem o olhar reflexivo da pessoa que pede *ajuda*, levam-na a ver tanto onde está em seu *emocionear* como ver desde onde vive sua dor e seu sofrimento, não podem ser feitas sem a compreensão profunda por parte de quem as realiza (orientador, psicólogo, professor, médico etc.) do entendimento da dinâmica relacional que a *biologia--cultural* evoca. E isto é assim porque as *conversações liberadoras* se tornam liberadoras somente na medida em que o ou a profissional se escute e escute o *emocionear* da pessoa que pede *ajuda* desde o entendimento da *biologia-cultural*.

Quem faz uma consulta busca recuperar ou obter o *bem-estar* em seu viver. Isto é evidente na resposta à pergunta *"que deseja conservar em seu viver?"*.

Se no começo das conversações alguém pergunta a quem pede a consulta qual é seu desejo no viver (ou seja, o que quer conservar ou recuperar), a resposta direta ou indireta tem a ver com a busca do *bem-estar* ou a recuperação do *bem-estar* perdido. As respostas costumam ser: paz, e o que se escuta é sair de um âmbito que o agride; harmonia e equilíbrio, e se escuta viver sem estar submergido em contradições recorrentes; alegria e felicidade, e se escuta como um desejo de estar sem medo da agressão ou da ameaça constante; poder desfrutar das pequenas coisas da vida, e se escuta como não me perder nas exigências que esta cultura impõe de um viver extraordinário que tem a ver com o atender a expectativas centradas no sucesso, no lucro, no poder, no controle; sentir-se com melhor autoestima, e se escuta como um desejo de sair da insegurança e da falta de confiança e de respeito por si mesmo.

Como já disse antes, com as conversações liberadoras entramos num processo de entender e explicar-nos nossa experiência com coerências da experiência ao compreender que estamos imersos numa rede fechada particular de conversações; ou seja, numa cultura particular que pode ser da comunidade, ou da organização de trabalho, ou da família. Uma cultura pode abrigar-nos ou aprisionar-nos.

As conversações liberadoras nos liberam das armadilhas culturais nas quais podemos estar imersos ao nos permitir ver que nossa dor e nosso sofrimento são culturais, e não intrínsecos a nosso ser.

O que quer dizer isto? Que uma cultura centrada em conversações que distinguem o mundo que vivemos como independente de nós nos aprisiona, tornando-nos cegos à nossa participação responsável na geração de nosso viver, já que nos convida a crer e aceitar sem reflexão que vivemos numa realidade independente de nós e que estamos à mercê dela. Numa tal cultura que entre nós atualmente é a cultura *patriarcal-matriarcal*, o mundo existe em si, as coisas existem em si, com independência de nós. Privilegia-se a verdade, a razão, a realidade com fundamentos transcendentes do fazer e do conviver. Nesta cultura não nos escutamos e muito menos escutamos os outros. Somente validamos aos que validem a verdade objetiva, a razão objetiva, a realidade objetiva.

Uma cultura centrada em conversações que *trazem à mão*[69] que vivemos num mundo que surge com nosso viver e conviver em mudança ocorre na consciência de que não existe uma verdade ou uma realidade objetiva independente de nosso afazer. Nela vivemos conscientes de que existimos num mundo de "muitas realidades" ou *Multiverso* que surgem com as coerências de nosso fazer. E é desde a consciência de que vivemos um mundo de muitas realidades possíveis que surgem com nosso afazer que podemos escolher qual realidade queremos viver segundo o que queremos conservar em nosso viver. E é porque nessa cultura podemos escutar-nos, ver-nos, aceitar-nos amorosamente que podemos ver e ser observadores do mundo que nos rodeia numa experiência de liberdade reflexiva que nos permite chegar em algum momento a viver em coerências harmônicas com nosso meio natural, desde nosso ser seres amorosos, gerando com nosso viver e conviver assim realizado a abertura que pode levar a um modo de viver *Homo sapiens-amans ethicus*.

Do que foi dito, tomamos consciência de que somos seres únicos, irrepetíveis e insubstituíveis e de que a tão ansiada busca da liberdade está na conquista da autonomia reflexiva e da ação como único caminho no respeito por si mesmo e pelo outro, pela outra ou por tudo o mais. E que é só a partir desta autonomia que poderemos conservar o que desejamos conservar em nosso conviver sendo responsáveis pelo que fazemos: autonomia na reflexão e na ação no respeito por si mesmo, pelo outro,

---

[69] Trazem ao existir.

pela outra e pelo mundo natural que nos rodeia. Desde esta autonomia, dizemos, fazemos e aceitamos o que dizemos, fazemos e aceitamos desde o centro de nós mesmos, e o viver em liberdade se converte numa experiência natural.

Tomamos consciência de que o respeito por si mesmo, pelo outro, pela outra e por tudo o mais é o que determina a borda de onde nos movimentamos sem causar dano a nós mesmos nem aos outros, na liberdade de ser conscientes de que fazemos o que queremos fazer, vivendo espaços efetivos de colaboração e *coinspiração* com os outros. É somente dentro deste modo de viver como *Homo sapiens-amans ethicus* que podemos ser conscientes de que todo fazer é possível, que podemos ser conscientes de que geramos o mundo que desejamos viver e que podemos ser conscientes de que somos livres de escolher se nos deslizamos no viver fazendo-nos responsáveis por nossos atos, sendo éticos e socialmente conscientes, ou não.

A recuperação de nosso ser autônomo no respeito por si mesmo e pelos outros é a possibilidade de um conviver em relações de confiança, segurança, honestidade, sem medos. E o tomar consciência de nossa condição biológica de ser seres amorosos é o que permite que nos demos conta de que o sofrimento é cultural, ou seja, contingente a nosso viver cultural, e não expressão de nosso ser intrínseco. Desde esta perspectiva, o *espelho dirigido* na confiança de que se pode recriar o mundo que se deseja viver porque se possuem os recursos biológicos que tornam possível essa recriação é o instrumento reflexivo das conversações liberadoras que permite recuperar o respeito por nós mesmos e a autonomia no viver relacional.

Faz-se evidente para a pessoa que faz uma consulta que seu desejo de *bem-estar* se pode realizar se ela conserva sua liberdade reflexiva no contínuo soltar o apego à identidade cultural em que conserva sua dor e seu sofrimento. Esta liberdade reflexiva é possível desde nosso ser *biológico-cultural* que nos permite ser seres autônomos no respeito por nós mesmos. Em síntese, as conversações liberadoras são o mecanismo conceitual e experiencial que abre àquele que pede uma consulta a possibilidade de viver um processo que lhe permitirá olhar, ver, observar e reflexionar desde a liberdade básica de sua condição amorosa e, assim, sair da armadilha cultural em que se encontrava aprisionado, recuperando o viver no *bem-estar*, na harmonia com seu ser ético no mundo que escolhe viver.

Deriva Natural Liberadora: *Homo sapiens-amans ethicus*
No ensaio "A origem das espécies por meio da deriva natural", de Humberto Maturana Romesín e Jorge Mpodozis, destaca-se que "*o que define o curso que segue à deriva de uma linhagem é dado pelas preferências e pelos gostos dos organismos*". No meu entender, o que de fato se diz ali é que o curso que segue o devir evolutivo surge momento a momento definido pela conservação do *bem-estar* dos indivíduos que o realizam.

Ou, o que é o mesmo, dito de maneira menos ousada, o que guia o curso que segue o devir evolutivo de uma linhagem é o curso da conservação do viver dos organismos em congruência dinâmica com o meio.

O discurso evolutivo tradicional que fala da adaptação ao meio como uma conquista que se torna possível ao seguir o caminho competitivo das vantagens adaptativas deixa fora toda a questão do *bem-estar* do viver, talvez porque se vê isso como algo subjetivo. Mas desde o que nos mostra a compreensão da "deriva natural", vemos que nós seres vivos nos deslizamos no viver e conviver na conservação do *acoplamento estrutural* na conservação do viver. Isto é, na conservação do *bem-estar* natural, onde o *bem-estar* ocorre momento a momento na conservação do viver, que é o *bem-estar* natural desse momento e que, se não ocorre, o organismo morre.

Como ocorre a conservação do bem-estar?
O fluir do viver na conservação do acoplamento estrutural ocorre através das distintas sensações de estar bem como, por exemplo: o *bem-estar* de um caminhar harmônico com a circunstância, o *bem-estar* no estar bem no que se faz, o *bem-estar* no prazer de saborear uma gostosa comida, o *bem-estar* no prazer de ver uma paisagem, o *bem-estar* no ouvir, o *bem-estar* de estar em harmonia no fluir do viver, o *bem-estar* da proximidade corporal.

Se alguma parte de nosso corpo entra em contato com o fogo ou alguém nos bate, sentimos essas experiências desagradáveis e as chamamos de dor e nos pomos em ação livrando-nos delas, porque ali estamos no *mal-estar*. Este *mal-estar* também está presente quando alguém nos grita, quando não somos escutados, quando não somos vistos. E, quando isto nos acontece, buscamos sair de tais situações. Portanto, o *bem-estar* e o *mal-estar* configuram uma dinâmica sensorial em que o organismo se movimenta a partir de sua própria condição orgânica num curso de variação sensorial que constitui a configuração sensorial que busca a contínua conservação do *bem-estar* natural no fluir do viver.

Se num momento o organismo sai dessa configuração sensorial relacional, desloca-se em seu espaço sensorial no curso de variação sensorial que recupera essa configuração como um aspecto do fluir de seu viver ou, eventualmente, morre, se esta configuração não se recupera. Um observador vê esse deslocamento sensorial como expressão de uma preferência, de uma emoção que se orienta ao *bem-estar*.

Humberto Maturana Romesín sustenta que nossa linhagem, a linhagem *Homo sapiens-amans amans*, começa com a constituição da família na expansão da sexualidade da fêmea mais de três ou quatro milhões de anos atrás, no grupo de primatas bípedes que foram nossos ancestrais. Destaca também que a sexualidade ocorre na aceitação e fruição da proximidade e contato corporal em todas as suas dimensões, entre as quais a fruição e o gozo da intimidade genital constituem elementos fundamentais de estabilidade na constituição da família se se entrelaçam plenamente com a ternura e a sensualidade.

Também sustenta que, quando se expande a sexualidade da fêmea em nossos ancestrais, separa-se a intimidade genital da procriação e se transforma em intimidade sexual que, junto com a ternura e a sensualidade, é a fonte de estabilidade na proximidade de uma convivência fundada no prazer do conviver numa dinâmica relacional que surge espontaneamente como um espaço amoroso de colaboração e *coinspiração*. E eu penso como ele que é pelo que foi visto antes que, ao se expandir o gozo da sexualidade da fêmea ancestral de nossa linhagem, configura-se em torno da fêmea, e com a fêmea, a família como um espaço relacional de intimidade no qual a sensualidade, a sexualidade e a ternura constituem o fundamento emocional que liga um pequeno grupo de indivíduos num habitar e conviver duradouro no prazer da colaboração espontânea que gera o gozo da proximidade e da intimidade corporal.

Mais ainda, também penso com Humberto que foi esse espaço duradouro de intimidade no fazer e no compartilhar o viver que surgiu ao se constituir a família em nossos ancestrais primatas bípedes, o que fez possível o conviver no qual surgiu o *linguajear* como fluir na convivência em coordenações de coordenações de *fazeres* consensuais, que ao se conservar de uma geração a outra entrelaçado com o *emocionear* na aprendizagem das crianças se constitui nossa linhagem *Homo sapiens-amans amans*.

Ao surgir a família em torno da expansão da sexualidade da fêmea, surge ao mesmo tempo a dinâmica da conservação do *linguajear* entrelaçado com o *emocionear* que constitui um conviver em conversações e que, ao se conservar este conviver em conversações de geração em geração na aprendizagem das crianças num transfundo relacional amoroso e não agressivo, produziu-se o caminho evolutivo que nos deu origem.

Quando isto começou a ocorrer no devir de nossos ancestrais e surgiu o *Homo sapiens-amans* como um conviver cotidiano no *linguajear*, o que de fato surgiu foi o *Homo sapiens-amans amans* como um caminho evolutivo constituído em torno da conservação do conviver em conversações de colaboração. O fato de que nossa linhagem seja o presente de um devir evolutivo fundado no conviver amoroso é deste modo o fundamento e a possibilidade das conversações liberadoras. E é nesse suceder das conversações liberadoras que se abre a possibilidade de uma nova linhagem humana.

Como já tenho dito, a noção de *Matriz Biológico-Cultural da Existência Humana* faz referência a que nós seres humanos existimos numa matriz relacional que envolve nossas emoções e nossos *fazeres* e que nos encerra ao mesmo tempo que nos faz possíveis. Mais ainda, a *Matriz Biológico-Cultural da Existência Humana* nos contém como uma rede de conversações que podem seguir distintos cursos históricos, distintas derivas *biológico-culturais* como distintas formas relacionais de viver a *Matriz Biológico-Cultural da Existência Humana*, segundo o modo particular de conviver humano que se realize e conserve nela.

Neste devir histórico *biológico-cultural* surgem distintas linhagens culturais que podem se estabelecer ou não como linhagens biológicas. Uma cultura constitui uma linhagem *biológico-cultural* ao se conservar de uma geração a outra na aprendizagem dos meninos, das meninas e dos jovens como uma rede fechada de conversações. Isto é assim já que como rede fechada de conversações uma cultura especifica o âmbito de relações e interações das pessoas que a realizam como um espaço ecológico que restringe o fluxo gênico intercultural e pode estabilizar uma forma epigênica, da mesma maneira como pode fazê-lo todo espaço de preferências ecológicas.

Por exemplo, o nascer no Chile e viver no Chile e ter filhos no Chile estabiliza a forma epigênica do ser chileno. A partir deste olhar eu visualizo em meu viver cotidiano e em minha prática profissional quatro classes de *Homo sapiens-amans* como quatro linhagens humanas, quatro modos distintos de viver em conversações, possíveis em nosso presente histórico. Uma como a linhagem fundamental da história evolutiva que nos deu origem, a linhagem *Homo sapiens-amans amans*; outras duas como formas extremas possíveis de nossa cultura *patriarcal-matriarcal*, o *Homo sapiens-amans agressans* e o *Homo sapiens-amans arrogans*; e, por último, em nossa Era psíquica presente, a Era da Pós-pós-modernidade, está emergindo uma nova linhagem *biológico-cultural*, que eu propus chamar de *Homo sapiens-amans ethicus*.[70]

Distintos Modos de Viver, distintas linhagens.

Homo sapiens-amans amans: linhagem humana básica em que a emoção fundamental é a conservação do amar como a emoção guia das redes de conversações do conviver. Redes de conversação que conservam uma psique do mútuo respeito, da colaboração e da *coinspiração* espontâneos. Este tipo de linhagem *biológico-cultural* está centrado de maneira consciente ou inconsciente na conservação do espaço íntimo que faz possível o surgir da família numa dinâmica precoce de mútua aceitação materno-infantil na brincadeira e na carícia. Este tipo de linhagem *biológico-cultural* fundante de nossa história evolutiva torna possível o surgimento do humano no conversar assim como as possíveis derivas ou linhagens que possam resultar de mudanças na configuração de *sentires* relacionais íntimos que surjam em nossa história humana e que possam ser conservados na aprendizagem de nossos meninos, nossas meninas e nossos jovens em seu viver e conviver cultural.

Homo sapiens-amans agressans: linhagem humana na qual a emoção fundamental que guia o viver e conviver é a agressão. Redes de conversações definidas a partir da psique do controle e da subjugação, do servilismo, da apropriação e da discriminação do outro, da outra ou de tudo o mais, ou de seu extermínio. Vê todas as dificuldades interpessoais ou discrepâncias com o meio como conflitos, como desafios ou problemas a serem resolvidos a partir da luta na busca do poder. Para este *Homo sapiens-amans agressans* o outro, a outra ou tudo o mais é somente um instrumento para todos os seus desígnios, ou é dispensável. Este tipo de linhagem *biológico-cultural* centrado de maneira consciente ou inconsciente no desamar, se é aprendido desde a infância pelos meninos, pelas meninas e pelos jovens, leva cedo ou tarde à sua própria destruição.

Homo sapiens-amans arrogans: linhagem humana em que a emoção fundamental que guia seu viver e conviver é a arrogância. Conservando

---

[70] *Homo* faz referência à classe de primatas que somos. *Sapiens-amans* faz referência à origem no *linguajear* e no amar. As referências *amans, agressans, arrogans* e *ethicus* fazem referência ao modo de viver. *Homo sapiens-amans ethicus* faz referência ao modo de viver em consciência ética.

redes de conversações definidas a partir da psique da vaidade na onipotência e na discriminação, sente-se *todo-poderoso* desde o crer que é capaz de tudo desde a razão e a manipulação. Na linhagem *Homo sapiens-amans arrogans* o outro, a outra ou tudo o mais é visto com desprezo por ser inferior, com inveja por ser superior. Neste presente histórico, o *Homo sapiens-amans arrogans* se envaidece por saber-se capaz de fazer qualquer coisa se respeitar as coerências estruturais do domínio de coerências estruturais em que concebe o que quer fazer. Este tipo de linhagem *biológico-cultural*, ao ser aprendido pelos meninos, pelas meninas e pelos jovens, leva à sua própria extinção na destruição do entorno *biológico-relacional* que torna possível a existência do humano.

Homo sapiens-amans ethicus: linhagem humana em que a emoção fundamental que guiaria seu viver e conviver é o amar na consciência de saber que nós seres humanos somos geradores de uma *antroposfera* que pode ser conservadora ou destruidora da biosfera que nos faz possíveis. Esta linhagem existe e se conserva num conviver gerador de redes de conversações definidas desde a psique da ternura na qual sua *sensorialidade* está aberta a ver, escutar, sentir o outro, a outra, os outros, sentindo-se parte e gerador do cosmos que gera com seu viver a partir do entender que nós todos, os seres vivos e humanos, somos seres amorosos que nascemos na confiança de ser amados e respeitados. Para o *Homo sapiens-amans ethicus* o outro, a outra, os outros surgem como legítimos outros na convivência com ele ou com ela. Neste presente histórico, o *Homo sapiens-amans ethicus* é consciente e se faz responsável de que não deseja o viver que vivemos no *desamar* desta cultura *patriarcal-matriarcal* e, portanto, é consciente e responsável por que as consequências de seus atos não causem dano a outros, outras ou a tudo o mais, do que surge seu ser e fazer ético sem esforço, de maneira espontânea. Este tipo de linhagem *biológico-cultural*, ao ser aprendido pelos meninos, pelas meninas e pelos jovens desde sua infância, leva a conservar o entorno *biológico-relacional* que faz possível a existência do vivo e do humano.

Sabemos que sabemos que distintas culturas implicam distintas linhagens e sabemos que, entre as distintas linhagens humanas *biológico-culturais* que podemos distinguir, o *Homo sapiens-amans amans* não só corresponde à forma inicial da linhagem humana porque o constitui, mas também que é a única em que o amar permitiu conservar a espécie humana.

É a linhagem *Homo sapiens-amans amans* que abre o caminho à linhagem do *Homo sapiens-amans ethicus*, já que, se o amar não se tivesse conservado de fato desde o início e não se conservasse ainda agora como a emoção básica do viver *biológico-cultural* da linhagem *Homo sapiens-amans amans*, esta se teria extinguido e nosso viver humano já teria desaparecido. E porque é além do mais desde o amar que o ato da reflexão é possível, que permite, se o desejamos, sair da dor ou do sofrimento que vivemos ou geramos com nosso viver.

A reflexão só é possível no amar porque é o único que permite soltar as certezas que permitem ver sem medo, sem preconceitos e sem expectativas o presente que se vive. E é somente na reflexão que a consciência *sistêmica-sistêmica* da responsabilidade ética surge e se abre a possibilidade de não ficarmos aprisionados na conservação de uma configuração de sentires de desamar-nos que não queremos viver, tomando consciência, na intimidade de nosso viver presente, de que somos dia a dia geradores do mundo que vivemos. E é por isso mesmo que no processo do conversar liberador se pode ver, *se sabemos olhar*, que será o soltar as certezas o que abrirá um espaço para nos perguntarmos desde a dor e a curiosidade que mundo desejamos viver. E é somente desde o amar e o amar-nos que poderemos *ver-sentir* e abrir um espaço para o surgimento de uma transformação de nossa configuração de *sentires* relacionais íntimos que constitua um transitar rumo a um mundo que desejamos conservar em nosso viver.

Por fim, será somente desde nossa autonomia reflexiva e de ação que poderemos escolher sem medo fazer-nos ou não perguntas reflexivas como:

Onde nos dói a vida? Que desejamos conservar em nosso viver e conviver? Que modo de viver e conviver desejamos que aprendam nossos meninos, nossas meninas e nossos jovens? Como fazer para recuperar ou ampliar o *bem-estar* que alguma vez vivemos? Sinto que estou com minha família no melhor momento de minha vida, não gostaria de perdê-lo... como se faz para conservá-lo?

Se estas perguntas não são suas perguntas, fica feito o convite para que façam a si mesmos suas próprias perguntas reflexivas, porque é nelas que habitamos no presente que vivemos.

Qual é seu presente?

Enlace vi

Três das grandes dificuldades para compreender o operar dos seres vivos são as questões da temporalidade, da regulação e do controle, e seu caráter de sistemas fechados. Falamos dos seres vivos como entes históricos, com passado e futuro, mas existem num presente cambiante contínuo num viver *a-temporal*. Para eles, passado e futuro não existem como aspectos de seu viver, pois o viver ocorre no não tempo. O tempo não é uma dimensão do espaço físico, por isso tanto o próprio tempo como o passado e o futuro são noções que o observador inventa para explicar as distinções de antes e depois que ele ou ela pode fazer em seu operar como observador no *linguajear*, embora ele ou ela mesma opere no *não tempo* ao viver num contínuo presente cambiante. Ocorre o mesmo com as noções de regulação e controle, que são noções explicativas que o observador inventa para falar de correlações dinâmicas estruturais que ocorrem nos domínios disjuntos na contínua mudança de uma estrutura dinâmica cambiante. E, por último, a noção de sistema fechado parece contraditória com o operar de um ser vivo como sistema aberto ao fluxo de matéria e energia em seu operar de dinâmica estacionária na conservação de sua organização *autopoiética*.

São esses os temas deste ensaio que, embora tenha sido escrito num momento de reflexão sobre a arquitetura dinâmica, encontra-se com os outros na tentativa de revelar as coerências invisíveis no ocorrer do viver dos seres vivos em seu existir como sistemas fechados. Ao falar de regulação e controle não podemos referir-nos a relações operacionais que ocorrem no presente contínuo de seu existir, mas, ao contrário, só podemos referir-nos a correlações de processos que fazemos como observadores, a partir de uma visão global que nos permite distinguir simultaneamente *sucederes* disjuntos no operar de entidades que existem como arquiteturas dinâmicas cambiantes, como é o caso dos sistemas fechados em geral e dos seres vivos em particular. Como dissemos, tudo ocorre com os seres vivos, assim como todos os *sucederes* do cosmos são *sucederes* que ocorrem num contínuo presente cambiante, e a dinâmica de seu existir em contínua mudança se nos tornaria de fato inacessível sem a invenção do tempo como uma dimensão que é em si tão imaginária como os números imaginários, dos quais já não podemos prescindir.

A dinâmica interna de um ser vivo está constituída como uma rede de produções de moléculas que em suas interações geram de maneira recursiva a mesma rede de produções moleculares que as produziu, produzindo moléculas das mesmas classes, constituindo-se com isso como uma unidade discreta numa dinâmica relacional em que opera como uma totalidade ou um organismo no espaço relacional em que existe como tal. Ao distinguir um ser vivo, nós o descrevemos com dimensões espaciais e temporais; no entanto, o ser vivo em seu existir num presente cambiante contínuo existe num fluir de mudança *a-temporal*. Isto é, o viver do ser vivo, assim como nosso próprio viver como observadores que explicam esse viver, e como o mesmo fluir cambiante do cosmos, ocorre como um presente em contínua transformação que como observadores tratamos como um trânsito perene, que vai desde um passado a um futuro como um modo de explicar um suceder que em si mesmo não tem passado nem futuro, mas, ao contrário, é sempre um agora.

O não se dar conta do que foi visto antes é a primeira grande dificuldade que encontra a tentativa de compreender o operar sistêmico dos seres vivos. Como observadores vemos e descrevemos os seres vivos como totalidades num espaço relacional. Mais ainda, nós os tratamos e manipulamos como entidades que podemos deslocar no que vemos como seu espaço relacional sem que percam sua identidade e seu operar como totalidades. Se não somos suficientemente cuidadosos, esta situação nos leva a tratar a identidade histórica imaginada de um sistema como se fosse uma totalidade no presente e a considerar relações que só têm presença conceitual como o resultado de um devir *epigênico*, como se estivessem operando no agora do presente do sistema que consideramos.

Assim, a dinâmica sistêmica, a regulação ou o controle do devir de um processo não são características nem estruturais nem dinâmicas do existir de um "sistema" ou unidade composta dinâmica em seu presente operacional; são processos que adquirem esse caráter relacional somente ante o olhar de um observador que atenda às consequências do devir epigênico de seu operar local quando ele ou ela fazem correlações de *sucederes* disjuntos no devir da estrutura cambiante de uma entidade composta dinâmica ao olhar seu operar como uma arquitetura variável.

Um observador percebe, desde o olhar histórico sistêmico que surge ao se inventar a temporalidade, que ao surgirem os entes *autopoiéticos* em seu presente *a-temporal* contínuo emerge uma classe de entes históricos que são entidades discretas no operar desse presente, mas que em princípio não têm necessariamente que ter uma borda em seu devir temporal. Ao se dar conta disso, o observador também pode dar-se conta de que, ao mesmo tempo que ele ou ela distingue o viver num ser vivo, a *autopoiese* aparece neste como a dinâmica no presente de uma entidade discreta cujo fluir operacional não tem sentido em si e de que, para dar-lhe esse sentido, ele ou ela tem que criar noções explicativas, como utilidade, propósito ou vantagens *adaptativas*, que presumivelmente seriam validadas no devir histórico do ser vivo. No entanto, como no devir histórico dos processos moleculares num sistema *autopoiético* não são fáceis de ver, as noções explicativas passam a ser argumentos do operar dos processos que se quer explicar, o que sempre é um erro. Este erro não se comete se alguém não faz pressupostos explicativos e olha o operar dos processos que ocorrem no ser vivo como aspectos da contínua realização de sua produção de si mesmo ou *autopoiese*.

O resultado de um processo não opera como fator que lhe dá origem. Se um observador atenta às consequências futuras de um processo, deixa de atentar ao presente de seu ocorrer e põe em seu pensar, sem o notar, as consequências futuras desse processo como um fator que determina seu presente e, ao caracterizá-lo como sistêmico, põe uma finalidade nele. Isto é particularmente frequente quando o observador não entende plenamente que o mundo em que vive é um contínuo presente experiencial "*a-temporal*", em que o tempo e o espaço são dimensões operacionais explicativas do fluir de um presente numa contínua mudança como um suceder *a-temporal*. Sem dúvida, vivemos nosso presente criando um passado desde o qual propomos com nossas lembranças um processo explicativo de nosso presente, enquanto ao mesmo tempo imaginamos um futuro como uma criação de um possível suceder que nos permitiria justificar o fluir presente de nosso presente.

Ao falar de arquitetura dinâmica orgânica ou ecológica, nós nos referimos ao encaixe recíproco ou coerência operacional do acoplamento estrutural dos processos moleculares que realizam as distintas entidades relacionais que constituem esses distintos domínios. E, além do mais, queremos enfatizar que todo suceder no devir do cosmos que surge nas operações de distinção do observador ocorre num fluir de distintas formas arquitetônicas cambiantes em encaixes recíprocos conforme se encontram no curso das transformações históricas a que pertencem. Não há agente externo ou interno que guie o suceder do viver ou das relações entre *viveres;* tudo ocorre num devir histórico no qual cada molécula se encontra onde se encontra como o presente de um devir de mudanças relacionais e operacionais num campo dinâmico de arquiteturas cambiantes coerentes.

O acaso e o caos não são em si, são evocações de nossa ignorância ante as muitas dimensões envolvidas num devir histórico de múltiplos processos independentes espontaneamente ordenados desde sua arquitetura dinâmica. Mais ainda: não dizemos isso a partir de um pressuposto ontológico, mas, ao contrário, como abstração que fazemos como observadores em nossas operações de distinção das regularidades do fluir em contínua mudança de nosso viver; e que fazemos como seres humanos reflexivos que explicam seu viver com as coerências operacionais de seu viver.

É neste contexto que podemos dizer que nós seres vivos vivemos nas coerências operacionais recursivas da conservação do viver. O que nós seres humanos, como seres vivos que existimos no *linguajear,* acrescentamos a esta condição fundamental do viver com nosso operar como observadores é o ato reflexivo que capta as coerências da arquitetura dinâmica que constitui nosso viver e conviver e, abstraindo-as do domínio de seu ocorrer concreto, expressa-as sob a forma de descrições que mostram ou evocam as regularidades de nosso operar como observadores, fazendo-as de maneira recursiva parte de nosso âmbito de existência.

Os temas deste ensaio são centrais para a compreensão do operar dos seres vivos em geral como entes históricos e, em particular, para a compreensão da *multidimensionalidade* do viver do ser humano como ente *biológico-cultural,* olhando a natureza dos processos que o constitui sem recorrer a princípios explicativos *a priori.* Contudo, as reflexões que lhe dão origem se modelam nas conversações de Humberto Maturana Romesín com Ximena Dávila Yáñez na tentativa de compreender e explicar como se conserva no presente uma dor que surgiu de uma negação do amar num momento que se descreve como tendo sucedido num passado longínquo, penetrando e dando forma a todo o viver desde então, como uma configuração de *sentires* relacionais que se conserva de maneira inconsciente. Quando Ximena Dávila mostra no fluir do *conversar liberador* que as dores e alegrias do passado não são os relatos que fazemos do que temos vivido, mas o próprio presente que se vive, coloca-se a pergunta sobre como se conservam essas dores e alegrias no curso do viver, de modo que são agora o referente operacional de nossas dores e alegrias cotidianas. Como diríamos agora, essas dores e alegrias se conservam como configurações de *sentires* relacionais em dinâmicas cambiantes de fluxo estacionário, na contínua transformação da arquitetura dinâmica cambiante que é nosso viver cotidiano no presente cambiante contínuo da perene realização e conservação do modo de viver que se vive. Nestas circunstâncias, o que as reflexões deste ensaio nos conectem com a conservação das configurações dos *sentires* íntimos da dor e da alegria, como dimensões de nosso viver que ao vê-las em sua contínua presença em nosso contínuo presente cambiante se tornam acessíveis à mudança desde nossa consciência reflexiva, revela-nos o quanto somos cegos ao não levar a sério o fato de que o futuro da humanidade depende verdadeiramente de nós os adultos com os quais nossos jovens convivem. Não fabricamos nosso devir, e sim o guiamos com as dores, as raivas, as alegrias e os desejos que conservamos em nosso viver como maiores que os menores podem respeitar e amar.

VI
Autopoiese e sistemas dinâmicos fechados

Autopoiese e sistemas dinâmicos fechados
Tempo, regulação e controle, operações imaginárias na compreensão do viver[71]

Humberto Maturana Romesín

Fundamentos
"Tudo o que é dito é dito por um observador a outro observador que pode ser ele ou ela mesma."[72]
Como seres humanos nós nos conduzimos em nosso viver cotidiano, científico ou técnico fazendo distinções de entes e relações que tratamos como se existissem em si ou desde si com independência do que fazemos para distingui-los e falamos como se tais entes e relações de alguma maneira já existissem antes da operação de distinção com que os fazemos aparecer em nosso observar. É mais: atuamos em nosso operar biológico como seres vivos, e, em nosso operar humano, como seres reflexivos, na confiança implícita de que vivemos imersos num âmbito de processos regulares, repetitivos, no qual encontraremos tudo de que precisamos para viver e continuar vivendo. Cada novo organismo que surge de um ato reprodutivo emerge de um progenitor que o entrega ao viver como um ente cuja anatomia e fisiologia implica precisamente isso, vem como feito e preparado para encontrar o mundo de que necessita para viver e, normalmente, acontece assim. Isto é o que vemos como observadores em nosso viver e é nisto que nos apoiamos para explicar nosso viver na confiança de que existimos num mundo de coerências estruturais independentes de nosso operar. E tudo parece estar bem, até que nos damos conta de que existem aspectos da interioridade de nosso viver que não podemos explicar com essa atitude. O que nos aparece como básico ao explicar nosso viver é o fato de que tudo o que acontece no mundo de nosso fazer e observar ocorre de acordo

---
[71] Este ensaio, até agora inédito, foi escrito entre abril e setembro de 2005, com algumas ampliações até a data de sua publicação neste livro.
[72] Lei sistêmica. Ver "Leis sistêmicas e metassistêmicas", neste mesmo livro.

com regularidades no operar dos entes e processos que distinguimos, que mostram que o ato de observar não especifica o que ocorre no observado embora o altere. Esta condição básica de nosso compreender e explicar nosso viver e os mundos que vivemos, sem a qual não podemos entender nem explicar coisa alguma, e cuja validade conceitual e operacional se funda no fato em que surge como abstração das coerências operacionais e experienciais de tudo o que fazemos em nosso viver, chamo de *determinismo estrutural*. Esta noção diz que em nosso viver e nosso explicar todos os entes que emergem em nossas distinções surgem operando com propriedades que aparecem como intrínsecas deles quando se trata de entes simples, ou com características que resultam de como estão feitos se se trata de entes compostos. Ou, dito de outra maneira, operamos em nosso viver e em nosso explicar na confiança de que, quando incidimos ou atuamos sobre um sistema, o que ocorrerá neste será o resultado do operar de seu feitio, isto é, de sua estrutura neste instante. Nesta confiança consciente ou inconsciente, explícita ou implícita, no determinismo estrutural de seu existir e do existir do meio que o contém, fundamenta-se todo o viver dos seres vivos em geral e de todo nosso viver e fazer humano em particular: nosso viver cotidiano, nosso fazer ciência, tecnologia ou arte.

Ao mesmo tempo nos ocorre que, embora vivamos tudo o que vivemos como válido no momento de vivê-lo, nós seres humanos sabemos que não sabemos no momento de viver o que vivemos se em seguida o trataremos como ilusão ou como percepção. O fato de que isto seja assim não é uma condição circunstancial do momento histórico que vivemos, é nossa condição existencial. Embora falemos como se o ato de conhecer consistisse no observar algo que existe com independência de nosso ato de distingui-lo, o fato de que na própria experiência não saibamos se o que vivemos mais tarde o trataremos como uma ilusão ou uma percepção nos indica que num sentido estrito não podemos pretender isso e nos mostra que o ato de conhecer não consiste nem pode consistir numa referência a algo que existe com independência do que fazemos ao distingui-lo. No fundo, nós sabemos isso, embora frequentemente não assumimos o que isso implica. Assim, quando queremos saber se alguém sabe ou tem certos conhecimentos num certo âmbito, e se seu fazer nos parece adequado, dizemos que esta pessoa sabe. De fato, nada disso constitui uma dificuldade para o que fazemos em qualquer das dimensões de nosso viver. Podemos investigar o código genético como um fenômeno molecular, podemos viajar à Lua, podemos descrever as células neuronais, mas não podemos responder às perguntas: "o que é o viver?", "o que é um ser vivo?" ou "como surge e conserva a harmonia operacional no operar de uma totalidade sem um princípio ordenador?".

Estas perguntas não podem ser respondidas na forma em que estão formuladas como perguntas pelo ser de um ser vivo, por como é o em si do viver, porque, ao não saber na experiência se o que vivemos é uma ilusão ou percepção, não podemos saber se o que dizemos que é o viver é válido ou não em termos do viver. Se queremos falar do ser ou do em si de algo, não podemos fazer isso. O que, sim, podemos fazer é falar do que fazemos e de como o fazemos quando fazemos uma distinção. Quando, de fato, tomei consciência disso no ano de 1960 ao tentar falar a meus alunos sobre a origem da vida, mudei a pergunta e, em vez de me perguntar "o que é a vida?" ou "o que é um ser vivo?", perguntei-me: "que critério uso eu para afirmar que vejo um ser vivo quando digo que vejo um ser vivo?" ou "o que tenho eu a ver que ocorre num sistema para que eu diga que esse sistema é um ser vivo?".

Ao fazer a pergunta "o que é a vida?", o observador espera uma resposta cuja validez se fundamente num argumento externo a seu próprio operar sob a forma de uma referência ao real, ao em si do ser pelo qual se pergunta. No entanto, pelo que disse mais acima, este tipo de resposta não é possível. Ao contrário, a pergunta "que critério uso eu para afirmar que algo é o que eu digo que é?" tem sim resposta e a tem sob a forma da proposição, pelo observador, da descrição do que ele ou ela teria que ver que ocorre num sistema, ou com um sistema, para que ele ou ela aceitasse que o que resulta desse ocorrer é um ser vivo. Esta resposta é possível, sim, e o que o observador teria que ver é que o sistema sob sua consideração opera como um sistema *autopoiético* molecular. No momento em que me fiz esta pergunta em 1960, a resposta não era evidente nem parecia fácil, não só porque as reflexões com que inicio esta introdução não eram parte nem do pensar científico nem do pensar epistemológico desse momento histórico, mas também porque os próprios biólogos relegavam a pergunta pelo vivo ao campo da filosofia ou ao mistério do incompreensível. Demorei três anos para perceber cabalmente que tínhamos já naqueles momentos todas as noções fundamentais dos processos metabólicos que constituíam uma célula como um ser vivo mínimo. Só faltava reconhecer de maneira explícita: 1) que a célula, como ser vivo mínimo, estava constituída como uma rede fechada de produções moleculares em que as moléculas produzidas com suas interações geravam a mesma rede de produções moleculares que as produziu e especificavam sua extensão constituindo suas bordas operacionais como uma unidade discreta; 2) que o resultado da dinâmica dessa rede fechada de produções moleculares na célula era a contínua produção da mesma célula como um sistema *autopoiético;* 3) que a célula como sistema *autopoiético* molecular é fechada na dinâmica *autopoiética,* mas aberta ao fluxo de moléculas e energia através dela; e 4) que o viver de um ser vivo ocorre em sua *autopoiese* molecular como dinâmica de processos e não depende das moléculas que o realizam como um organismo particular. A história de como desenvolvi a noção de *autopoiese* como organização do vivente entre os anos 1960 e 1970, para depois ser publicada com a colaboração de Francisco Varela em 1972, está relatada em vários ensaios já publicados,[73] de modo que agora me centrarei nas implicações biológicas e epistemológicas dela para a compreensão do operar do organismo.

Nós seres vivos somos sistemas *autopoiéticos* moleculares que operamos como unidades discretas num espaço relacional em que, ao existir como totalidades, existimos como organismos. Em nosso operar como organismos, nós seres vivos existimos em dois domínios: no domínio da realização de nosso viver existimos na contínua produção de nós mesmos no fluir da realização de nossa *autopoiese* molecular; no domínio de nossa realização como totalidades existimos operando como organismos num espaço relacional. Ou, dito de outra maneira, tudo o que ocorre em nós como seres vivos em nossa dinâmica interna, e tudo o que ocorre conosco como organismos em nossa dinâmica relacional, ocorre no curso da realização de nosso viver na realização e conservação de nossa *autopoiese* molecular; isto é, como seres vivos existimos na contínua realização de nossa *autopoiese* molecular, como organismos operamos como totalidades num meio no qual interatuamos através de nossa constituição molecular na contínua produção de nós mesmos, na contínua realização de nossa *autopoiese* molecular. Enfim, o dito, obviamente, também se aplica na totalidade a nós seres humanos enquanto seres vivos.

---

[73] Humberto Maturana Romesín: "Introduction" e "Autopoiesis, the organization of the living", de Humberto Maturana Romesín e Francisco Varela García, em *Boston Studies in the Philosophy of Sciences*, Ed. Riedel Publishing Co. Collection, Boston, USA, v. 42, 1980.

Sistemas dinâmicos fechados

O vivo
Como acabo de dizer, se examinamos um ser vivo em sua dinâmica interna, vemos que existe como um sistema *autopoiético* molecular que está constituído como uma rede de produções de moléculas que em suas interações geram de maneira recursiva a mesma rede de processos de produções moleculares que as produziu produzindo moléculas da mesma classe daquelas que as produziram, tudo isso numa dinâmica fechada que faz dessa rede uma unidade discreta num espaço relacional em que opera como uma totalidade ou um organismo. Embora como observadores ao distinguir um ser vivo o descrevamos em dimensões espaciais e temporais, o ser vivo existe num presente contínuo, no fluir de um presente cambiante que é em si mesmo *a-temporal*. O viver do ser vivo como ser vivo e nosso próprio viver como seres humanos observadores que explicam esse viver, assim como o fluir cambiante do cosmos em que existimos, ocorrem como um presente em contínua transformação. É para resolver este aparente conflito entre distinguir-se vivendo num presente contínuo e a distinção de mudança nesse contínuo presente que nós seres humanos inventamos a noção de tempo como uma dimensão no âmbito dos *sucederes* que permite localizar os acontecimentos em antes e depois. E ao fazer isso fizemos do tempo parte das distinções do fluir de nosso viver cotidiano e aprendemos a sentir nosso presente como uma passagem perene que vai de um passado a um futuro, ao tempo que usamos as noções de passado e futuro como um modo de explicar nosso suceder num presente contínuo que em si mesmo não tem nem passado nem futuro, mas, ao contrário, é um contínuo agora.

O temporal
A invenção do tempo como uma dimensão imaginária surge no operar do observador num transfundo experiencial de distinções de processos e da distinção do fluir de seu suceder como um devir emergente de

transformações que em seu ocorrer são unidirecionais e históricas, numa dinâmica na qual cada momento do ocorrer de um processo surge como uma transformação do momento anterior. Sem dúvida, falamos de processos reversíveis quando em nosso operar como observadores atendemos a situações, como a oscilação de um pêndulo, em que tudo parece voltar a uma condição inicial, ou em formulações matemáticas nas quais a dimensão tempo não tem direção. Contudo, ao fazer isso, ou não atentamos ao próprio ocorrer dos processos, ou não nos advertimos de que a reversibilidade é um jogo de confusão de domínios que fazemos quando de maneira consciente ou inconsciente operamos como observadores que acreditam que os processos distinguidos ocorrem fora do espaço relacional que os torna possíveis. Mais ainda: nesta desatenção, esquecemo-nos de que ao observar somos nós, em nosso operar como seres humanos, que produzimos os processos distinguidos em algum de nossos domínios de existência. A noção *tempo* não conota uma dimensão relacional que existiria com independência da operação de distinção com que o observador o *traz à mão*,[74] mesmo quando fale dele como uma dimensão própria do que chama de o espaço físico quando o usa ao propor processos explicativos que podem ser representados por formalismos matemáticos que permitem computar seu fluxo como se esses processos ocorressem com independência da participação do operar do observador. Os processos cujo suceder requerem a participação do observar do observador ocorrem num espaço diferente do que chamamos de o espaço físico no qual o tempo opera como o que é, em nosso ser seres vivos, uma invenção que permite imaginar o operar de uma totalidade evanescente em seu suceder de arquitetura dinâmica espontânea que ocorre como um presente cambiante contínuo. Assim, a integração dos processos sequenciais disjuntos do operar de um sistema dinâmico fechado é compreensível sem recorrer a artifícios de conexões semânticas, só se, ao inventar o tempo como referente da sucessão dos processos que constituem o sistema, tratamos o que vemos com cada olhar que damos aos presentes cambiantes de sua contínua transformação como momentos sucessivos do operar coerente como totalidade de sua arquitetura dinâmica *temporal-espacial*. Ao fazer isto, tratamos cada momento que distinguimos no operar como totalidade de uma arquitetura dinâmica, como uma instância presente de seu contínuo ocorrer *epigênico* num espaço relacional no qual a

---

[74] Traz ao existir.

noção de tempo não participa como uma dimensão de um espaço físico que o contém, mas, ao contrário, como uma dimensão reflexiva que permite ver a integração arquitetônica de processos operacionalmente disjuntos.

O organísmico

O não se dar conta de que nós seres vivos existimos como organismos em dois domínios disjuntos é a primeira grande dificuldade com que depara a tentativa de compreender o operar dos seres vivos como sistemas *autopoiéticos*. A segunda grande dificuldade surge do tratar o tempo como uma dimensão física do viver e, com isso, pensar que as noções de propósito ou intenção são aspectos da biologia, e não noções explicativas do observador, mesmo quando este possa falar com sentido delas no fluir do viver de um organismo. Como observadores, vemos e descrevemos os seres vivos como totalidades num espaço relacional. Mais ainda: tratamos e manipulamos os seres vivos como entidades que podemos deslocar conservando seu operar como totalidades no que vemos como seu espaço relacional, ao tempo que vemos sua identidade como sistemas *autopoiéticos*. Se não somos suficientemente cuidadosos, esta situação nos leva a considerar a identidade histórica imaginada de um sistema *autopoiético*, como se este fosse de fato essa totalidade temporal em seu presente, e tratamos relações que só terão uma presença conceitual explicativa como o resultado de visualizar nele um devir *epigênico*, como se estivessem operando no agora transitório de seu presente sistêmico. Assim, frequentemente dizemos que um termostato controla ou regula a temperatura de um quarto como se o que chamamos o controle ou a regulação da temperatura do quarto fosse um aspecto do operar de sua dinâmica estrutural, e não uma mera concatenação de processos que desde si ocorrem num presente sem história e sem propósito. E dizemos isto mesmo quando sabemos que não é assim, pois sabemos que o que chamamos de controle ou regulação da temperatura do quarto é uma reflexão que fazemos ao observar o que acontece ao considerar o devir das variações de temperatura no quarto em relação ao que desejamos suceda como resultado da contínua inter-relação das dinâmicas estruturais do termostato e do quarto. Sem dúvida, parece mais fácil falar da regulação da temperatura do quarto pelo termostato do que fazer referência à dinâmica estrutural que ocorre no presente cambiante do termostato e do quarto de modo que parece que o termostato operaria de acordo com o propósito de controlar a temperatura do quarto. Se os que nos escutam entendem do que falamos ao fazer essa descrição inadequada de um presente cambiante, pode ser aceitável, mas, se não é assim, não. O central em todo caso é o que o interlocutor escuta ao escutar essa descrição ou afirmação, porque desse escutar dependerá o que ele ou ela faça.

O sistêmico

A compreensão sistêmica do operar de um "sistema" requer que o ou a observadora se movimente em sua reflexão considerando os distintos domínios operacionais e conceituais em que ocorre o operar do sistema, sem confundir os resultados históricos desse ocorrer com os processos que em cada instante estão sucedendo no presente. A dinâmica sistêmica, a regulação, o controle do devir de um processo ou sua oportunidade não são características nem estruturais nem operacionais do existir de um "sistema" em seu presente dinâmico, são noções explicativas que um observador propõe para evocar a dinâmica recursiva cíclica do operar de um sistema dinâmico fechado em sua existência como totalidade.

Cada vez que um observador distingue um conjunto de elementos interligados que configuram uma totalidade distingue uma unidade composta. Cada vez que um observador distingue uma unidade composta na qual os elementos que a compõem se relacionam uns com outros de modo que se ele ou ela atua sobre um atua sobre todos, distingue um sistema. Cada vez que um observador distingue um sistema constituído como uma coleção de elementos que interatuam entre si constituindo uma rede dinâmica fechada de processos cíclicos recursivos interligados de modo tal que, se ele ou ela atua sobre um deles atua sobre todos, distingue um *sistema dinâmico fechado*.[75] O que define um *sistema dinâmico fechado* é sua organização circular ou cíclica, que, como uma rede de processos fechados sobre si mesma, realiza-se numa dinâmica que continuamente gera sua condição de rede fechada. Um *sistema dinâmico fechado* existe como uma totalidade de uma certa classe no espaço relacional em que interatua como totalidade. Como unidade composta, um sistema fechado ao interatuar como totalidade o faz por meio do operar de seus componentes, e conservará sua identidade de classe enquanto as mudanças estruturais que se *desencadeiem* neles no curso de suas interações como totalidade redundem na conservação de sua identidade de classe (organização). Isto é, um *sistema dinâmico fechado* existirá como tal

---

[75] Ver "Leis sistêmicas e metassistêmicas", neste mesmo livro.

enquanto sua organização de *sistema dinâmico fechado* se conservar no fluir das mudanças estruturais dos elementos que o compõem e realizam como uma unidade discreta de uma certa classe no meio relacional particular que o torna possível. Quer dizer, as mudanças na estrutura dos elementos que realizam um *sistema dinâmico fechado* têm como resultado mudanças no curso dos processos cíclicos recursivos que constituem sua organização como *sistema dinâmico fechado* enquanto essas mudanças estruturais não interfiram na conservação de sua organização como tal.

O existir

Um *sistema dinâmico fechado* opera numa dupla existência: por um lado é um sistema fechado em sua dinâmica cíclica recursiva e, por outro, é uma totalidade com uma identidade particular que se conserva através de suas interações num espaço relacional que o contém como tal. Estes dois domínios de existência são disjuntos, não se intersecionam fenomenicamente, e o que ocorre na dinâmica cíclica recursiva que constitui o modo de ser fechado de um *sistema dinâmico fechado* não "vê" o que acontece com a entidade discreta que emerge como totalidade em seu operar fechado que cria as bordas que o separam e conectam num espaço relacional mais amplo num devir que inclui a dimensão temporal. E, ao contrário, o ocorrer do operar como totalidade de um *sistema dinâmico fechado* ao interatuar num meio relacional mais amplo é cego ao que ocorre em sua dinâmica cíclica recursiva interna.

Isto é, um observador não pode expressar o que vê que ocorre na dinâmica interna de um *sistema dinâmico fechado* com os termos ou elementos do que ele ou ela vê que ocorre em seu operar como totalidade no espaço relacional que o contém e faz possível. Tampouco pode um observador expressar o que vê que ocorre na dinâmica relacional de um sistema ao operar este como totalidade com os termos ou elementos do que ele ou ela vê ao considerar sua dinâmica interna. No entanto, embora os dois domínios de existência de um *sistema dinâmico fechado* sejam disjuntos e não se possa expressar o que ocorre num em termos do que ocorre no outro, o fluir do que ocorre nos dois domínios de existência de um *sistema dinâmico fechado* ocorre numa correlação operacional porque de fato estes dois domínios se encontram entrelaçados *ortogonalmente*, pois se entrecruzam em sua realização estrutural e, se o ocorrer de um se interrompe, o outro se desintegra. Como resultado disso, o modo de realização da dinâmica fechada de um *sistema dinâmico fechado* muda com as mudanças estruturais que surgem em seus componentes nas contingências de seu operar como totalidade no meio em que conserva sua identidade como tal. Ao mesmo tempo, o modo de operar como totalidade de um *sistema dinâmico fechado* muda com as mudanças estruturais que ocorrem em seus componentes como resultado de sua dinâmica cíclica interna.

O recursivo

O recursivo ocorre na dinâmica relacional em que se entrelaçam um processo cíclico repetitivo e um processo linear, de modo que cada novo ciclo se instala sobre o deslocamento do processo linear associado ao ciclo anterior. Requerem-se ao menos dois ciclos para que haja *recursão*. Cada vez que há *recursão* surge um novo domínio relacional que não é dedutível do que ocorre na dinâmica cíclica ou na dinâmica linear vistas separadamente. A associação entre uma dinâmica cíclica e uma dinâmica linear ocorre continuamente no fluir das arquiteturas dinâmicas, mas a *recursão* que esta associação implica somente emerge como tal se o novo domínio relacional que surge através dela adquire presença operacional ao participar da realização e da conservação de um operar sistêmico que aparece como modificação de um devir histórico já existente.

Coerências sistêmicas: correlações históricas

Quando um observador distingue um sistema fechado, *traz à mão*[76] uma totalidade na qual, juntamente com os elementos e processos que o compõem, distingue as relações entre eles que o constituem como uma unidade discreta num âmbito relacional particular. Ao fazer isso, o observador distingue no sistema relações locais que mostram as coerências imediatas das interações dos entes que o compõem como uma trama de processos lógicos. Mas ao mesmo tempo o observador distingue na totalidade relações sistêmicas que revelam coerências não locais, como uma trama de ordenação imanente que dá à totalidade sua forma como uma singularidade *temporal-espacial*. O que um observador distingue como relações sistêmicas não são relações lógicas, não são relações causais locais, não são abstrações do operar inter-relacionado de processos que ocorrem num mesmo domínio fenomênico, mas antes são coerências operacionais de origem histórica que um observador distingue entre os processos que realizam um sistema como totalidade mesmo quando eles ocorrem em âmbitos fenomênicos disjuntos no momento de sua distinção.

Quando distinguimos um sistema, este surge em nossa operação de distinção como uma entidade que visualizamos em nosso presente operacional como um entrelaçamento de processos sucessivos que não vemos, mas que o constituem como totalidade num espaço relacional como o contínuo presente de um devir histórico. Isto é, os sistemas que distinguimos no fluir de nosso viver aparecem em nosso operar de observadores como singularidades operacionais com dimensões relacionais espaciais que nos permitem movimentá-los de um lado para outro como totalidades. Nestas circunstâncias, para explicar sua presença como totalidades em nosso presente cambiante nós lhes atribuímos uma dimensão histórica, evocando um devir contínuo de transformações no qual se teria conservado sua presença

---

[76] Traz ao existir.

espacial. Por isso, num sentido estrito o olhar do observador, como ser humano que distingue processos e sucessões de processos, nunca é um olhar "unicamente" espacial local, mas ao contrário é sempre um olhar *temporal-espacial*. É mais: o espacial aparece como tal somente quando o observador detém todos os processos em seu olhar e, em seguida, projeta o que vê sobre o plano do presente que vive. Ao deter o observador o fluir dos processos que constituem um sistema, ao deter a história de seu ocorrer, os elementos distinguidos como componentes do sistema aparecem como entes independentes, livres para se dispersarem se não surgir algum operar que os conecte na restituição da história ou do devir relacional suspendido. Ao distinguir um sistema fechado como uma totalidade integrada de processos sucessivos, o observador pode ver que na sucessão desses processos pode haver processos anteriores que afetam, de maneira indireta ou não local, processos posteriores como aspectos centrais de integração do sistema como totalidade. Na tentativa de explicar como acontece isso, inventaram-se noções como as de *controle* e de *regulação*, sugerindo relações operacionais causais históricas que de fato não podem ocorrer em sistemas determinados em sua estrutura: "num âmbito de determinismo estrutural o resultado de um processo não opera e não pode operar como argumento para sua origem".[77] Por isso, no que se refere ao operar dos sistemas determinados em sua estrutura, as noções de controle e regulação, embora sedutoras, são enganadoras, pois aparecem como tentativas explicativas que pretendem fazer conexões causais entre processos que em seu operar no presente são disjuntos e sem relação operacional direta ou lógica entre si, embora se trate de processos que são, sem dúvida, coerentes em sua participação na constituição e conservação do sistema em seu operar como totalidade *temporal-espacial*. Isto é assim, embora o que o observador tenta fazer com essas noções não seja arbitrário, porquanto o que o move a fazê-lo é sua distinção de certas correlações operacionais que ele ou ela pode estabelecer desde um olhar histórico entre as consequências de processos disjuntos que ocorrem em distintos momentos do operar integrado de um sistema fechado e que nunca são visíveis em seu ocorrer no presente.

As noções de regulação e controle podem ajudar um observador a imaginar o que ocorre com as coerências operacionais que ele ou ela vê entre as consequências dos distintos processos disjuntos que constituem o operar

---

[77] Ibid.

de um *sistema fechado* como totalidade, mas não descrevem processos cujo operar possa explicar como surgem essas coerências operacionais no operar de sistemas determinados em sua estrutura. O que acontece é que os sistemas determinados em sua estrutura ocorrem no transfundo de um presente cambiante contínuo de configurações arquitetônicas no qual surgem espontaneamente como arquiteturas dinâmicas espontâneas que se conservam como singularidades operacionais que o observador pode distinguir graças ao seu próprio ocorrer e operar no presente como uma delas. É pelo dito antes que penso que os sistemas moleculares enquanto sistemas determinados em sua estrutura existem como arquiteturas moleculares dinâmicas singulares num presente cambiante de contínuo fluxo de mudanças de arquiteturas moleculares. Por isso mesmo penso que os sistemas moleculares fechados emergem quando num âmbito de arquiteturas moleculares dinâmicas espontâneas se configuram processos arquitetônicos dinâmicos entrelaçados que se conservam como totalidades num espaço relacional que aparece com seu operar. E tudo isso ocorrendo numa dinâmica espontânea, sem propósito nem orientação predeterminada, na qual cada instante é o início de um devir histórico que surge no encontro de processos independentes que vão se ordenando segundo o curso que segue o fluir das configurações relacionais que ficam conservadas. No âmbito de determinismo estrutural em que se dá nosso viver e operar como observadores, tudo ocorre num fluir de arquiteturas dinâmicas espontâneas que surgem e se desvanecem segundo o que se conserve ou deixe de se conservar em processos de composição ou decomposição que surgem de seus encontros como entidades independentes. Tudo isso ocorre numa dinâmica espontaneamente organizada desde o determinismo estrutural, embora não predizível por um observador se este não pode configurar o que distingue em seu operar como uma trama arquitetônica que pode descrever.

Nestas circunstâncias o observador, para explicar as relações operacionais que constituem e conservam um sistema que ele ou ela distingue como uma totalidade *temporal-espacial*, tem que propor uma arquitetura dinâmica como um devir de mudanças estruturais no qual as mudanças estruturais que ele ou ela vê que, no presente de seu observar, ocorrem de maneira coerente em sua participação na realização e conservação unitária do sistema como totalidade ocorrem assim porque surgem de mudanças estruturais anteriores cujo suceder não implica o sistema emergente porque são simplesmente o resultado de mudanças estruturais que surgem concatenadas de uma maneira particular pela forma particular da arquitetura dinâmica que esse sistema é como ente *temporal-espacial*. Dito de outra maneira, as coerências operacionais que ocorrem num sistema fechado, por mais que nos pareçam inesperadas e surpreendentes pela ausência de relações causais locais em seu ocorrer no presente, sempre são o resultado de coerências estruturais históricas que surgem em sua arquitetura dinâmica espontânea como o resultado espontâneo da conservação da contínua realização do sistema fechado em sua dinâmica cíclica recursiva interna e em seu operar relacional como uma totalidade arquitetônica dinâmica.

A invenção do tempo como dimensão imaginária *ortogonal* às dimensões espaciais que distinguimos em nosso viver cotidiano permite explicar como surge o entrelaçamento operacional de um fluir de coerências locais e coerências históricas sistêmicas se se considera que o que está em jogo na constituição de um sistema dinâmico fechado é a contínua transformação num presente em contínua mudança de uma arquitetura dinâmica espontânea num âmbito de determinismo estrutural. Isto é, o tempo como dimensão imaginária permite ver que os sistemas dinâmicos fechados são arquiteturas dinâmicas espontâneas que, ante o olhar que atenta somente para a integração das dinâmicas que os realizam, veem-se como o resultado da conservação de processos cíclicos na realização e conservação do operar como totalidade de uma unidade composta no devir histórico de um operar relacional que existe como um presente cambiante contínuo. Um organismo é um sistema dinâmico fechado que existe como uma totalidade arquitetônica *temporal-espacial* que conserva sua organização como um organismo de uma certa classe em seu devir histórico através de sua contínua mudança em interações com um meio que surge e muda com ele no fluir desse devir. Um organismo existe como entidade arquitetônica dinâmica cambiante somente no espaço relacional molecular onde se dá a realização de seu viver em sua forma particular de ser um sistema *autopoiético*; e existe na dinâmica cíclica recursiva do operar da contínua realização de sua *autopoiese* como um devir histórico. Ou, em outras palavras, um observador diz que vê um organismo na realização de seu viver quando distingue uma singularidade arquitetônica molecular cambiante que, vista em seu devir histórico, opera como uma rede fechada de processos que realizam um sistema *autopoiético* molecular. O viver de um organismo ocorre na realização de sua *autopoiese* e, na medida em que se realiza a *autopoiese* de um organismo, realiza-se seu viver como tal num existir como uma singularidade histórica.

As coerências sistêmicas que um observador vê no operar de um sistema fechado, e que conota com relações imaginárias como relações de controle e regulação, são correlações históricas, e não são coerências operacionais causais. Isto é, as coerências sistêmicas são abstrações de correlações que o observador faz ao relacionar momentos disjuntos das contínuas transformações arquitetônicas cíclicas que ocorrem no sistema fechado e que ele ou ela vê como processos correlacionados no devir histórico da realização e conservação do sistema fechado como totalidade. Assim, tudo o que ocorre num organismo, seja em sua dinâmica interna, seja em sua dinâmica relacional, ocorre na realização de sua *autopoiese* como o fluir de mudanças recursivas de uma arquitetura dinâmica espontânea como entidade *temporal-espacial* que constitui um sistema fechado em seu devir como um devir de correlações históricas de coerências operacionais disjuntas.

Estrutura histórica: arquitetura dinâmica espontânea

Se atentarmos a tudo o que sabemos sobre os processos moleculares que distinguimos na realização de uma célula como um ser vivo, poderemos notar que o entrelaçamento desses processos configura uma rede de produções de moléculas que com e em suas interações realizam *recursivamente* a mesma rede de produções moleculares que as produziu e especificam, ao mesmo tempo, sua extensão como uma totalidade que existe como organismo num espaço relacional. Chamei de *autopoiese molecular* esta configuração molecular dinâmica que constitui e realiza um ser vivo como ser vivo: um ser vivo é um sistema molecular *autopoiético*, e um sistema molecular *autopoiético* é um ser vivo.

A noção de *autopoiese* molecular não é uma definição do viver, tampouco é uma noção explicativa. O que a expressão *autopoiese* molecular faz é descrever numa só palavra a configuração de processos moleculares que constituem um ser vivo como ser vivo. Os seres vivos existem e são seres vivos na contínua produção de si mesmos: a *autopoiese* é o ser e a realização do viver. Tem mais ainda. A formulação da noção de *autopoiese* surge como uma abstração que o observador faz das coerências operacionais que distingue na rede de processos moleculares que constituem instante a instante o fluir contínuo da realização do viver de um ser vivo e de fato mostra e descreve a configuração de processos moleculares que constitui a contínua realização do viver.

Os seres vivos não *têm autopoiese*, não *usam* a *autopoiese* para viver, e a contínua realização da *autopoiese* molecular é o viver do que distinguimos como um ser vivo. Um ser vivo existe como um sistema *autopoiético* molecular que em seu operar como sistema fechado surge como totalidade na contínua realização e conservação de sua *autopoiese* num fluir histórico de interações num meio que o faz possível. Chamamos de organismo esse existir do sistema *autopoiético* como totalidade: todo ser vivo existe como um organismo em seu devir ou fluir histórico. Este fluir histórico, no entanto, não se vê no presente do viver de um organismo, mas aparece na distinção do observador ao confiar de maneira implícita ou explícita na constância do determinismo estrutural, quando propõe o fluir histórico como um mecanismo explicativo do presente. Entretanto, o fluir histórico é um suceder generativo que sempre fica oculto no momento que aparece o olhar funcional que quer encontrar uma finalidade, um resultado útil, ou uma vantagem *adaptativa*, para o *ocorrer a-temporal* do presente que se vê. As noções de finalidade ou vantagem *adaptativa* são conceitos ou princípios explicativos que o observador propõe quando não vê que o fluir do viver de um ser vivo emerge fora do tempo ou *tempo zero* como a dinâmica de uma arquitetura cambiante espontânea num presente contínuo.[78] Se não fico preso a um olhar funcional que quer encontrar um propósito ou uma finalidade no que acontece nos processos que realizam o viver para explicar sua ordem ou eficácia e se, assumindo que distingo uma sucessão de *sucederes*, invento a dimensão tempo, posso ver que tudo ocorre num ser vivo como um aspecto da contínua produção de si mesmo num fluir *epigênico* que não se vê no presente de cada momento que ocorre sem passado nem futuro no agora de cada instante do suceder sistêmico fechado que o viver é, porque este viver ocorre em tempo zero. Nestas circunstâncias, as reflexões e considerações relacionais que descrevem o suceder dos processos entrelaçados que constituem o operar dos sistemas e as relações sistêmicas como um ocorrer temporal são evocações explicativas num âmbito de fluxo histórico do suceder das mudanças arquitetônicas da realização dos entes sistêmicos em seu ocorrer no tempo zero de um presente cambiante contínuo.

O explicar, o entender e o compreender são construtos conceituais e operacionais que guiam o viver do observador. O explicar é a proposição de

---

[78] Uma noção ou princípio explicativo é uma noção aceita *a priori* usada como argumento para explicar ou justificar a aceitação de um acontecer que se comprova ocultador dos processos que dão origem a este acontecer.

uma dinâmica ou um processo generativo cujo operar tem como resultado o que se quer explicar. O entender é o que tem como resultado o viver e o pensar do observador quando este visualiza a matriz relacional na qual o que diz que sabe faz sentido para ele ou ela.[79] Enfim, compreender é visualizar a dinâmica recursiva do entender. Portanto, entender a *autopoiese* é ver o âmbito relacional amplo em que se dá o entrelaçamento que o observador vê como cíclico recursivo das dinâmicas moleculares que realizam um ser vivo como um *sistema dinâmico fechado* e o constituem como uma totalidade num espaço relacional. E o compreender tudo isto é ver que tudo ocorre no ser vivo no contínuo entrecruzamento *epigênico* de processos – que o observador vê como cíclicos – de produções moleculares que em conjunto resultam em seu existir como um organismo cuja borda operacional é a conservação de seu contínuo manifestar-se numa totalidade separável do âmbito de interações ou meio que o faz possível, percebendo que essa visão é complementar ao perceber que o que ocorre de fato no âmbito molecular é o fluir de mudanças espontâneas de uma arquitetura dinâmica. Enfim, entender e compreender a *autopoiese* é dar-se conta de que não se vê no presente *a-temporal* do observar do observador porque não ocorre no agora do presente, mas, ao contrário, que é uma arquitetura dinâmica que o observador vê como uma rede de processos cíclicos de produções moleculares que se transformam continuamente num *sistema dinâmico fechado* que existe na contínua produção de si mesmo. Por fim, entender e compreender a *autopoiese* é tomar consciência de que o que um observador vê como cicatrização de uma ferida não é um processo especial para acabar com um dano tissular, e sim um aspecto circunstancial da contínua produção de si mesmo que ela é. O mesmo acontece com a regeneração de um órgão, com a diferenciação tissular ou com o crescimento.

No suceder biológico não há finalidade, não há regulação, não há controle, não há melhor nem pior, não há vantagens *adaptativas*. Assim, a *autopoiese* é um contínuo transformar-se num devir histórico, qualquer que seja a complexidade do organismo no presente contínuo de sua arquitetura cambiante.

Exemplo: a insulina não controla o metabolismo da glicose no ser humano. A insulina e as células do pâncreas que a produzem são apenas

---

[79] Esta noção foi proposta e desenvolvida no Instituto Matríztico no trabalho de Ximena Dávila Yáñez em relação ao olhar recursivo sobre o operar sistêmico.

componentes da arquitetura dinâmica que aparecerá ante um observador que olha o fluir de sua contínua transformação espontânea a partir de seu ver temporal. O observador verá também nesse olhar que a insulina e as células que a produzem participam da dinâmica cíclica recursiva de um processo metabólico que se entrecruza com muitos outros processos metabólicos cíclicos recursivos num ocorrer de processos moleculares e celulares entrelaçados que tem como resultado um ser humano na harmonia fisiológica de seu viver. A noção de controle surge da reflexão do observador como a expressão sintética de um olhar que conecta momentos históricos disjuntos do fluir de uma arquitetura dinâmica tratando sua correlação histórica que ele ou ela faz como um suceder biológico que de fato não acontece. A noção de controle tem um valor operacional se o que o observador quer é controlar o curso de um processo metabólico porque permite pensar onde atuar, mas não representa um suceder biológico.

Outro exemplo: a membrana celular não surgiu na origem das primeiras células para delimitar um espaço metabólico, mas quando surgiu uma rede de processos cíclicos recursivos de produções de moléculas das mesmas classes que as moléculas que constituíam essa rede, e surgiu fechada sobre si mesma com uma borda operacional que a separava de um âmbito contentor de moléculas; surgiu um sistema *autopoiético* e a membrana que o delimita como um aspecto de sua *autopoiese*. Sem dúvida, parece mais fácil dizer que a membrana celular surgiu porque era necessária para a *autopoiese*. Mas não foi assim.

Quando distinguimos um conjunto de elementos interconectados de modo que se atuamos sobre um atuamos sobre todos, distinguimos um *sistema fechado*.[80] Sem dúvida, o que se revela mais surpreendente no operar de um sistema fechado é que aparece ante o observador que o distingue como se ocorresse como uma totalidade temporal em seu presente ou, o que dá no mesmo, como se existisse como um todo no momento em que alguém o observa. Mas não é assim; o olhar do observador é *a-temporal*, ele ou ela vê o sistema distinguido no plano do presente e acrescenta a dimensão tempo ao distinguir processos nele. Uma "célula" congelada não é uma célula, porque não é um sistema molecular *autopoiético*, não é um sistema dinâmico, e sim um pedaço de gelo. Quando, ao se descongelar esse

---

[80] Esta é uma das leis sistêmicas que Ximena Dávila Yáñez e eu desenvolvemos em nosso trabalho comum no Instituto.

pedaço de gelo, aparece a dinâmica molecular da *autopoiese* celular, emerge uma célula. E essa célula é algo novo, e qualquer conexão com uma célula anterior é um argumento histórico explicativo que o observador propõe para justificar a irrupção dessa célula no presente de seu viver.

Ao congelar uma célula (a -180 graus Celsius) o observador detém a dinâmica molecular que a constitui; as moléculas não se alteram, suas posições relativas permanecem fixas, só os processos, as interações e as transformações moleculares que surgem dessas interações são detidos. O pedaço de gelo que contém a célula que foi não é amorfo, as moléculas que a compunham desde sua quietude conservam a arquitetura celular do momento de sua detenção, arquitetura que é agora, não é dinâmica porque já não há processos. Ao distinguir uma célula um observador faz surgir com sua distinção uma arquitetura molecular dinâmica espontânea, uma arquitetura composta por elementos, posições relativas e processos que constituem sua feitura e seu domínio de existência como um âmbito *espaço-temporal* demarcado num âmbito mais amplo que é também de dimensões *espaço-temporais*. Tudo o que *trazemos à mão*[81] em nosso operar como observadores surge num âmbito de coerências estruturais intrinsecamente não casual, qualquer que seja o domínio em que surja, e sim numa ordem de arquiteturas dinâmicas espontâneas. Nada existe solto no nada, tudo o que distinguimos surge participando de uma trama de relações e processos que configuram o presente dinâmico de nosso viver no cosmos que surge com nosso viver sem orientação preestabelecida nem propósito final algum.

Um sistema fechado emerge quando surge espontaneamente ou como resultado de um plano, uma configuração fechada *de processos de mudanças estruturais cíclicas* como *um âmbito fechado de mudanças estruturais recursivas* interconectadas. E o que se constitui nesse emergir é o devir histórico de uma entidade arquitetônica dinâmica, que seguirá um curso ou outro conforme sejam sua configuração estrutural inicial e as circunstâncias relacionais que surjam no devir do presente cambiante em que ocorre o sistema emergente. O notável é que, se a estrutura inicial, se a arquitetura dinâmica inicial do sistema emergente surge num âmbito relacional que ao aparecer com ele oferece as condições dinâmicas adequadas para que conserve sua identidade sistêmica no devir de sua contínua mudança estrutural, a identidade do sistema se conservará sem que ocorra outra coisa a não ser um

---

[81] Fazemos surgir.

suceder de mudanças locais no agora de seu presente cambiante. E tudo ocorrerá sem a intervenção ou participação de nenhum elemento diretivo como intenção, propósito ordenador ou plano. O que gera, guia e conserva, na medida em que se conserva cada uma das diferentes e infinitas configurações de ordem que surgem no devir estrutural espontâneo do cosmos, são as dinâmicas de conservação que surgem na arquitetura variável de seu suceder. Como dizemos, Ximena Dávila e eu,[82] *"cada vez que num conjunto de elementos começam a se conservar certas relações, abre-se espaço para que tudo mude em torno das relações que se conservam".* Assim tem sucedido com o surgimento e a conservação da *autopoiese* na origem dos seres vivos e com a diversificação de sua realização nas distintas formas de organismos que têm surgido em sua história evolutiva na configuração da biosfera terrestre.

Tudo o que ocorre no viver de um ser vivo é o contínuo manifestar-se da contínua transformação da arquitetura dinâmica espontânea do meio na conservação do que um observador vê como a conservação de seu acoplamento estrutural recíproco. Isto é, um organismo vive enquanto se conserva o acoplamento estrutural recíproco entre este e o meio em que existe, e isto ocorre como a contínua transformação congruente das arquiteturas dinâmicas de ambos como resultado espontâneo da realização da *autopoise* do organismo.

Neste contínuo transformar-se da realização da *autopoiese* de um ser vivo, dá no mesmo a forma que este ser vivo adote em seu viver como organismo. Para o devir de *autopoiese* não importa a forma que surge e se conserva em sua realização, se se conserva. Como o viver é uma contínua *epigênese* na contínua realização da *autopoiese* de um ser vivo em um ocorrer que transcorre como um transformar-se contínuo, cada momento, cada instante desse devir é um começo a partir de uma arquitetura dinâmica inicial que implica de fato a possibilidade de muitos cursos históricos diferentes possíveis. As distintas classes de seres vivos vivem todos os seus distintos *viveres* sem orientação externa ou interna na direção de um propósito ou uma finalidade operacional particular, já que surgem num contínuo transformar-se da contínua mudança da arquitetura dinâmica que eles são. Por isso, o fluir interconectado dessas distintas dinâmicas internas somente pode ser compreendido como uma rede de processos cíclicos recursivos no contexto da realização e conservação da *autopoiese* no viver de um organismo, e não

---

[82] Ver "Leis sistêmicas e metassistêmicas", neste mesmo livro.

em relação a alguma utilidade que o observador possa imaginar como um ocorrer útil ao viver deste. É mais: tudo o que foi dito em relação aos seres vivos é válido, em termos gerais, para qualquer *sistema dinâmico fechado*, já que o diferente entre as distintas classes de sistemas em geral é a organização ou configuração de relações entre componentes, o que define sua identidade de classe.

Enfim, tudo o que foi dito sobre os seres vivos ocorre em seu operar como arquiteturas dinâmicas espontâneas singulares num âmbito de arquiteturas dinâmicas moleculares nos termos descritos na seção anterior. A noção de arquiteturas dinâmicas espontâneas não pretende evocar um em si transcendente; o que se faz é referir-se à natureza do espaço operacional em que surgem o observador e os mundos que este faz surgir, inclusive seu próprio existir. Neste momento é bom destacar novamente o que foi dito no começo desta seção: as descrições históricas do fluir dos processos que constituem o suceder sistêmico são proposições explicativas do que um observador distingue como um ocorrer arquitetônico dinâmico em tempo zero. *Nosso viver humano ocorre no âmbito de nossas reflexões históricas, isto é, num espaço relacional que existe como um suceder na contínua transcendência do operar de nosso ocorrer como arquiteturas dinâmicas espontâneas em tempo zero.*[83]

---

[83] Ibid.

A DIFICULDADE

Cada vez que vemos o operar harmônico dos componentes de um *sistema dinâmico fechado*, pensamos que deve existir um elemento ou agente organizador central que assegura a ordem dos processos que constituem esse sistema como uma totalidade num espaço relacional particular. Expressões como regulação e controle em relação com a geração da harmonia dinâmica de processos orgânicos espacial e temporalmente disjuntos aludem precisamente a isso. No domínio dos afazeres humanos essas harmonizações operacionais se conseguem desenhando processos que vão se ajustando à progressiva geração de um estado desejado previsto. Os *sistemas dinâmicos fechados* naturais que o observador distingue em seu viver não surgem por desenho, não são o resultado de uma intenção criadora. Aparecem sozinhos, sem desígnio nem propósito, como resultados não previstos da conservação espontânea de dinâmicas cíclicas *espaço-temporais* que configuram unidades discretas como resultado, também espontâneo, da conservação das circunstâncias relacionais em que essas unidades discretas se realizam como totalidades desde a conservação de seu operar cíclico. Tudo ocorre sem desígnio nem intenção no suceder não casual, embora seja em grande parte imprevisível. Os processos de constituição de sistemas fechados podem ser surpreendentes porque são inesperados, mas não são casuais, ocorrem da única maneira que podem ocorrer num âmbito de determinismo estrutural que se revela através do operar do observador que os distingue. E são em grande parte imprevisíveis porque seu surgimento e devir envolve o encontro de dinâmicas de coerências estruturais disjuntas que aparecem no momento do operar do sistema como totalidade no meio que o contém.

Acaso e caos não são em si, são apreciações do observador relativas à sua incapacidade de fazer deduções num âmbito de determinismo estrutural particular porque não tem acesso a todas as dimensões relacionais envolvidas. Historicamente estas noções têm sido usadas com a intenção de conotar características intrínsecas das situações ou dos processos envolvidos. Assim, a noção de acaso tem sido usada para caracterizar a *co-incidência* inesperada e inesperável de processos que o observador não pode relacionar de maneira lógica (causal) imediata, porque em seu distinguir presente pertencem a domínios disjuntos. Assim também, a noção de caos tem sido usada para caracterizar o em si de situações nas quais o observador não pode fazer predições porque não pode captar configurações locais de coerências de mudança na *co-incidência* simultânea do fluxo de muitos processos cambiantes e independentes.

Voltemos à *autopoiese*. Um organismo é um *sistema dinâmico fechado* que se realiza em sua dinâmica interna como uma rede de processos cíclicos recursivos que operam subordinados à realização e conservação da realização do organismo como uma totalidade num espaço relacional. Se um observador olha os processos cíclicos internos de um organismo e os considera em relação com o operar deste como totalidade, vê que estes processos exibem traços, propriedades e características que se mostram adequadas, eficientes e oportunas para a realização e conservação desse operar. A conservação do viver de um organismo é cega à forma que adota sua dinâmica interna, que pode ser qualquer uma, desde que através dela se conserve a realização do organismo em seu operar como totalidade. Por isso as coerências do operar das dinâmicas cíclicas recursivas internas que constituem um organismo não se podem compreender desde um olhar funcional que quer ver a utilidade de cada aspecto delas para a realização do viver desse organismo. As coerências das dinâmicas cíclicas recursivas internas que podemos observar num organismo como adequadas às circunstâncias de seu viver presente não surgiram na história evolutiva a que este pertence como resultado de um processo histórico que se originou em alguns de seus ancestrais orientado para resolver problemas das condições de vida futuras. E isso é assim, embora seja esse pensar teleológico o que permite ao observador chegar a visualizar a participação que têm ou podem ter esses processos de outra maneira incompreensíveis para a realização e conservação do viver desse organismo agora. As coerências estruturais e operacionais sistêmicas observáveis na dinâmica interna de um organismo num momento determinado correspondem nesse momento ao presente de uma história espontânea de transformações estruturais ocorridas em torno da conservação da *autopoiese* na deriva estrutural de uma linhagem de seres vivos. Nestas circunstâncias, cada organismo vivente é o presente de uma arquitetura dinâmica espontânea que começa como um sistema *autopoiético* que surge de um processo reprodutivo sistêmico na deriva estrutural da linhagem a que pertence e que existe como um caso particular inesperado dessa deriva.

As coerências estruturais e operacionais que um observador pode distinguir em qualquer instante do fluir do viver de um ser vivo constituem nesse instante um momento do presente cambiante de sua contínua transformação estrutural como um corte transversal nesse devir. Quando o suceder do viver de um organismo se descreve em termos semânticos ou funcionais se implicam através do "tempo" relações que não ocorrem, e se oculta o fato de que o que acontece é uma dinâmica de *transformação estrutural*[84] na contínua realização cambiante de uma arquitetura dinâmica espontânea.

Tudo ocorre no devir do existir que o observador faz surgir em seu observar de maneira espontânea no fluir da arquitetura dinâmica espontânea do cosmos. O falar de casos particulares é um artifício para guiar o olhar, que fica cego se não sabe o que olhar na trama multidimensional do presente cambiante de nosso existir.

Vejamos alguns casos cotidianos do âmbito inorgânico.

Caso 1: quando se deixa cair um jato de areia num ponto particular de uma superfície horizontal, forma-se espontaneamente um cone de areia com uma inclinação definida que depende das características de fricção dos grãos de areia entre si e da gravitação e da superfície horizontal. Contudo, o cone é cone no âmbito de distinções do observador que olha desde outro domínio também disjunto.

Caso 2: quando se formam cristais de neve, estes surgem como uma dinâmica arquitetônica na qual a forma do cristal emergente surge orientada de uma certa maneira ou outra, de acordo com as condições iniciais em que ocorre a agregação das moléculas de água. Aqui se aplica a mesma reflexão geral que no **Caso 1**.

Caso 3: quando se deixa cair um pouco de água sobre uma superfície hidrófoba, formam-se espontaneamente gotinhas esféricas que rodam sobre a superfície e dão origem a gotinhas maiores ao se fundirem umas com as outras quando se chocam entre si. Aqui se aplica a mesma reflexão geral que no **Caso 1**.

---

[84] Organização e estrutura. Ver o livro *La objetividad, un argumento para obligar* (Santiago do Chile: Ed. Dolmen, 1992).

Vejamos algumas situações do âmbito orgânico.

Situação 1: os tendões de um animal são compostos principalmente de filamentos de colágeno que, por sua vez, se compõem de moléculas complexas chamadas tropo-colágeno. Os filamentos de colágeno podem ser expostos a uma solução salina de uma composição especial na qual se dissolvem, e as moléculas de tropo-colágeno se separam. As moléculas de tropo-colágeno são macromoléculas compridas que são diferentes em seus dois extremos. Sob certas modificações da solução salina na qual estão dissolvidas, as moléculas de tropo-colágeno se agregam espontaneamente e, de maneira não dirigida, reconstituem os filamentos de colágeno originais.

Situação 2: a transformação de um ovo de anfíbio num embrião e em seguida num adulto. Tudo ocorre diante de nossos olhos como uma contínua transformação da forma de um organismo numa dinâmica espontânea sem guia externa, somente segundo as coerências locais das diferentes células que vão surgindo nesse mesmo processo.

Enfim, tudo o que um observador distingue como ocorrendo no cosmos, desde a formação de estrelas, buracos negros, estalactites, estalagmites, *autopoiese*, dinâmica evolutiva, comunidades orgânicas, átomos, entes subatômicos, aparece em sua distinção como resultado da contínua composição e descomposição de entes compostos. E tudo isso em dinâmicas estruturais que operam como dinâmicas arquitetônicas espontâneas que dão origem a domínios relacionais e operacionais disjuntos de fato inesperados e inesperáveis que surgem do nada para o observador que não os distinguiu já antes.

Voltemos uma vez mais à autopoiese

A *autopoiese* enquanto constituição, realização e conservação do ser vivo como totalidade é o fundamento de possibilidade e de conservação de tudo o que ocorre nele como processos cíclicos internos em sua realização como organismos num espaço relacional que emerge com seu viver. A conservação da *autopoiese* de um organismo na conservação de sua coerência operacional com seu nicho constitui o referente operacional que determina o que pode mudar sem perda do viver no fluir de contínua mudança em seu contínuo presente. Nestas circunstâncias, a conservação do viver de um organismo implica também a conservação dos distintos sistemas cíclicos recursivos internos, que formam parte da realização de sua *autopoiese*. Enfim, tudo isso ocorre como uma dinâmica estrutural espontânea na qual cada sistema cíclico interno do organismo, como uma arquitetura variável, tem um fluir cambiante modulado pelo viver deste desde a conservação de uma organização circular particular. Estes sistemas cíclicos recursivos internos que participam da realização do operar do organismo como totalidade entrecruzando-se com sua *autopoiese* são de várias classes, envolvendo em sua dinâmica elementos celulares e moleculares.

A *autopoiese*, o organismo, a relação *organismo-nicho*, o sistema endócrino, todos ocorrem como um contínuo transformar-se de um devir não dirigido. Frequentemente falamos deles em termos propositivos, como se o que ocorresse com eles tivesse uma finalidade, uma função ou uma tarefa que cumprir. Não é assim. O que acontece é que tudo o que ocorre no organismo ou acontece num fluir em que se conservam a *autopoiese* e o operar do organismo como totalidade ou este morre. Todos os seres vivos viventes somos o presente de uma história de conservação do viver que ocorreu e ocorre espontaneamente sem finalidade ou propósito. E isso tem ocorrido não como um suceder casual, mas antes como um aspecto do suceder determinista não predeterminado do devir da arquitetura dinâmica espontânea do cosmos, que surge no distinguir e explicar do observador desde o âmbito das coerências operacionais de seu viver. O estritamente peculiar da história dos seres vivos está em que começa quando, depois do surgimento espontâneo dos primeiros sistemas *autopoiéticos* como arquiteturas moleculares autônomas, começa sua conservação na formação de linhagens através de sua reprodução sistêmica.[85] Todo processo histórico tem dois momentos cruciais: o primeiro ocorre na constituição espontânea de uma organização particular, e o segundo ocorre quando essa organização se encontra num espaço relacional que se manifesta espontaneamente adequado para sua realização e, portanto, para sua conservação como uma singularidade relacional. Uma vez que se dão estas duas condições, começa uma história de transformações estruturais em torno da conservação da realização da organização que se conserva. Quando alguém olha o presente desse devir histórico tempos depois, depara-se com um âmbito relacional que é dinâmica e estruturalmente coerente em torno da organização conservada, como se a história de mudanças estruturais e relacionais tivesse ocorrido dirigida com o propósito de obter essas coerências operacionais

---

[85] A noção de reprodução sistêmica refere-se e descreve o fato de que a reprodução ocorre somente se nela o organismo em reprodução e o nicho que o faz possível manifestam-se reproduzidos juntos no mesmo ato. Ver "Origen de las especies por medio de la deriva natural", op. cit.

e relacionais. Não acontece assim. A história dos seres vivos é uma história dessa classe.

Os seres vivos são unidades discretas no espaço tridimensional, são sistemas abertos em sua dinâmica de mudanças moleculares, e não estão necessariamente demarcados em sua dimensão temporal. Pode ser que tenham um momento de início, mas em seu operar são entes históricos abertos a um devir em princípio eterno, sem término, embora possam morrer. Os sistemas históricos em geral são assim. A única propriedade exclusiva dos seres vivos é que, além de serem sistemas históricos, são sistemas *autopoiéticos* moleculares de estrutura variável que existem num fluxo de contínua mudança em acoplamento estrutural num *nicho* também variável. Talvez o que mais nos surpreenda nos sistemas *autopoiéticos* é sua autonomia e harmonia operacional, tanto em dimensões espaciais como em temporais, e essa surpresa nos leva a querer explicar seu ocorrer buscando um sentido funcional para a realização e conservação do viver a cada aspecto de sua estrutura e de seu operar. Mas, como vimos, este enfoque não funciona, antes nos engana. Por isso temos que entendê-los em termos de processos através dos quais se realiza e conserva sua organização *autopoiética*, sem que tenham muita importância as relações funcionais que um observador possa ver neles ao considerar seu devir histórico.

Não estamos acostumados a ver que o que distinguimos em nosso operar como observadores são configurações estruturais (entes e relações) que por sua vez integram outras configurações estruturais que surgem como tramas arquitetônicas dinâmicas que se estendem no *espaço-tempo* sem limites a partir de si. Também não estamos muito acostumados a reconhecer que todos os limites que surgem nas distinções do observador são clivagens relacionais que não desfazem conexões arquitetônicas, mas estabelecem separações de fluxos relacionais que geram espaços operacionais disjuntos. E, por isso mesmo, não vemos que, embora as unidades compostas possam entrecruzar-se em sua realização estrutural, não se podem entrecruzar em sua organização. Isto é, duas ou mais unidades compostas podem ter elementos comuns em sua realização, e se pode constituir nessa interseção estrutural uma unidade composta maior que integra um conjunto cujo operar resulta continuamente na conservação simultânea das distintas unidades compostas componentes. A realização de um ser vivo como sistema *autopoiético* molecular implica a interseção estrutural de muitos sistemas cíclicos fechados que surgem operacionalmente definidos pela conservação das diferentes dinâmicas relacionais que os constitui, e não pelos componentes que os realizam.

A seguir farei referência a dois deles, o sistema nervoso e o sistema imunológico, que se cruzam entre si e com a realização da *autopoiese* em muitos organismos multicelulares.

Sistema nervoso

O sistema nervoso se compõe de elementos neuronais que se interconectam gerando mudanças de relações de atividade entre si, de modo tal que constituem uma rede de mudanças de relações de atividade fechada sobre si mesma. Se nos deslocamos nesta rede de um elemento neuronal a outro seguindo as linhas de seus contatos unidirecionais e recíprocos, percorremos toda a rede sem jamais sair dela. Ou, dito de outra maneira, o sistema nervoso existe e opera em todo momento como uma rede fechada de mudanças de relações de atividade entre seus componentes, de modo que cada mudança de relações de atividade de uma parte dela dá origem a mudanças de relações de atividade em outra parte dela. Mais: os elementos neuronais do sistema nervoso se afetam mutuamente de duas maneiras, uma que ocorre como um fluir de mudanças de relações de atividade, que é o modo de operar do sistema nervoso como rede de mudanças de relações de atividade, e outra que é ortogonal a esta e que ocorre como um fluir de mudanças estruturais *desencadeadas* por encontros estruturais fora desse fluir operacional. Este segundo modo de interatuar dos neurônios está, além disso, aberto a encontros com elementos moleculares que provêm de outros tipos de células do organismo. As mudanças estruturais que ocorrem nos elementos neuronais como resultado de seu segundo modo de interatuar afetam seu primeiro modo de operar e, portanto, sua participação no curso do fluir de mudanças de relações de atividade na rede neuronal.

Muitos componentes neuronais do sistema nervoso se intersecionam estruturalmente com elementos *sensores* e elementos *efetores* do organismo nas superfícies *sensoras* e *efetoras* internas e externas deste. Como esta é uma interseção estrutural, e não uma interseção operacional do sistema nervoso com os *sensores* e *efetores* do organismo, quando o organismo se encontra com o meio no fluir da realização de seu viver como totalidade, é o organismo que interatua com o meio, não o sistema nervoso. O resultado de tudo isso é que, embora o sistema nervoso em seu operar como rede fechada de mudanças de relações de atividade entre seus componentes não se encontre com o meio, sua atividade como tal gera mudanças de correlações *sensório-efetoras* no organismo que modulam o fluir das interações deste em seu âmbito relacional.

Existe algo mais no transfundo do operar do sistema nervoso como rede fechada de mudanças de relações de atividade entre os elementos neuronais que o compõem. Os elementos neuronais, como todos os sistemas celulares, estão sujeitos a qualquer tipo de agente externo que, como radiações ou variações de campos magnéticos, afetem a dinâmica estrutural de seus componentes moleculares. Ao acontecer isso, os agentes externos atuam sobre os elementos neuronais de maneira ortogonal ao seu operar como componentes do sistema nervoso, e sua estrutura se modifica de maneira contingente à dinâmica de dimensões relacionais do meio diferentes das próprias das superfícies sensoriais correntes do organismo. Quando isso acontece, os elementos neuronais assim afetados operam de fato no sistema nervoso como receptores sensoriais no organismo que podem constituir uma superfície sensorial nova no seu fluir relacional. Se isso ocorre com alguma regularidade, pode surgir uma ampliação das dimensões de acoplamento estrutural do organismo em sua deriva ontogênica e *filogenética* ao se constituir nele, assim, uma nova superfície sensorial. É mais: todas as superfícies sensoriais dos organismos devem ter surgido essencialmente dessa maneira com a própria origem do organismo, ao operar este como totalidade relacional ao se constituírem distintas partes de sua estrutura em superfícies de separação e encontro com um meio que emergia com esse operar. Ao ocorrer isto, produz-se uma interseção operacional entre os elementos estruturais das superfícies de encontro do organismo com o meio em que emergem ao operar este como totalidade fechada, com as dinâmicas internas fechadas de mudanças relacionais entre os componentes que o constituem. No começo do devir evolutivo, nos organismos unicelulares, tudo isso ocorre como aspectos de sua dinâmica molecular, mas ao surgir a multicelularidade esses processos moleculares passam a se englobar na conservação da realização das células conforme sejam suas interações como componentes dos organismos.

No momento em que alguns elementos sensoriais do organismo se encontram com o meio, externo ou interno, *desencadeiam-se* nestes mudanças estruturais que por sua vez *desencadeiam* mudanças estruturais nos elementos neuronais que se intersecionam com eles e, ao mudar a estrutura desses elementos neuronais, muda o fluir de mudanças de relações de atividade na rede de mudança de relações de atividade neuronal que o sistema nervoso é. E, como já disse antes, também muda o fluir de mudanças de relações de atividade no sistema nervoso com as mudanças estruturais que têm lugar em qualquer um dos elementos neuronais que o compõem como resultado de suas interações estruturais com outros elementos neuronais nele ou com outras células ou produtos de outras células do organismo.

Como o sistema nervoso não se encontra com o meio em seu operar como rede fechada de mudanças de relações de atividade, não faz nem pode fazer uma representação do meio, nem nada que pudesse ser tratado como uma relação biológica cognitiva de um mundo externo. As contingências do contínuo fluir de encontros do organismo com o meio só mudam no sistema nervoso o curso que segue seu contínuo fluir de mudanças de relações de atividade. O sistema nervoso muda o curso de seu operar como rede fechada de mudanças de relações de atividade quando muda a estrutura daqueles entre seus elementos neuronais que se intersecionam com os elementos *sensores* do organismo. Algo parecido acontece com a interseção dos elementos neuronais do sistema nervoso com os elementos efetores do organismo. A diferença está em que, neste caso, as mudanças de relações de atividade que venham a ocorrer nos elementos neuronais que se intersecionam com os elementos efetores das superfícies efetoras internas e externas do organismo *desencadearão* nestes elementos mudanças estruturais que incidirão no meio interno e externo em que o organismo vive. Sem dúvida, uma pessoa que observa um organismo na realização de seu viver relacional como um fluir *condutual* vê que este em geral se move em congruência operacional com as circunstâncias cambiantes de seu âmbito de existência. É mais: para a pessoa que observa um organismo no âmbito relacional em que o vê, este surge em sua presença no suceder cambiante e novo, e muitas vezes inesperado, de modo que com frequência se maravilha de que o organismo se conduza nele de maneira adequada. Daí a ideia de que "o sistema nervoso é um sistema cognitivo que opera obtendo informação do meio que em seguida usa para computar sua conduta adequada nele". Por tudo o que vimos, sabemos que não é assim e que a conduta adequada na relação *organismo/meio* surge de seu fluir em acoplamento estrutural como resultado da contínua transformação do sistema de arquiteturas dinâmicas espontâneas que os organismos e o meio que os contém são em conjunto. O resultado geral disso é que a estrutura do sistema nervoso e, portanto, sua dinâmica fechada de mudanças de relações de atividade mudam continuamente no curso do viver do organismo de uma maneira congruente com as contingências do fluir de interações deste em todas as dimensões de seu nicho.

Contudo, se pensamos no sistema nervoso como um sistema cognitivo, buscaremos explicá-lo e entendê-lo em termos cognitivos de acordo com o que pensamos que é um fenômeno cognitivo. Assim, por exemplo, ao olhar como opera o sistema nervoso, procuraremos descobrir como faz representações do meio em que se encontra e computa seu operar adequado nele. E, ao fazer isso, não veremos que, como rede fechada de elementos neuronais em interseção estrutural com os elementos *sensores* e efetores do organismo, o sistema nervoso somente pode operar gerando neste correlações *sensório--efetoras*. E, assim, tampouco veremos que o que chamamos de conduta não é algo que um organismo faça por si mesmo e desde si, e não veremos que a conduta emerge como um acontecer que envolve em seu ocorrer tanto a dinâmica do organismo como a dinâmica do meio num fluir congruente como um aspecto da realização da *autopoiese* do organismo em seu operar em acoplamento estrutural com o meio.

Por último, não veremos que o operar sistêmico do sistema nervoso não tem a ver com o que comumente chamamos de conhecimento como um ato de referência ao que chamamos de o real, e não veremos que o que chamamos de conhecimento é algo que o observador atribui a um organismo ou uma pessoa quando ele ou ela pensa que este organismo ou esta pessoa se conduz de uma maneira que ele ou ela considera adequada para a circunstância em que o observa. Nestas circunstâncias, um observador poderia dizer que um organismo sabe viver quando vê que este conserva seu viver em seu âmbito de acoplamento estrutural, mas seria um erro dizer que o viver é um fenômeno cognitivo como um operar biológico. Noções como controle, informação, função, propósito, utilidade, adaptação, vantagem têm valor heurístico tão somente se ajudam a ampliar a reflexão.

O operar do sistema nervoso ocorre em sua interseção com o organismo como um fluir cíclico recursivo de mudanças de relações de atividade entrecruzado com muitas dinâmicas celulares e moleculares cíclicas recursivas na realização da *autopoiese* do organismo em seu viver relacional. E, neste operar, o sistema nervoso como rede fechada de mudanças de relações de atividade entre seus componentes neuronais gera no organismo correlações *sensório-efetoras* de acordo com a arquitetura relacional deste que se revelam adequadas para a realização de seu operar como totalidade relacional, porque a estrutura do sistema nervoso e do organismo mudaram de maneira congruente no devir da conservação do acoplamento estrutural do organismo e do meio. Sem dúvida, o observador vive a tentação de descrever todo esse processo com noções e conceitos do viver humano no *linguajear*. Mas isto não serve, porque quando o observador trata o sistema nervoso como um sistema cognitivo diz algo sobre o que ele ou ela vê no espaço relacional humano em que o observa, mas não mostra seu operar como parte da realização da *autopoiese* do organismo que integra.

Repetirei a descrição do operar do sistema nervoso numa perspectiva um pouco diferente. Como observadores nos movemos em distintos domínios de coerências reflexivas que se entrecruzam ou que relacionamos desde olhares mais abrangentes e falamos deles como se estivessem ocorrendo em distintos âmbitos de correlações *sensório-efetoras* que tratamos como distintos âmbitos espaciais no fluir de nosso viver relacional em interações com um mundo externo. Este modo de viver é nosso viver humano no fluir de coordenações de coordenações de *fazeres* consensuais que é nosso viver no *linguajear*. Embora na intimidade de nossa *sensorialidade* os domínios e *metadomínios* operacionais e relacionais recursivos que geramos como distintas configurações de correlações *sensório-efetoras* nós os vivamos como relações e interações com um mundo externo independente, no acontecer de nossa biologia todos ocorrem no domínio das mudanças de relações de atividade neuronal do operar fechado de nosso sistema nervoso. O resultado geral disso é que qualquer animal com sistema nervoso pode operar relacionando *sucederes* disjuntos de seu viver num *metadomínio* relacional interno como se esses *sucederes* não fossem disjuntos. Neste processo, "o temporal" ocorre espontaneamente como uma dimensão relacional que permite a um animal operar com totalidades *temporo-espaciais* sem a noção de tempo. Nós, os seres vivos humanos, não somos diferentes, de modo que em nosso operar como observadores e *metaobservadores* operamos em nossa reflexão com *sucederes* que ocorrem disjuntos em distintos momentos de nosso viver como se estivessem interconectados no fluir de seu suceder na constituição de uma totalidade. Na tentativa de explicar e compreender como ocorrem essas coerências operacionais de processos sucessivos disjuntos na constituição de uma totalidade, inventamos a noção *tempo* como uma dimensão imaginária que nos permitiria conectar presentes sucessivos em termos de outras noções imaginárias, como função, finalidade, propósito, regulação ou controle. Ao assumirmos o suceder dos processos do viver e o suceder do cosmos em seu surgir como arquiteturas dinâmicas espontâneas, podemos usar a noção imaginária de tempo em nosso explicar sem a introdução de outras noções explicativas imaginárias. Se fizermos isso, poderemos entender os processos do operar de sistemas fechados em geral, e do sistema nervoso em particular em seu operar no presente, como o ocorrer espontâneo de arquiteturas dinâmicas que existem como totalidades *temporo-espaciais* no devir *epigênico* de um presente cambiante contínuo sem termos que introduzir noções explicativas imaginárias, como finalidade, controle ou regulação.

Sistema imunitário

O que atualmente chamamos de sistema imunitário é um sistema *celular--molecular* composto de elementos celulares e moleculares que interatuam entre si constituindo uma rede fechada de produções e transformações celulares e moleculares dentro da mesma rede, num entrecruzamento estrutural com a realização da *autopoiese* do organismo. Isto, no entanto, com frequência não se vê assim, porque o observador quer compreender o sistema imunitário no que ele ou ela chama de sua função defensiva ante as agressões que o organismo sofre. Este modo de se referir ao que chamamos de o sistema imunitário nos leva a imaginar seu operar nesses termos, e se perde para nós seu carater fechado. Num sentido estrito, os seres vivos em seu operar como sistemas *autopoiéticos* não têm inimigos, nada os ataca, nada lhes causa dano, não têm que distinguir o alheio do próprio, são cegos a um mundo externo que não existe embora este exista para o observador. O sistema imunitário não é um sistema cognitivo.

  O sistema imunitário opera *autocontido* em sua composição molecular e celular como resultado de seu próprio operar, num fluir de produção e destruição de moléculas e células na contínua produção, transformação e conservação de uma configuração de classes de células e moléculas numa dinâmica de relações celulares e moleculares básicas particulares. Como sistema *celular-molecular* o sistema imunitário se interseciona com o organismo por meio de seus componentes celulares e moleculares em todos os âmbitos celulares e moleculares que envolvem dinâmicas de transformações tissulares. Esta interseção é estrutural no sentido de que as células e moléculas que participam dela operam na dinâmica de dois ou mais sistemas fechados ao mesmo tempo, de modo que o que ocorre num afeta o que ocorre nos outros. E não é uma interseção funcional no sentido de que a modulação recíproca não pode ser vista em termos das supostas funções do operar dos sistemas em interseção. O que um observador vê como cognitivo ou defensivo no operar do sistema imunitário é uma evocação de sua visão das consequências desse operar consideradas desde seu âmbito de preocupações, não o modo de participar do sistema imunitário na realização da *autopoiese* do organismo.

  Se pensarmos no sistema imunitário como um sistema cognitivo, buscaremos explicá-lo e entendê-lo em termos cognitivos segundo o que pensamos que é um fenômeno cognitivo. Assim, por exemplo, ao visualizar o sistema imunitário como um sistema cognitivo nossas perguntas se orientarão primariamente para descobrir como distingue entre as células e moléculas que transformam, quais entre elas são as que tem que transformar ou destruir e quais são as que não se deve tocar, quais são as próprias e quais são as alheias. Neste contexto, se olharmos o sistema imunitário como um sistema defensivo, porque destrói as moléculas e células que o observador pensa, crê ou visualiza como agressoras do organismo, as perguntas fundamentais que nos faremos serão as que segundo nosso parecer tenham a ver com essas distinções, e não veremos a participação recursiva do sistema imunitário na contínua *autopoiese* ou produção de si mesmo do organismo. Enfim, não veremos que o sistema celular e molecular que chamamos de sistema imunitário é em sua constituição sistêmica parte da dinâmica celular e molecular da contínua produção de si mesmo do ser vivo, quaisquer que sejam as consequências de sua presença no viver relacional dele. O fato de que as distorções da dinâmica fechada do operar do sistema imunitário tenham consequências que um observador descreve como operações de defesa ante as agressões que um organismo vive no fluir de seu viver é o resultado espontâneo da *autopoiese*, não uma conquista.

  O sistema imunitário existe na contínua produção de si mesmo como uma rede celular e molecular que produz as moléculas e células que a compõem, interseciona-se com outras dinâmicas celulares e moleculares que como ela participam na realização da *autopoiese* do organismo que integram. A forma de realização do sistema imunitário varia nas distintas classes de organismos e possui, em cada uma delas, uma arquitetura particular que surgiu segundo seu devir evolutivo em congruência operacional com sua anatomia, sua fisiologia e seus diferentes modos relacionais de viver. O que cabe, então, para entender e compreender o presente operacional em que se observam todos os processos dinâmicos que se manifestam no que no presente chamamos de sistema imunitário é que temos que estudar os processos celulares e moleculares do sistema como aspectos de uma dinâmica fechada num organismo que vive em acoplamento estrutural com seu nicho biológico.

O INESPERÁVEL

Algo que em geral não vemos, talvez enceguecidos pela regularidade da repetição dos processos de nosso existir como aspectos da arquitetura variável do cosmos, é como surge o novo, o que é inesperado mas esperável, e como surge o novo que é inesperado e inesperável. Nada ocorre na arquitetura dinâmica do cosmos que viole o determinismo estrutural, e, ao mesmo tempo, tudo ocorre num devir de transformações históricas no qual nada está predeterminado. O esperável ou não esperável não pertence ao suceder do que sucede, mas à atitude do observador que atua na aceitação implícita desde as coerências de seu viver de que o que aconteceu uma vez acontecerá de novo. Por sua vez, o observador diz que o inesperado era esperável quando *a posteriori* pode configurar seu presente como um âmbito de coerências estruturais em que era possível deduzir que o inesperado podia ou tinha que acontecer. Algo inesperado que acontece de modo que o observador não pode depois de acontecido propor um âmbito de coerências estruturais em que teria sido possível deduzir seu ocorrer como um suceder normal tem o caráter de inesperável.

Os sucessos inesperáveis ocorrem na interseção estrutural do viver do observador com um suceder que emerge de um domínio operacional que tinha até esse momento um devir disjunto do seu e que, portanto, era-lhe incognoscível. Cada vez que se dá uma dinâmica de composição que redunda em entidades compostas que operam como totalidades num domínio relacional que emerge com elas, surge um espaço operacional intrinsecamente novo e, portanto, em princípio inesperável. O devir do cosmos ocorre numa contínua geração de domínios operacionais intrinsecamente novos num presente cambiante que emerge novo desde si mesmo.

Autopoiese *outra vez*

Tudo ocorre na realização do viver de um ser vivo como parte da realização de sua *autopoiese*; o que não ocorre na realização de sua *autopoiese* não ocorre como parte da realização do viver de um ser vivo. Por isso, tudo o que ocorre na realização do viver de um ser vivo é modificável desde a modulação dos processos moleculares da realização de sua contínua *autopoiese*. Mais ainda: embora os processos moleculares da realização da *autopoiese* de um ser vivo sejam essencialmente regulares na contínua realização da dinâmica fechada de sua arquitetura cambiante, estão sendo modulados de fato de maneira contínua pelas contingências tanto externas como internas que surgem em sua *epigênese*. Pode dizer-se que todos os processos fisiológicos ocorrem num organismo como modulações das dinâmicas moleculares da realização de sua *autopoiese* no fluir de sua *epigênese*. É aqui que o fluir do *emocionear* começa a participar na modulação das dinâmicas moleculares de um organismo. O que distinguimos ao falar de emoções são classes de condutas relacionais, e o que conotamos que ocorre no viver de um organismo ao distinguir nele diferentes emoções são distintas configuraçõoes fisiológicas que especificam, momento a momento, a orientação relacional interna e externa de seu viver relacional. E é por ser esta a natureza do *emocionear* que as emoções modulam a dinâmica molecular de um organismo e, portanto, a forma que segue o fluir da realização de sua *autopoiese*. Em nós, seres humanos, temos que acrescentar nosso existir no *linguajear*, na geração de teorias que modulam nossa orientação no fazer e nosso *emocionear* no fazer, gerando dinâmicas moleculares internas que modulam o curso da realização de nossa *autopoiese* e, com isso, nosso *bem-estar* ou *mal-estar* em nosso viver fisiológico e relacional. Por isso não deveria nos surpreender muito que nosso viver relacional, nossas emoções, nossos estados de ânimo, nossas paixões, nossos desejos, nossos medos, nossas invejas, nossas ambições, nossas vergonhas afetem de tantas formas distintas nossa fisiologia e nossa corporalidade através de modular o fluir molecular da realização de nossa *autopoiese*. E pela mesma razão não deveria nos surpreender muito que o amar, o *emocionear*, que soltam expectativas, exigências, ambições e invejas abrindo o olhar à legitimidade humana total, sejam o caminho para a *epigênese* do *bem-estar* individual e relacional.

O dar-se conta

O observador se dá conta desde o olhar histórico sistêmico que surge ao se inventar a temporalidade de que, ao surgirem os entes *autopoiéticos* em seu presente *a-temporal* contínuo, emerge uma classe de entes históricos que são entidades discretas no operar desse presente, mas que em princípio não têm necessariamente que ter uma borda em seu devir temporal, que de fato flui como eterno. Ao se dar conta disso, o observador também pode se dar conta de que, ao mesmo tempo que ele ou ela distingue o viver num ser vivo, a *autopoiese* aparece neste como a dinâmica no presente de uma entidade discreta cujo fluir operacional não tem sentido em si e que, para dar a si este sentido, ele ou ela tem que criar noções explicativas, como utilidade, propósito, finalidade ou vantagens adaptativas, que seriam validadas presumivelmente no devir histórico do ser vivo. Contudo, como no devir histórico de um sistema *autopoiético* os processos moleculares que o constituem não são fáceis de ver, as noções explicativas passam a ser tratadas como descrições do operar dos processos que se quer explicar, o que sempre é um erro.

Este erro não se comete se não se fazem pressupostos explicativos e se olha o operar dos processos que ocorrem no ser vivo como aspectos da contínua realização de sua *autopoiese*, ou, o que dá no mesmo, da contínua produção de si mesmo. O viver, a *autopoiese*, é um contínuo manifestar-se sem finalidade nem propósito em si, e seu ocorrer realiza a dinâmica molecular que constitui nosso domínio de existência como seres vivos e como organismos. No domínio de existência de nosso ser seres vivos todos os processos que constituem nosso viver ocorrem na contínua realização de nossa *autopoiese*. No domínio de nosso viver e operar como organismos humanos tudo ocorre em nosso operar relacional, mas ao mesmo tempo tudo o que fazemos como seres humanos, qualquer que seja a natureza de nosso fazer, ocorre através da realização de nossa *autopoiese* sem que nosso fazer humano nela participe como tal.

Em outras palavras, o fato de que um ser vivo opere sempre na contínua produção de si mesmo como a natureza espontânea de seu existir como tal é necessariamente o referente operacional e conceitual fundamental para compreender todos os fenômenos biológicos na medida em que o são como fenômenos biológicos. Como tal o ser vivo ocorre em sua contínua desaparição, numa dinâmica de mudança em que o que se conserva é uma arquitetura molecular cambiante aberta a um devir em que a *autopoiese* é um acontecer histórico irreversível, circunscrito no espaço mas aberto ao infinito em sua existência fora do tempo.

Nestas circunstâncias, somos só os seres que como nós existem no *linguajear* os únicos que existem no tempo como um aspecto do fluir de seu viver em que é possível a consciência do término do viver como um aspecto do viver. E é por isso que é somente desde seu surgir na operação de distinção do observador no âmbito explicativo que este gera, com a invenção do tempo, que o existir dos seres vivos e de qualquer ente pode se ver ocorrendo circunscrito num devir temporal.

E é pela invenção do tempo que surge a possibilidade de que os seres humanos entendamos e compreendamos o humano como o centro dos mundos e do cosmos que geramos em nosso viver e conviver.

Por último

Na história das distinções que constituem as moléculas e os entes metamoleculares, estes surgiram com características que obscurecem a visão de seu operar como componentes de arquiteturas dinâmicas cambiantes perante nossa *sensorialidade* tátil. Isso porque em nosso viver cotidiano estamos acostumados a pensar em estruturas com imagem de solidez *manipulativa* tátil como o que lhes daria permanência e estabilidade. Ocorre, no entanto, que a solidez e permanência de uma arquitetura dinâmica não está na dureza tátil de sua estrutura, e sim na conservação das relações que a constituem como tal. As bordas de um ente qualquer, quer surja simples ou composto na distinção, quer surja como uma arquitetura dinâmica cambiante ou como seus componentes, átomos, moléculas, ideias, conceitos, desejos ou objetos de nosso diário viver, não existem desde si; surgem nas operações que geram as clivagens que os separam de outros entes, seja como resultado de uma dinâmica relacional externa que os estabelece, seja como resultado de sua dinâmica interna espontânea. As bordas que surgem ao separar entes, ou que se constituem ao unir entes, nas mudanças estruturais das arquiteturas dinâmicas, são fluxos relacionais que ocorrem nas mudanças estruturais. Nestas circunstâncias, quando falamos de energia, fazemos referência a um tipo particular de regularidade na mudança estrutural que ocorre no fluir da mudança numa arquitetura dinâmica com o surgimento das bordas que aparecem ou se desvanecem nas dinâmicas de descomposição ou de composição que separam ou juntam entes no fluir cambiante do cosmos que surge com nosso viver humano. O fato de se poder fazer uma quantificação desse tipo de mudanças revela um aspecto das regularidades do fluir das mudanças estruturais na arquitetura dinâmica espontânea em que se dá nosso existir como seres vivos. O fato de que tenhamos consciência de que a noção de energia oculta a forma da dinâmica arquitetônica que a constitui nos permite evitar usá-la como um princípio explicativo do suceder do viver dos seres vivos em geral e do viver dos seres humanos em particular.

Os seres vivos como entes moleculares, somos entes históricos que existimos como distintas classes de organismos em diferentes espaços relacionais que transcendem as dinâmicas moleculares que os realizam. Nós, seres humanos, como organismos que existem no *linguajear*, existimos num espaço relacional reflexivo em que podemos ser conscientes de que nosso viver humano ocorre numa arquitetura dinâmica que muda na contínua realização da transcendência recursiva reflexiva de nosso existir relacional. Ou, talvez repetindo algo do que já foi dito, os diversos domínios de existência dos seres vivos em seus diferentes modos de operar como distintas classes de organismos, incluindo, evidentemente, nosso próprio operar como seres humanos, transcendem o espaço molecular em que se dá seu operar básico como sistemas fechados em sua condição de sistemas moleculares *autopoiéticos*. E isso é assim mesmo quando o operar de um organismo em seus distintos domínios de existência transcendentes dependa da realização do seu operar básico como sistema molecular *autopoiético* e se detenha quando este operar se detém.

Em termos gerais, é possível afirmar que todas as dimensões operacionais que distinguimos no que chamamos de o espaço físico participam através de seu operar nas dinâmicas de descomposição e composição de arquiteturas moleculares nas transformações das arquiteturas dinâmicas cambiantes dos organismos e, com isso, na modulação de seu operar em seus distintos âmbitos de existência relacional emergentes a partir de seu operar molecular. Por isso mesmo a arquitetura cambiante de cada ser vivo se conecta e entrelaça com as arquiteturas cambiantes de outros seres vivos e de quaisquer outras que surjam em seus contatos multidimensionais como arquiteturas moleculares. E mais: isso ocorre em configurações relacionais das quais podemos falar somente na medida em que participemos delas através do fluir de nossas próprias arquiteturas dinâmicas cambiantes em nosso operar reflexivo, autoconsciente e explicativo, sem nos darmos conta de que o peculiar dela está em como vivenciamos nosso vivê-la.

O operar da arquitetura dinâmica cambiante do viver é *a-temporal*, ocorre como um presente em contínua mudança. O operar de nosso viver nos espaços trancendentes que são os que constituem nosso viver humano, e de onde explicamos o nosso viver, e somos conscientes dele, é temporal. Nossa vivência da temporalidade, ou do temporal, ocorre no fluir de nosso viver no espaço relacional que geramos com a invenção do tempo como operação explicativa das coerências de nosso viver experiencial. Sem a invenção da dimensão imaginária do tempo não poderíamos explicar e compreender a natureza de nosso explicar e de nosso viver no suceder evanescente e ao mesmo tempo cheio de presença em seu caráter gerador de um cosmos que, embora não preexista ao nosso distingui-lo, surge como um transfundo de possibilidades coerentes com nosso viver mesmo depois de nossa desaparição.

Bordas

A busca pelas bordas de uma entidade qualquer imaginando-as com uma *sensorialidade* visual ou tátil é enganadora. As bordas são relacionais e aparecem na operação de distinção do observador que faz surgir a entidade distinguida e seu domínio de existência desde o nada da *não presença*. Não tem sentido operacional falar do distinguido nem pensar em seu possível domínio de existência se não se especifica a operação de distinção do observador que o *traz à mão*.[86] Assim também as bordas aparecem no existir tão somente com a distinção do observador e surgem com seu operar na distinção do devir de seu presente cambiante como clivagens operacionais que se manifestam na aparição de processos independentes que duram como tais enquanto duram essas clivagens operacionais. É por isso que carece de sentido falar de bordas fora do âmbito do operar das distinções do observador que as distingue. Enfim, é por isso que as bordas do distinguido surgem com o operar do observador como parte de uma matriz relacional e operacional que aparece configurada desde as coerências de seu operar em seu viver como a configuração de um devir cósmico como tudo o que ele ou ela distingue.

É pelo dito antes que as distinções que o observador faz como operações das coerências de seu viver surgem com a invenção do tempo como relações locais numa arquitetura dinâmica que emerge com esse operar. O distinguido não preexiste nem pode preexistir ao seu surgir na distinção do observador como um aspecto das coerências operacionais e relacionais de seu viver. A noção de existência não tem sentido fora do âmbito do operar do observador em seu operar como membro de uma comunidade de observadores. O observador também não existe fora de sua própria distinção recursiva nessa comunidades e, por isso, não tem história fora de sua invenção da temporalidade como uma dimensão explicativa de seu

---

[86] Traz ao existir.

operar. Por isso, as distinções de interações e relações definem bordas e âmbitos de localidade que só podem surpreender-nos se atribuímos alguma condição de preexistência à sua distinção. Enfim, é por isso que, no cosmos que surge com nosso operar, tudo ocorre em interações e relações locais que nos mostram uma arquitetura dinâmica que ocorre como um presente cambiante que somente se nos mostra compreensível desde a invenção do tempo que nos torna possível a invenção da memória como um aspecto desse presente cambiante no *não tempo*.

Existência

No transfundo de todas as nossas reflexões sobre o fazer e o *trazer à mão*[87] o distinguido com as operações de distinção que fazemos, está a questão da existência. Na vida cotidiana a noção de existência evoca o ser em si do distinguido, ser que habitualmente se entende como se fosse independente do observador que o faz surgir com a operação de distinção com que o distingue. Assim, é frequente que perguntemos: "aquilo de que estamos falando neste momento existe ou não existe, é real ou irreal, existe ou é uma fantasia?". É desde o transfundo de nosso operar e sentir cotidiano que em geral fazemos todas as nossas reflexões a partir do entendimento implícito de que tudo o que fazemos e pensamos nós o fazemos e pensamos no entendimento de que operamos num âmbito de existência independente de nosso fazer que chamamos de o real ou o objetivo. Neste ensaio, tudo o que foi dito é dito desde o saber que de fato não podemos, não poderemos, nem poderíamos dizer ou fazer alguma referência que tenha sentido operacional além de nosso imaginar, algo que existiria com independência de nosso operar ao distingui-lo ou imaginá-lo.

Meu ponto de partida em minhas reflexões é meu presente experiencial no qual me distingo fazendo o que faço ao distinguir o que me sucede em meu viver, ao mesmo tempo que distingo a mim mesmo e os outros como seres humanos que fazem o que fazemos juntos ou separadamente. Por isso, minha questão não é a realidade, a existência objetiva ou o *em si* do distinguido, mas explicar meu operar como observador que distingue o que distingue, incluindo minha própria distinção de mim mesmo. E tem mais: minha tentativa é explicar meu viver e meu operar como observador mediante meu operar como observador e fazer isso operando nas coerências

---

[87] Fazer surgir.

de meu viver, sem adotar nenhum pressuposto ontológico ou princípio explicativo *a priori*.

O linear e o recursivo

O recursivo se produz na associação de um processo cíclico com um processo linear quando cada novo ciclo do processo cíclico se associa ao deslocamento do processo linear associado que ocorreu com o ciclo anterior. Cada vez que há uma dinâmica recursiva surge um novo espaço ou domínio operacional que o observador que o distingue vive como um domínio fenomênico novo.

Cada segmento de um ciclo ocorre como um processo linear. Por isso, no entrecruzamento dos diferentes processos cíclicos que integram um sistema fechado se dão dinâmicas recursivas que podem vir a constituir domínios fenomênicos novos. Estas dinâmicas recursivas ocorrem continuamente na espontaneidade do entrecruzamento dos processos cíclicos, mas, para que os domínios fenomênicos novos que surgem deles tenham presença na deriva estrutural de um sistema, tem que ocorrer uma dinâmica relacional no interior deste, ou no âmbito de interações onde se dá seu operar como totalidade, que os conserve como aspectos de sua realização sistêmica. Todo o existir de um sistema, fechado ou aberto, transcorre como uma deriva epigênica que integra o sistema e o meio que o faz possível na constituição de uma arquitetura dinâmica cambiante cuja extensão é também sistêmica com bordas operacionais como parte de uma rede arquitetônica cuja extensão em princípio pode abarcar todo o cosmos.

Operar sistêmico

Ao distinguir um sistema, o observador se dá conta de que o sistema distinguido existe em dois domínios: no domínio de seu operar como rede de elementos interconectados, que é o domínio de sua realização interna como um sistema particular de uma certa classe, e no domínio de interações em que ao ser distinguido surge como totalidade. Um sistema não existe por si mesmo; um sistema é o que emerge segundo o que fica conservado através do fluir da dinâmica relacional de seus componentes em seu operar como totalidade em seus dois domínios de existência segundo a medida em que estes surgem no suceder de suas interações.

O observador como ser vivo humano existe no âmbito das coerências operacionais de seu viver e, por isso, opera distinguindo somente coerências operacionais de seu viver. Por isso, o observador ao fazer uma distinção *traz à mão*[88] a matriz relacional de seu viver na qual o que distingue com seu operar existe ou pode existir como aquilo que tem distinguido. Assim, quando o observador distingue um sistema, ao distingui-lo *traz à mão*[89] a matriz relacional em que este opera como uma totalidade de uma certa classe, e na qual só pode existir se o ocorrer de sua dinâmica interna redunda na contínua realização da configuração relacional que conserva essa identidade de classe na matriz relacional em que surge ao ser distinguido. A identidade de classe do sistema distinguido determina a configuração de relações que deve se realizar e se conservar em sua dinâmica interna, para que o sistema tenha um devir que resulta na contínua realização e conservação dessa identidade de classe na matriz relacional do operar do observador em que este o tem distinguido. A operação de distinção do observador implica a matriz relacional de seu viver na qual o que tem distinguido pode existir como tal. Por isso, para que um observador possa de fato compreender o operar de um sistema, e não somente evocá-lo com noções semânticas como intencionalidade, propósito, função, regulação ou controle, é necessário que tenha plena clareza sobre a identidade de classe operacional que ele ou ela implica em sua distinção. Isto é, o observador deve ver o operar do sistema em sua condição de arquitetura dinâmica cambiante que ocorre em seu presente contínuo que transcorre numa deriva de mudança estrutural que segue um curso definido momento a momento pela configuração relacional que se conserva em seu operar como totalidade e que define sua identidade de classe. E mais: o observador vê que a conservação dessa configuração relacional demarca o que pode mudar na dinâmica dos componentes internos do sistema num processo que dura enquanto se conserva sua identidade de classe. Ocorre também que, no ato de distinguir o fluir do suceder dos processos que realizam um sistema como uma totalidade, o observador imagina a estrutura dinâmica que realiza essa totalidade como uma trama evanescente de transformações arquitetônicas que geram, momento a momento, o contínuo presente cambiante que é o único que ele ou ela vê. Em tais circunstâncias, o observador inventa a noção de tempo e seu fluir como uma dimensão imaginária que lhe permite interconectar, numa totalidade conceitual multidimensional

---

[88] Faz surgir.
[89] Traz ao existir.

sistêmica recursiva, a trama de processos que constituem esse sistema em seu operar na conservação de sua organização e adaptação no âmbito em que existe, como um suceder evanescente de mudanças arquitetônicas. Vejamos um exemplo.

Em seu operar como ser humano, ao distinguir o sistema nervoso, o observador o vê como integrante da arquitetura dinâmica de um organismo e o vê composto de elementos neuronais excitadores e inibidores que interatuam entre si constituindo uma rede fechada de mudanças de relações de atividade entre eles. E vê que as mudanças de relações de atividade da rede neuronal seguem um curso definido momento a momento pela contínua mudança de estrutura dos elementos que a constituem e da forma de suas interconexões. Mais ainda, o observador vê que a rede neuronal de cada organismo tem uma configuração conectiva básica definida por sua morfologia ou anatomia relacional de acordo com o seu modo de viver relacional. Esta configuração conectiva implica:

1. A interseção de elementos da rede neuronal com os elementos *sensores* e efetores das diferentes superfícies relacionais externas e internas do organismo, de modo que o fluir da atividade da rede neuronal eventualmente sempre dá origem a correlações *sensório- -efetoras* que constituem o operar relacional do organismo em seu viver relacional como tal. Do que foi dito antes resulta que o observador sempre pode achar que as superfícies sensoriais e efetoras de um organismo se conectam com a trama neuronal interna do sistema nervoso numa relação de mapeamento recíproco, que devido ao determinismo estrutural não constituem uma representação do meio em que o organismo vive. E o observador pode, por sua vez, achar que isso ocorre em várias etapas internas recursivas, sucessivas e entrecruzadas que dão como resultado que o operar interno da rede neuronal ocorre de modo que existe sempre a possibilidade de correlações sensoriais e efetoras cruzadas que constituem o viver relacional do organismo.
2. As interconexões excitadoras e inibidoras que têm lugar entre os elementos neuronais componentes da rede neuronal básica em qualquer organismo com sistema nervoso constituem, em cada momento de seu devir evolutivo, uma rede primária de ativações e inibições recíprocas que gera continuamente correlações sensoras e efetoras no organismo que levam em todo instante à restituição

das correlações *senso-efetoras* básicas externas e internas de seu viver relacional que se revelam alteradas no curso de suas interações. Tudo isso acontece num processo que um observador vê como uma contínua restituição de correlações *senso-efetoras* que constituem não um equilíbrio, mas a contínua restituição de uma harmonia relacional interna que configura o que um observador vê como uma dinâmica de conservação do *bem-estar*.
3. A estrutura do sistema nervoso não é fixa e está numa mudança contínua contingente ao seu próprio operar e às interações do organismo com o meio em que existe, e que o observador vê como um aspecto da dinâmica de contínua mudança no presente da arquitetura dinâmica do organismo.
4. As mudanças estruturais da rede neuronal, tanto no que se refere às próprias neuronas que a compõem como no que se refere à distribuição, forma e efetividade do operar de suas interconexões, ocorrem seguindo um curso que surge, instante a instante, modulado pelo curso que seguem as interações do organismo que se mostram espontaneamente conservadoras de seu viver. Se isso não acontece, o organismo morre.

O sistema nervoso não faz uma representação do meio, não opera sobre um mapa do âmbito de existência do organismo. O sistema nervoso somente gera correlações *senso-efetoras* nas superfícies relacionais externas e internas do organismo que se revelam adequadas ao seu operar relacional como resultado espontâneo de uma história de mudança estrutural em interações em que o organismo e o meio tenham mudado juntos de maneira congruente em torno da conservação da configuração dinâmica das relações *senso-efetoras* que constituem o que um observador vê como seu operar no *bem-estar*. Este suceder é um fluir de mudanças na arquitetura dinâmica do organismo em que as mudanças estruturais da rede neuronal e a anatomia orgânica não ocorrem conservando mudanças estruturais que representam localmente relações com o meio, mas antes ocorrem como mudanças estruturais que conservam a geração de fluxos de configurações de mudanças de atividade nos mapeamentos recíprocos das superfícies sensoras e efetoras internas e externas do organismo que conservam a restituição contínua da harmonia dinâmica interna que o observador vê como conservação do *bem-estar*.

O sistema nervoso em sua arquitetura dinâmica como rede neuronal fechada opera gerando e ao mesmo tempo discriminando configurações de mudanças de relações de atividade entre seus próprios componentes. E faz tudo isso num fluxo de mudanças de excitações, inibições e mudanças de valores relativos de referência para essas excitações e inibições nas relações de mapeamento recíproco e recursivo das superfícies efetoras e *sensoras* do organismo, de modo que se conservam nela fluxos de configurações não localizadas, recorrentes e recursivas de relações e excitações e inibição que geram um ocorrer cambiante recorrente de configurações de contínua restituição da harmonia dinâmica interna do organismo. Se neste processo ocorre que não se conservam as relações de restituição da harmonia *senso-efetora* interna e externa do organismo, a contínua mudança de sua arquitetura dinâmica segue um curso de transformação estrutural que o leva cedo ou tarde à morte.

Um organismo vive em todo momento em congruência operacional num âmbito relacional que surgiu com ele no devir evolutivo de sua classe e o devir particular de sua *epigênese*, qualquer que seja no presente a complexidade de seu viver. Em sua origem evolutiva, no domínio de correlações *senso-efetoras* de um organismo tem que ter sido muito simples em termos do que um observador veria como dinâmicas de aproximação e afastamento em relação com diferentes configurações sensoriais de *bem-estar* e de *mal--estar*. Com o fluir de mudanças *epigênicas* no encontro do organismo com um âmbito relacional que surge independente de seu operar numa dinâmica recursiva de interações, o resultado é um processo histórico de conservação do acoplamento estrutural numa mudança congruente *organismo-meio* que resulta espontaneamente na transformação e no incremento contínuo da complexidade da relação *organismo-meio* na conservação do viver. Neste processo *epigênico* evolutivo e evolutivo *epigênico*, conservou-se continuamente a geração de um fluir de correlações *senso-efetoras* com um meio operacionalmente congruente em relação com um fluir de configurações *senso-efetoras* internas de *bem-estar*, formando-se diferentes linhagens *epigênicas* como diferentes formas de viver em acoplamento estrutural com um meio cambiante. É mais: neste devir histórico se teriam conservado de uma geração a outra de maneira reprodutiva sistêmica diferentes fenótipos ontogênicos que teriam constituído diferentes linhagens de arquiteturas dinâmicas cambiantes como distintos modos *epigênicos* de viver em diferentes âmbitos emergentes de acoplamento estrutural. Neste suceder, as diferentes linhagens fenotípicas de arquiteturas dinâmicas conservadas de maneira reprodutiva sistêmica, por sua vez, teriam gerado e continuam gerando diferentes cursos de deriva gênica, criando distintos processos de estabilização genética das distintas configurações emergentes das arquiteturas dinâmicas que tornam possíveis as diferentes formas *epigênicas* que conservam a identidade de classe dos membros dessas diferentes linhagems em cada momento de seu devir histórico.

APÊNDICE

Noções fundamentais
Todas as atividades humanas, qualquer que seja sua natureza como processos culturais/produtivos, sempre hão de trazer consigo mudanças na *antroposfera*/biosfera definidas por aquilo que essas atividades humanas conservam. Por isso, se desejamos que nossa prática empresarial/produtiva ocorra com sentido ético e consciência ecológica desde o entendimento e a compreensão da natureza biológica e cultural do humano no operar da gestão coinspiradora, é necessário que tenhamos clareza sobre a natureza *sistêmica-sistêmica* do que fazemos como criadores dos mundos que vivemos e das noções fundamentais que guiam nosso fazer. Para fazer isso necessitamos deter-nos a olhar e compreender a *matriz biológico-cultural da existência humana*, coisa que não podemos fazer neste ensaio. O que, sim, podemos fazer aqui é olhar a natureza das dificuldades que encontramos com muitas das noções que orientam nossa prática no campo empresarial/produtivo.

Adaptação. Em nosso presente cultural um observador diz que um sistema se adapta a outro quando acha que, no curso das interações desses dois sistemas, o primeiro muda de modo que se amplia sua coerência operacional com o segundo, sem perder sua identidade particular, em circunstâncias em que o segundo já existia antes de seu encontro com o primeiro e opera como um referente para sua mudança. O que esta afirmação diz não ocorre. As coerências operacionais observáveis em qualquer momento do devir dos dois sistemas que se conservam em interações recursivas decorrem do fato *sistêmico-sistêmico* de que dois sistemas só podem permanecer em interações recursivas enquanto suas mudanças estruturais se verifiquem congruentes na conservação de suas respectivas identidades. Quando parecesse que isso não vai acontecer, os sistemas se separam, e, se não acontece, um ou ambos se desintegram. No caso dos seres vivos, o que se conserva no devir de suas interações recursivas é um modo de viver e conviver.

Adição. Nós, seres humanos, como todos os seres vivos somos seres aditivos: podemos apegar-nos a qualquer suceder do viver que nos produza prazer e buscaremos repetir esse suceder para viver o prazer que nos produz. Tanto faz a origem do prazer; como todos os seres vivos, nós seres humanos vivemos sempre à beira da adição e, se não nos cuidarmos conscientemente para evitar isso, entraremos em adição pelo suceder que desencadeia ou evoca em nós esse prazer.

Adição por ser servido. O ser servido produz prazer, e o servir a outro desde o desejar fazê-lo também produz prazer na medida em que essa relação se constitui e conserva na escolha dela desde a autonomia e o mútuo respeito dos participantes. O prazer de ser servido e o prazer de servir estão no fundamento da possibilidade da liderança e se podem conservar nessa relação na medida em que não surja a adição por ser servido que nega a autonomia (o poder dizer sim ou não desde si) do liderado ou servidor.

Antroposfera. Âmbito de coerências ecológicas onde se realiza e conserva o humano, que surge com o viver humano como um modo humano de estar inserido na biosfera e ser parte dela. Tudo o que constitui nosso viver humano (desde nosso operar biológico natural até as maiores fantasias de nossas habilidades criativas) é parte da *antroposfera* e, como tal, é parte da biosfera. E tudo o que fazemos ou façamos continuará a ser parte da biosfera, do mesmo modo que o é o viver e a forma de viver de qualquer ser vivo.

Coinspiração. Falamos de *coinspiração* quando vemos várias pessoas participando das conversações de geração e de realização de um projeto colaborativo que faz sentido para elas como parte de seu viver no prazer do *coinspirar* e colaborar.

Colaboração. Falamos de colaboração quando vemos várias pessoas coordenando seus *fazeres* e suas emoções em alguma tarefa particular no prazer de fazer, sem esperar outro benefício a não ser esse prazer.

Criatividade. Dizemos que uma pessoa foi criativa quando a vemos fazendo algo que nos surpreende positivamente, num âmbito que nos parecia estéril.

Cultura. Surgimento de uma nova cultura? Um observador pode ver que o que chamamos de cultura em nossa vida cotidiana ocorre como uma rede fechada de conversações (entrelaçamento do *linguajear* e do *emocionear*). Dado que uma cultura ocorre como uma rede fechada de conversações, quando os membros de duas culturas se encontram podem viver um desencontro cultural total se não assumem sua condição de seres humanos reflexivos e não se escutam porque não querem estar juntos; ou seu encontro pode dar origem a um encontro criativo se se escutam porque querem estar juntos, e surge uma nova cultura, na arte de conversar.

Gerência. Conversações de coordenações de desejo de fazer o que se sabe fazer num âmbito de *fazeres* onde as pessoas sabem fazer os *fazeres* que lhes cabe fazer numa rede de *fazeres* desejada.

Gerência coinspirativa. Geração recursiva de conversações de coordenação dos desejos de fazer o que se sabe fazer e de aprender ou de inventar o que ainda não se sabe fazer, assim como dos desejos de criar em conjunto a rede recursiva de conversações (coordenação de *fazeres* e de emoções) que concebe e realiza os afazeres que se deseja realizar em conjunto como um projeto comum.

Inovação. Como é que alguns atos aparecem como inovadores e outros não? A inovação não é em si. A inovação aparece quando um observador vê que alguém faz algo que o surpreende positivamente e que ele ou ela considera que resolve dificuldades operacionais em seu viver de uma maneira adequada antes não vista por ele ou ela. A inovação pode ser acidental, como quando alguém adota ou usa uma configuração relacional ou operacional que é relativamente intranscendente em um domínio e a aplica em outro onde gera uma mudança *relacional-operacional* que abre um espaço de satisfação de desejos novos ou antigos que se revela insólito. A inovação também pode ser o resultado de uma busca intencional de um modo diferente de fazer o mesmo que se fazia antes, mas satisfazendo algumas outras condições adicionais. Em qualquer caso, a inovação surge como uma rede de conversações que entrelaça relações e operações que ocorrem em domínios disjuntos dando origem a um novo domínio relacional e operacional que se revela surpreendente e desejável ao mesmo tempo.

Todas as conversações entrelaçam no espaço relacional em que ocorrem distinções de processos que têm lugar no viver relacional do organismo em âmbitos operacionais e relacionais disjuntos. Isso é possível pelo modo como opera o sistema nervoso como componente de um organismo. O sistema nervoso é constituído como uma rede de elementos neuronais fechada sobre si mesma que se interseciona com os elementos *sensores* e efetores das superfícies *sensoras* e efetoras do organismo. Como rede fechada de elementos neuronais, o sistema nervoso opera como uma rede fechada de mudanças de relações de atividade entre seus componentes que, como resultado de sua interseção com as superfícies *sensoras* e efetoras do organismo, só opera gerando as correlações *senso-efetoras* que surgem nas interações deste com o meio. O resultado disso é que, para o sistema nervoso em seu operar como rede neuronal fechada, todo o viver relacional do organismo ocorre nele e para ele como um fluxo contínuo de mudanças de relações de atividade entre seus componentes. As consequências fundamentais disso são três:

1. Tudo o que ocorre nas interações do organismo e em sua dinâmica interna se mapeia num mesmo domínio, que é o das mudanças de relações de atividade entre os componentes do sistema nervoso através da interseção desses componentes com os elementos sensores do organismo. Disso resulta que o sistema nervoso opera em sua dinâmica como rede fechada de mudanças de relações de atividade entrelaçando relações de atividade que surgem em dinâmicas relacionais do organismo que ocorrem em seu operar em domínios relacionais disjuntos.
2. Tudo o que ocorre na dinâmica do sistema nervoso como rede neuronal fechada aparece, quando aparece, como um fluir de correlações *senso-efetoras* nos espaços relacionais internos e externos do organismo que surgem como dinâmicas relacionais que aparecem entrelaçando processos que de outra maneira ocorrem em domínios disjuntos que não se intersecionam. Disso resulta que o fluir relacional e interacional do organismo sempre corre numa dinâmica operacional que um observador vê surgir como uma composição que relaciona e integra processos que ele ou ela vê que ocorrem em âmbitos relacionais ou operacionais disjuntos.
3. Na medida em que o anterior ocorre no fluir de interações de um organismo em seu âmbito de acoplamento estrutural, o curso que seguem as mudanças estruturais do organismo e de seu nicho surgem enquanto se conserva o viver do organismo, moduladas momento a momento desde o operar do sistema nervoso por processos relacionais que ocorrem em domínios disjuntos.

A inovação é possível porque este modo de operar do sistema nervoso permite que surjam no espaço interacional de um organismo processos que relacionam *sucederes* que ocorrem em âmbitos disjuntos de seu viver e conviver. É por isso que a inovação humana surge no espaço relacional em que há uma multiplicidade de olhares num âmbito de curiosidade e reflexão amplo.

Investigação. Reflexão explicativa sobre o vivido intencional ou espontaneamente (experiências) que serve de fundamento para o curso emergente do viver que se quer seguir daí em diante.

Liderança. Em nosso presente cultural tratamos a noção de liderança como se se referisse a um valor em si, como se denotasse uma habilidade ou capacidade que possuem as pessoas que chamamos de líderes. Assim não vemos que o que conotamos em nosso presente cultural ao falar de liderança é uma relação interpessoal em que uma pessoa deixa que outra inspire seu fazer num ato de subjugação admirativa dos desejos ou da vontade desse outro que aceita como guia. O prazer de fazer o que se quer mediante a obediência de outros com frequência leva os que são tratados como líderes à tentação do "autoritarismo", e, no desejo de conservar essa relação, o "líder" prontamente procura garanti-la para além da vontade dos liderados com alguma teoria inquestionável que a justifique ou com algum procedimento de castigo que a assegure desde o medo de perder o que se quer conservar.

Mudança. Falamos de mudança quando vemos transformações que ocorrem em relação a algo que parece conservar-se ou que se vê invariante. Quando dizemos que tudo muda, a ênfase que pomos em considerar a mudança oculta o fato de que a mudança não é em si, mas existe em relação a algo que se conserva. Talvez quando dizemos que tudo muda, devêssemos dizer "tudo muda em relação ao universo, ao cosmos ou a Deus", que poderiam ser distintos referentes invariantes em relação aos quais se aplica a afirmação "tudo muda".

Organização *versus* organismo. As organizações humanas, ao serem constituídas por pessoas que são seres vivos, podem ser legitimamente tratadas como organismos, como se faz com uma colmeia, por exemplo. O peculiar das organizações humanas está em que as pessoas que as constituem se diferenciam de todo outro ser vivo no fato de existirem no *linguajear* e no reflexionar sobre seu viver, podendo queixar-se se não se sentem bem no que fazem. Embora seja possível olhar as organizações como organismos (ou sistemas *autopoiéticos* de terceira ordem), o fazer isso é um erro, porque oculta sua natureza particular como comunidades humanas orientadas para algum projeto produtivo comum ou modo de conviver e oculta a natureza fundamental das organizações humanas como comunidades de pessoas que podem queixar-se quando não se sentem bem nelas. O desejo de olhar e tratar as organizações humanas como seres vivos ou organismos surge do desejo de que se dê nelas a harmonia operacional interna que uma pessoa vê no operar de um ser vivo como sistema *autopoiético*. O que alguém não vê é que a harmonia operacional da dinâmica interna de um sistema *autopoiético* surge do fato de que as moléculas ou células que o compõem como um ser vivo existem nele como robôs subordinados à sua conservação e não se queixam. Ao contrário, as comunidades ou organizações humanas são compostas de pessoas que são indivíduos que podem reflexionar ou queixar-se por não querer estar aí ou por não ter presença. **Se alguém se esquece disso, na busca de teorias que ajudem a realizar essa harmonia interna numa comunidade humana, esse alguém termina sempre, ou quase sempre, gerando uma tirania.**

Planejamento. Existe frustração porque os planejamentos, embora pareçam dar um pouco de resultado, nunca dão. E se se quiser muito que deem resultado, termina-se gerando dor e sofrimento. O que acontece? Como se explica que todo planejamento está condenado cedo ou tarde a fracassar? Todo planejamento está condenado a fracassar cedo ou tarde porque necessariamente ocorre como a proposta de um operar circunscrito a um âmbito de congruência operacional circunstancial de dois ou mais domínios fenomênicos que têm dinâmicas estruturais independentes.

Poder. O poder não é em si, ocorre na obediência de outro; não se tem poder, o que obedece concede poder no próprio ato de negar a própria autonomia ao obedecer, a menos que atue na hipocrisia. O autoritarismo ocorre na adição ao poder, no apego a ser obedecido.

Progresso. Quando falamos de progresso? É o progresso algo em si ou é uma opinião? Como é que na cultura que vivemos nos seduz falar de progresso? Falamos de progresso para nos referirmos à direção de um curso de mudanças que nos parecem positivas e desejáveis em algum domínio de nosso viver.

Qualidade, eficiência e eficácia. A qualidade, a eficiência e a eficácia de um fazer ou uma atividade relacional humana qualquer não são características ou propriedades de sua realização ou seu ocorrer em si, mas são opiniões de um observador sobre o operar desse afazer ou atividade nas circunstâncias relacionais em que se realiza ou ocorre, segundo satisfaça ou não suas expectativas ou desejos.

Realização pessoal. Viver sem queixas por não ter vivido o que não se viveu.

Responsabilidade. Experiência de estar consciente de que se aceita as consequências dos próprios atos.

Serviço. É um serviço algo em si? Que nos dizem quando alguém nos agradece o fato de lhe termos prestado um serviço? Nada é um serviço em si. O serviço surge quando alguém faz para outra pessoa algo de que esta necessitava mas não podia ou não queria fazer por si mesma e que ela agradece de maneira verbal ou com entrega de energia.

Sistêmico. Ao falar de sistemas nos referimos a conjuntos de elementos interconectados de modo que, se atuamos sobre um deles, atuamos sobre todos. Ao surgir um sistema, o sistêmico surge ante um observador como o âmbito das dinâmicas operacionais e relacionais em que o sistema se realiza como tal.

Sistêmico-recursivo ou sistêmico-sistêmico. Um observador pode ver o sistema que distingue olhando-o em sua localidade como parte de um entorno linear de interações sem vislumbrar a trama relacional a que pertence em seu operar sistêmico. Tal olhar trata o sistema distinguido como uma totalidade simples em que sua dinâmica relacional sistêmica fica oculta. Esse olhar ocorre em nossa cultura em todos os atos discriminatórios em que não vemos as pessoas, ao olhá-las com um olhar classificatório que as oculta. O observador pode também ver essa trama relacional e se aperceber de que o sistema que distingue é parte de uma rede de sistemas entrelaçados numa dinâmica recursiva em que seu operar faz sentido sistêmico, não linear. Quando isso ocorre, o que o observador vê é o fluir de uma dinâmica *sistêmica-recursiva* ou *sistêmica-sistêmica* em que todos os sistemas envolvidos têm um devir histórico entrelaçado de correlações de processos disjuntos. De modo semelhante, os *devires* históricos de todos os *habitares* humanos que formam a *antroposfera* constituem uma trama cambiante de correlações de processos históricos disjuntos que por sua vez se entrelaçam numa trama *sistêmica-sistêmica* com os processos *sistêmicos- -sistêmicos* da biosfera, num presente cambiante contínuo cujo curso não é predizível, já que não é lógico, embora seja, sim, imaginável em cada instante desde o observar do observador que vê o presente de correlações *sistêmicas-sistêmicas* dos *sentires* e *fazeres* que vive.

Post scriptum

Não fizemos nenhuma referência a outros autores porque, mesmo quando somos pessoas de nosso tempo e temos lido muito e estamos em dívida inspirativa com todas as pessoas que desde pequenos tocaram nossas almas e portanto têm contribuído para que sintamos e pensemos como agora o fazemos, não tomamos diretamente ideias ou noções de outros autores para nossas reflexões nesta obra. De modo que somos totalmente responsáveis pelo que aqui dizemos.

Texto composto na fonte Janson Text.
Impresso em papel Pólen Soft 80gr na Cromosete